MA VIE, MON RÊVE

CÉLINE DION

MA VIE, MON RÊVE

avec la collaboration de
Georges-Hébert Germain

ROBERT LAFFONT

Maquette de la couverture : Josée Amyotte
Photo de la couverture : Carl Lessard
Maquillage : Isabelle Lepage
Stylisme : Annie L. Horth

© Éditions Robert Laffont, S.A., Paris, 2000
ISBN : 2-221-09232-5

À René... L'amour de ma vie.

Cécile...

Cher Georges-Hébert,

Au fil des ans et des entrevues, j'ai maintes fois eu l'occasion de parler de moi et de ceux que j'aime.

Jamais je ne l'avais fait avec autant de plaisir et de cœur qu'avec toi.

Nos rencontres volées au temps, nos fous rires et notre complicité se sont croisés au détour de routes imprévues où confidences et secrets étaient au rendez-vous.

Tu as une faculté d'écoute extraordinaire, qui fait que les mots et les sentiments se dévoilent au fil des heures et se traduisent, sous ta plume magique, en un recueil où je me suis retrouvée telle que je suis, sans tricherie.

Merci, mon ami, d'avoir été fidèle à ma pensée et d'avoir relaté mes propos tels que je les ai dits, pensés et ressentis.

C'est un grand art que celui de mettre son talent au service d'une amie.
C'est ce que tu as su faire et je t'en remercie de tout cœur.

Affectueusement,
Céline
xx...

Prologue

Un beau matin de l'hiver dernier, un lamantin est apparu dans le canal, juste derrière notre maison de Jupiter, en Floride. Et il est resté planté là pendant des heures, comme s'il attendait quelque chose. Ou quelqu'un. Dès que je suis entrée dans l'eau, il s'est approché de moi. Je lui ai parlé, je l'ai caressé, et nous avons nagé ensemble un bon moment…

Ça n'a rien d'une prouesse. Plusieurs personnes dans le sud de la Floride s'amusent à nager avec les lamantins. Ce sont de grosses bêtes timides, jamais agressives, qu'on appelle là-bas des *manatees* ou des vaches marines. On dit qu'elles sont à l'origine de la légende des sirènes, à cause de leur chant très doux, très troublant.

Cette rencontre m'a fait réaliser à quel point j'avais changé au cours de ces derniers mois. Quand j'étais une chanteuse « en devoir », l'idée ne me serait jamais venue de plonger ainsi dans une eau trouble et d'aller présenter mes amitiés à une bête inconnue.

Mais j'étais en sabbatique depuis plus de trois mois, et j'avais commencé à faire toutes sortes de choses auxquelles je n'avais pratiquement jamais pensé auparavant, des choses qui, par moments, me surprenaient moi-même.

En plus, pendant que j'étais dans l'eau avec ma sirène, une foule de souvenirs très anciens m'est revenue en mémoire, tout d'un coup, des flashes de mon enfance, très précis, très vifs, des flashes d'été surtout, tous heureux.

J'avais huit, neuf, dix ans. Je pique-niquais avec mes frères et mes sœurs, dans les Laurentides ou dans Lanaudière, juste au nord de Montréal. Il y avait des fermes, beaucoup d'animaux, des champs cultivés, un bois, une rivière, des chevaux que nous montions, mes sœurs et moi. Je revoyais tout ça clairement. Je me voyais grimper aux arbres, je nageais dans la rivière, je me promenais dans le bois. Et je disais à qui voulait l'entendre que je m'offrirais un cheval un jour avec mes premiers cachets de chanteuse.

Puis j'ai oublié. J'ai été emportée par un autre rêve, celui d'être chanteuse justement, qui a pris toute la place, toute ma vie. Quelques années plus tard, quand j'ai reçu mon premier cachet, j'avais déjà la tête ailleurs. Au lieu d'un cheval, je me suis acheté des souliers à talons hauts.

Et voilà que, vingt ans plus tard, tout ça me revenait du fond de la mémoire. Ce cheval que je n'avais jamais acheté et auquel je n'avais plus jamais pensé par la suite, la lumière de l'été, la fraîcheur et l'odeur de l'eau des rivières et des lacs des Laurentides, de la terre, des foins coupés… Je revoyais le sentier que nous prenions pour descendre vers la rivière, le canot renversé sur la plage, les rires de mes sœurs, le gros rocher d'où mes frères plongeaient, les galets, le sable, les framboisiers qui nous griffaient les jambes, le crépitement des feux de branches que nous faisions le soir sur la grève. On chantait ensemble tout autour, parfois jusqu'au milieu de la nuit. Il y avait des étoiles filantes, des aurores boréales...

Quand je suis sortie du canal après avoir fait mes adieux à la sirène, je ne voulais pas parler, ni qu'on me parle, j'osais à peine bouger. Je sentais ma tête comme un grand bol rempli jusqu'au bord de souvenirs. Et je ne voulais pas les renverser. Je voulais garder ces images en moi le plus longtemps possible, les regarder une à une, en trouver d'autres peut-être.

Ce n'était pas de la nostalgie, il me semble, mais plutôt une sorte de curiosité pour une époque très lointaine de ma vie que je croyais avoir oubliée, à laquelle en tout cas je n'avais jamais pensé aussi intensément.

J'avais l'impression de revoir et d'entendre, bien vivante, bien réelle, la petite fille que j'avais été et de la sentir très proche de moi encore, si proche que je pouvais reconnaître ses rêves, ses désirs, ses projets. Je me sentais un peu comme une poupée gigogne, avec cette petite Céline en dedans de moi.

Ces images ont quand même vite perdu de leurs couleurs et de leur netteté. Mais par la suite, pendant des jours, j'ai pensé tout le temps à mon enfance. Et au chemin parcouru. À ce que j'avais été et à ce que j'avais fait ou cherché à faire depuis presque vingt ans, depuis mes premiers shows et ma première paire de souliers à talons hauts.

Je me suis demandé pourquoi j'avais désiré si fort tout ça, tout ce qui m'était arrivé. Pourquoi, à vingt, à quinze, à douze et je crois bien à huit, et même à cinq ans, j'avais tant voulu réussir, pourquoi j'avais tant rêvé de devenir une chanteuse connue et entendue aux quatre coins de la planète.

Je sais bien que ce n'est pas tout le monde qui est porté par une telle ambition. Beaucoup de jeunes, garçons et filles, se demandent longtemps quoi faire de leur vie. Certains ne trouvent jamais. Moi, je l'ai toujours su. Je n'ai pas de mérite à cela. Je suis comme le gros Obélix tombé dans la potion magique quand il était enfant. Je suis tombée à la naissance dans la chanson et la musique, dans le show-business. Et j'y ai été heureuse comme un poisson dans l'eau.

J'ai adoré d'un bout à l'autre la vie que j'ai menée jusqu'à cette sabbatique. Je suis allée au bout de mes rêves les plus beaux. Je crois que c'est très rare, ça aussi. Sentimentalement, professionnellement, artistiquement, j'ai été et je suis toujours comblée. J'aime et je suis aimée. Je chante et c'est mon bonheur. J'en remercie le ciel tous les jours de ma vie.

Et voilà que j'ai volontairement quitté cette vie. Pour un an ou deux. En cet hiver de l'an 2000, pour la première fois de ma sainte vie, je n'avais strictement rien à l'agenda, aucun engagement, pas de show en vue, pas d'entrevue, pas de séance d'enregistrement, pas de gala.

Un an auparavant, quand je pensais à mon congé sabbatique qui approchait, je me disais que je ne saurais pas quoi faire de toute cette liberté.

Mais il s'était passé tant de choses au cours de cette seule année! J'avais changé, peut-être plus qu'au cours des vingt années précédentes. Je n'étais plus la même personne, je le sentais. Je n'avais plus du tout les mêmes peurs, ni les mêmes besoins, ni les mêmes désirs. Et j'étais confiante, j'étais heureuse de cette liberté qui m'était donnée, et excitée par tout l'inconnu qui m'attendait.

Je crois que vivre, c'est changer, c'est découvrir du nouveau et du surprenant, dans toutes choses, la musique, sa vie, ses amours...

Longtemps, je n'ai pu penser à toute cette chance que j'avais eue, à tout ce bonheur que j'avais connu au cours de ma vie et dans ma carrière, sans ressentir une sorte de peur ou d'inquiétude, sans me poser mille et une questions.

Est-ce que tout ça va durer ? Que fait-on, que devient-on, où va-t-on, quand on s'est déjà rendu au bout de ses rêves les plus chers et les plus fous ? Doit-on rester planté là et regarder passer les nuages ? Peut-on se trouver d'autres rêves à réaliser ? Y a-t-il une vie après le rêve, après le show-business ? Ou en dehors du show-business ?

Qu'est-ce que je vais faire quand je sortirai de cette sabbatique ? Qu'est-ce que j'aurai à dire, à chanter ? Et d'abord, où sera rendu le public que j'ai quitté dans la nuit du premier janvier 2000 ? Est-ce que je pourrai me reconnecter à lui ? Serons-nous encore sur la même longueur d'onde ?

Je continuerais de chanter, ça ne faisait pour moi aucun doute. Cette sabbatique n'était qu'un arrêt. Mais je me disais que je ne serais plus la même lorsque j'en sortirais. Et je me demandais qui je serais devenue à la fin de ce nouveau voyage que j'allais entreprendre.

Pour toutes sortes de raisons, plus ou moins dépendantes de ma volonté, j'avais reporté cette sabbatique de mois en mois. Chaque fois, je me rendais compte que j'étais soulagée, même si je n'osais pas me l'avouer tout à fait.

J'étais aux prises avec un curieux dilemme.

J'avais de plus en plus besoin et envie de m'arrêter pour me reposer, me ressourcer, me retrouver seule avec l'homme de ma vie, faire le point sur ma carrière, ma vie, mes amours. Mais, en même temps, cet arrêt me faisait peur.

Je pensais à tout ce que je laisserais derrière moi : la scène, la foule, la vie si excitante des tournées, les nuits passées en studio avec les musiciens, la vie d'artiste, les voyages...

Une fois le compte à rebours commencé, j'avais le cœur serré chaque fois que je donnais un show et que je sentais ce contact magique qui s'opère avec le public, quand la connexion est bien faite et que nous sommes très proches, tous ensemble, et que le courant passe bien...

Faire lever une foule est une sensation extraordinaire que rien au monde ne peut remplacer. Je croyais que ces moments électrisants allaient me manquer terriblement. Je disais toujours aux gens à la fin du spectacle : « Je vous emmène avec moi, vous serez toujours dans mon cœur. »

Je suis donc partie avec, dans mon cœur, tous ces gens qui étaient venus voir mon show. Je n'aurais qu'à fermer les yeux pour sentir leur présence, pour les entendre...

Mais un souvenir, même heureux, ça ne vaut jamais le réel, ce n'est jamais aussi touchant, aussi exaltant, aussi vrai. Tous les souvenirs, même les plus forts et les plus chers, finissent immanquablement par perdre de leurs couleurs et de leur netteté.

J'avais vécu des moments de vie extraordinaires, j'avais voyagé d'un bout à l'autre du monde, j'avais fait des rencontres inoubliables, j'avais été choyée, aimée, applaudie... J'avais connu des foules chaque jour plus énormes, des stades de plus en plus vastes, des tremplins toujours plus hauts. C'était effrayant. Et c'était bon, très bon.

Mais j'étais devenue une véritable junky du stress. Il me fallait tous les jours ma dose. Ça aussi, ça allait sûrement me manquer. Chaque fois que je m'arrêtais, j'étais en manque, mal dans ma peau, inquiète. Les marathoniens qu'une blessure empêche de courir ont des nausées, paraît-il, des étourdissements. Et on dit qu'il n'y a rien de plus déprimé qu'un cycliste qui vient de terminer le Tour de France, même s'il l'a remporté.

Ainsi, la perspective de vivre sans stress la petite vie tranquille et douillette à laquelle j'aspirais pourtant depuis si longtemps... me stressait. J'allais devoir me désintoxiquer du stress et du trac. Et oublier ma voix. Pendant plus de la moitié de ma vie, j'avais été son esclave, une esclave consentante et heureuse que la peur de vivre libre inquiétait.

Pour me rassurer, j'ai tenté de me faire un programme de vie détaillé. J'ai essayé de planifier ma sabbatique dans ses moindres détails. J'ai fait de la visualisation, comme pour mes shows. Sauf que je ne parvenais pas, surtout au début, à m'entendre avec moi-même sur le scénario...

Un jour, je me jurais que je ne chanterais pas tant et aussi longtemps que durerait ce congé. Le lendemain, je me disais que je ne résisterais pas si on me proposait, par exemple, un beau grand rôle au cinéma, une belle chanson à enregistrer ou une participation à un méga show avec de grands artistes que j'admirais.

En fait, dans toutes les prévisions que je tentais de faire, je me trompais sur presque tout.

Je m'étais dit : «Jamais de vocalises, ma Céline, ni de longues périodes de silence pour reposer ta voix. Ce n'est plus nécessaire. Finie la discipline, fini l'entraînement. Tu joueras au golf tous les jours. Et pour t'occuper l'esprit, tu suivras des cours d'espagnol et de dessin.»

Je me suis d'ailleurs acheté des crayons, des pastels, des fusains, un jeu d'aquarelle, du beau papier à dessin.

«Tu feras du piano aussi. Et tu écouteras tout ce qui se fait de neuf en musique, du bon et du pas bon, pour rester branchée sur le monde du show-business.»

J'ai commencé à faire une liste d'albums à écouter, du baroque au trip-hop.

« Tu ne te soumettras à aucune discipline. Tu dormiras très tard, toute la journée, si tu en as envie. Tu mangeras quand tu voudras, le jour ou la nuit. »

J'avais à peine commencé ma sabbatique que je savais déjà que les choses se passeraient tout à fait différemment. Et surtout pas comme je les avais imaginées.

D'abord, contrairement à ce que j'avais craint, tout s'est fait en douceur, sans misère et sans peine. Je me suis coulée dans cette sabbatique comme dans un bon bain chaud. Et j'ai su très vite que j'aurais refusé de donner un show, même sur la Lune ou sur Vénus, devant des nuées d'extra-terrestres.

À mon grand étonnement et au grand plaisir de René, j'ai commencé à me lever tôt… et de bonne humeur. Autrefois, il me fallait plusieurs heures avant d'être parfaitement « allumée ». À mon réveil, je ne parlais à personne et je n'aimais surtout pas qu'on me parle. En fait, je détestais les matins. Chaque fois que c'était possible, je les passais à dormir. Je prenais presque toujours mon petit déjeuner seule.

Et me voilà, en congé, avec absolument rien à faire, debout à l'aube en train d'écouter le chant des oiseaux ou de regarder mes fleurs s'ouvrir, ou encore de préparer des jus d'orange et du café pour toute la maisonnée…

Trois mois après être entrée en sabbatique, moi qui m'étais juré d'être constamment à l'affût des nouvelles tendances, je n'écoutais presque plus jamais de musique, ni la mienne ni celle des autres ; et je regardais de plus en plus distraitement les magazines de mode. Moi qui croyais ne plus pouvoir supporter le silence, je passais encore de longues heures, parfois des journées entières,

sans dire un mot, pour le plaisir, pour la paix, la douceur... Et je ne me sentais surtout pas en manque de
stress ni de trac.

J'ai vite remis à plus tard, au printemps, à l'été, à l'automne, puis à l'hiver, mes cours d'espagnol. Je n'ai toujours pas déballé mes crayons de couleur et mes pastels.
Après deux ou trois semaines d'inactivité absolue, je me
suis remise à chanter, tout le temps, partout, dans ma
douche, au golf, au volant, dans la cuisine. Et j'y trouvais
énormément de joie, une joie neuve, inattendue.

J'ai même repris l'entraînement et j'ai recommencé à
faire mes vocalises régulièrement. Pour ne pas perdre
l'acquis, mais surtout pour le simple plaisir que me pro-
cure l'entraînement. Je passais aussi des soirées entières
à regarder la télévision, ce que je n'avais jamais fait de
ma vie. J'ai suivi du début à la fin les éliminatoires de la
Ligue nationale de hockey. Et j'ai adoré ça.

Je pense être d'une nature heureuse. J'aime le bonheur. Il me vient par bouffées, presque toujours imprévues, inexplicables. Je parle du vrai bonheur, pas du petit velours qui arrive avec un disque de platine ou une
bonne critique, mais du bonheur sans raison qui nous
saute dessus sans qu'on s'y attende et qui s'en va quand
il veut, comme une percée de soleil qui peut durer trente
secondes, ou deux jours, ou un mois...

Ce bonheur, jamais je ne l'ai senti si proche, si enve-
loppant, qu'en cet hiver 2000, les premiers mois de ma
sabbatique.

Je venais de vivre les plus terribles moments de ma
vie. Et, pourtant, je voyais du bon, du beau, du nécessaire partout, même dans ces malheurs qui nous avaient
frappés... Au début, ça m'apparaissait impensable,
presque monstrueux. Mais peu à peu, je me suis réconciliée avec cette idée. Je sais aujourd'hui qu'à toute chose

malheur est bon. Et je remercie le ciel pour ce malheur qui nous a frappés, parce qu'il nous a transformés...

René, l'homme de ma vie, de toute ma vie, a été gravement malade. Nous avons traversé ensemble une très dure épreuve dont nous sommes sortis plus forts, plus unis, plus amoureux que jamais. Je sais que l'inquiétude fera désormais partie de notre vie. Quelque chose qu'on pourrait appeler l'insouciance nous a sans doute quittés pour toujours. Mais, en même temps, je sais qu'il est possible de connaître, même au plus terrible de cette épreuve, même dans la douleur et la peur, de grands moments de bonheur.

Parce que nous nous aimons.

Cette épreuve m'a changée plus que toutes les expériences professionnelles que j'ai vécues. Grâce à elle, j'ai beaucoup appris, sur moi, sur l'homme que j'aime, sur l'amour, sur la vie même... J'ai eu cette chance extraordinaire de découvrir qu'il y avait une vie en dehors du show-business. Je le savais, en principe, dans ma tête. Je l'ai appris pour vrai, dans mon cœur, à travers mes larmes, à travers l'espoir, dans l'attente.

En fait, quand j'ai pris congé du public, je ne voyais déjà plus les choses de la même manière. Ni les gens ni mon métier. Et tous mes autres projets, y compris celui d'avoir un enfant, avaient pris une tournure nouvelle. La santé de René était devenue pour moi ce qui comptait le plus.

Pour la première fois de ma vie, les choses ne s'étaient pas passées comme prévu. Depuis toujours, j'avais vu tous mes rêves se réaliser un à un. Et j'avais naturellement fini par croire qu'il suffisait, dans la vie, de vouloir très fort et de travailler beaucoup pour que les rêves, même les plus fous et les plus audacieux, se réalisent.

J'avais voulu chanter sur les plus grandes scènes du monde : j'y étais arrivée. J'avais désiré un homme plus que tout au monde : j'étais devenue la femme de sa vie.

Avec la maladie de René, pour la première fois, ce n'était plus nous qui écrivions le scénario et qui décidions de notre trajectoire. Cette fois, la vraie vie nous avait rattrapés.

Au début, je ne sentais en moi que de la peur, de la révolte, un profond désarroi. Je ne comprenais pas et je n'acceptais pas que cela se soit produit et imposé à nous. C'était le monde à l'envers.

Puis peu à peu, sans que je réalise au juste comment ni pourquoi, j'ai commencé à accepter cette réalité. Beaucoup à cause de René, j'imagine, de sa force, de sa foi, mais aussi du fait qu'il avait besoin de moi. Pour la première fois de notre vie, il s'abandonnait vraiment, il se confiait réellement à moi, il pleurait sur mon épaule, il me répétait qu'il ne pourrait vivre sans moi. Je suis allée jusqu'à admettre et à dire avec lui que cette épreuve épouvantable avait eu du bon, qu'elle ferait de nous des gens meilleurs, plus heureux, plus épanouis.

Malgré ce que nous avions vécu ou peut-être à cause de cela, je ne sais pas, je ne le saurai jamais, nous avions retrouvé une sorte de confiance en la vie, un appétit de vivre ce qui nous était offert, que nous l'ayons désiré, décidé ou pas.

Nous n'avions pas renoncé à avoir un enfant. L'année précédente, quelques jours avant que René entreprenne ses traitements de chimiothérapie, nous étions allés dans une banque de sperme. Ce n'est certainement pas l'expérience la plus romantique dont un couple puisse rêver. Mais nous avions désormais l'assurance que, quoi qu'il arrive, notre rêve resterait réalisable.

Mais je ne voulais pas rendre cet enfant responsable de notre bonheur.

Bien sûr, dès que possible, je prendrais toutes les mesures nécessaires. Mon gynécologue, le docteur Ronald Ackerman, nous avait longuement renseignés sur les plus récentes techniques de fécondation *in vitro* et d'insémination intra-utérine. J'avais décidé de m'y soumettre dès que j'aurais pris quelques mois de repos. Si, par la suite, cet enfant entrait dans notre vie, tant mieux. Sinon, je vivrais sans lui. Voilà ce que je me disais. Je ne voulais surtout pas le culpabiliser, en le rendant responsable de mon bonheur, alors qu'il n'était même pas né, même pas conçu. Je ne voulais plus prévoir, je ne voulais plus rêver, plus faire de scénario. Je voulais vivre ma vie comme elle se présentait à moi, non plus comme je l'avais imaginée. C'est la vie qui compte et qui décide, pas le rêve. Ça ne veut pas dire pour autant qu'on doive rester totalement passif et attendre. Pour avoir un enfant, il y avait des mesures à prendre.

Au milieu de l'hiver dernier, nous avons donc appris à déguster la vie comme jamais nous ne l'avions fait. J'ai vu René changer beaucoup, s'attarder à regarder le soleil se coucher ou les dauphins nager dans la mer, ou encore regarder filer un nuage, écouter chanter une sirène. Et profiter pleinement des moments qu'il passait avec moi, avec ses amis ou seul. Même son rire avait changé, son regard. Il était plus que jamais attentif aux autres, attentif au bonheur aussi. Il en trouvait des miettes partout, qu'il ramassait, qu'il partageait avec nous.

Au début surtout, pendant des jours, je ne faisais rien du tout, je vivais sans but, sans maquillage, avec rien qu'un short et un t-shirt sur le dos, pieds nus, sans devoir surveiller mon look ou devoir sans cesse me forger de brillantes opinions sur tout et sur rien pour le plaisir des journalistes…

Puis j'ai découvert des petites passions auxquelles je n'avais jamais pensé auparavant. Elles révèlent, je crois, un changement très profond que je ne comprends pas encore tout à fait et que je ne cherche pas vraiment à comprendre.

Avant, par exemple, j'étais toujours sérieusement embêtée quand on m'offrait des fleurs ; je ne savais jamais trop quoi en faire, où les mettre, je les respirais vite, je les regardais à peine. Aujourd'hui, je peux passer des heures à faire et à refaire des bouquets, des arrangements, j'apprends à connaître les noms, les parfums des fleurs, je les regarde pousser dans mes plates-bandes, se faner, renaître. Je lis sur elles, j'interroge les jardiniers, les fleuristes.

Chaque jour aussi, à l'heure du souper, je fignole longuement les éclairages aux chandelles de chacune des pièces de la maison, du patio et des terrasses ; j'apprends à créer des atmosphères, à dresser une table, à recevoir des invités.

En faisant tout cela, je me découvre des travers et des traits de caractère que je n'avais jamais vus ou jamais pris le temps de voir. Certains me réjouissent ; d'autres, pas.

Je me rends compte par exemple que je suis excessivement exigeante sur des détails souvent insignifiants. Au point, par moments, de m'énerver moi-même. Il faut toujours que tout soit parfait. Si je remarque quelque part quelque chose qui cloche, une tache d'humidité sur un mur, un faux pli dans les draperies, une chandelle qui ne tient pas bien droit, je n'arrête pas d'y penser, je me lève, je vais essuyer la tache, défaire le pli, redresser la bougie… Si quelqu'un autour de moi fait mal son travail, je lui demande de recommencer ou, si j'en suis incapable, je passe derrière et je tente de faire mieux.

Certains jours, j'essaie de me débarrasser de ce regard qui veut toujours tout corriger. J'y arrive. Lentement mais sûrement. Je ne serai jamais négligente et je n'aimerai jamais le désordre, mais je crois que je peux arriver à être plus cool, à voir tomber quelques feuilles mortes sur le patio ou dans la piscine sans me précipiter pour les ramasser...

Je crois que toute la rigueur et la minutie avec lesquelles j'ai pratiqué mon métier de chanteuse pendant près de vingt ans me sont restées. Et je les ai reportées sur ce qui aujourd'hui me préoccupe le plus, c'est-à-dire la santé de René d'abord et avant tout, mais aussi sur mille et une petites choses de la vie quotidienne ; sur l'entretien de cette maison de Jupiter que j'aime tant, sur les bibelots, les tableaux, les meubles dont je l'ai remplie ; sur cette autre maison que nous faisons construire au Québec. Je veux tout voir, tout comprendre, participer à toutes les décisions, voir les plans, le chantier, la décoration...

Il faut dire que je suis maniaque. Je l'ai toujours été, même quand j'étais petite fille. Si j'avais la moindre tache ou le moindre accroc à ma robe ou à mon pyjama, je voulais que ma mère ou mes sœurs me changent. J'aime l'ordre et la propreté, j'en ai besoin. Dans ma maison, comme dans mes sentiments, je veux que tout soit toujours impeccable, clair et net.

Voilà sans doute pourquoi nos réconciliations, à René et à moi, durent toujours plus longtemps que nos querelles d'amoureux. Quand nous nous disputons, je boude toujours un peu, mais par la suite je veux que René me décrive en détails ses sentiments. Je veux savoir s'il a ressenti de la colère ou de la peine, à quel degré et pendant combien de temps. Je ne le lâche pas tant et aussi longtemps que le moindre nuage persiste entre nous, qu'il y a le moindre désordre, le moindre grincement dans nos émotions.

J'agis ainsi avec tous ceux que j'aime et avec qui je travaille. Et avec moi-même. J'aime être fière de moi. Je fais régulièrement mon bilan, mon examen de conscience. Toutes choses qui, autrefois, ne m'intéressaient pas vraiment. Regarder derrière moi n'avait jamais été mon fort.

J'essaie de prendre la vie comme elle vient. Mais je ne m'empêche pas pour autant d'avoir des projets et de faire des plans.

Il y a tant de choses, sans doute fort simples et banales pour des millions de gens, mais que je n'avais pratiquement jamais connues quand j'étais emportée dans le grand tourbillon du show-business. Marcher dans une rue animée, un doux soir de printemps, avec des amies de filles ; prendre un bain de foule dans le plus pur anonymat ; ou dîner en tête-à-tête à la maison avec l'homme que j'aime ; aller faire des courses toute seule dans les grands magasins ; avoir un sac à main rempli de petits objets personnels, une carte de crédit, des clés ; et même ne pas trop savoir de quoi sera fait le lendemain, ni ce que je ferai ou ce que je serai dans trois semaines, dans six mois...

Au printemps, j'ai quand même commencé à préparer un long voyage que je veux faire avec René en Europe, dans des villes où nous sommes toujours passés trop vite, que nous n'avons pas pris le temps de connaître et d'aimer. Je veux visiter les plus beaux musées, voir les grands châteaux. Avec des guides qui m'apprendront plein de choses sur les trésors et les beautés du monde.

J'ai dressé des itinéraires très précis. Le détail, c'est ma spécialité. Je pensais, par exemple, à la robe que je porterais et à ce que je ferais porter à René quand nous nous promènerions, un soir de grande douceur, dans Venise, main dans la main, seuls, sans garde du corps, sans photographe, incognito. Nous voyagerions très lentement, en profitant l'un de l'autre, en profitant de la vie, sans exiger d'elle quoi que ce soit, heureux et satisfaits de ce qu'elle aurait à nous offrir...

Et une fois de plus, cette vie allait être avec nous d'une extraordinaire générosité. Un événement majeur s'est produit, et il pourrait bien être le plus heureux de toute notre existence.

En mai, comme prévu, je rencontrais à New York le docteur Zev Rosenwaks, un grand spécialiste de la procréation assistée. Il m'a proposé une méthode de fécondation très nouvelle. Il s'agit d'isoler un spermatozoïde, puis de l'injecter dans l'ovule à l'aide d'une micro-aiguille. On replace ensuite l'embryon dans l'utérus.

Des spermatozoïdes, nous en avions quelques millions bien congelés dans un laboratoire de Floride. Il s'agissait donc dans un premier temps de prélever en moi le plus grand nombre d'ovules possible.

« Cette méthode demande pas mal de patience et de sang-froid... », m'a dit le docteur qui s'apprêtait, je crois, à me faire un long discours sur les difficultés que j'allais affronter.

Je lui ai rapidement coupé la parole pour lui dire de ne pas s'inquiéter.

« Ma mère avait déjà treize enfants quand elle est devenue enceinte de moi. Et je la connais assez pour savoir qu'elle n'a manqué ni de patience, ni de sang-froid. »

Je ne prétends pas être plus brave qu'une autre femme. Mais j'étais en pleine forme, j'avais tout mon temps ; et surtout, je pouvais tenter cette expérience dans des conditions idéales. J'étais bien entourée. Matériellement, physiquement, sentimentalement, je ne manquais de rien.

« Il faut que tu saches que le succès n'est jamais assuré, ajoutait le docteur. Le taux de réussite de la fécondation *in vitro*, peu importe la méthode, n'est toujours que de vingt-cinq pour cent.

– À ce que je sache, docteur, même la bonne vieille méthode naturelle n'est jamais sûre à cent pour cent.

– D'accord, mais ce que je te propose est infiniment moins agréable. »

Évidemment !

Je devais d'abord préparer mon corps en m'injectant un médicament anti-œstrogène qui allait permettre de régulariser et de contrôler l'ovulation.

À la mi-mai, je suis partie pour New York où j'ai commencé à recevoir en injections des doses massives d'hormones qui devaient entraîner une « superovulation ». Presque chaque jour, pour que le médecin puisse doser les médicaments, je devais passer des tests sanguins et subir des échographies. À cause de ces hormones, j'avais le ventre gonflé comme un petit ballon. Ce n'était pas très confortable, mais ça nous faisait rire et rêver, René et moi. Et je réagissais bien : pas d'étourdissements, pas de bouffées de chaleur, comme en ont beaucoup de femmes avec ce traitement.

Quand mes ovules sont arrivés à maturité, on les a prélevés et placés dans une éprouvette. Puis ils ont été mis en contact avec les spermatozoïdes. C'était le 25 mai. Trois jours plus tard, après avoir été fécondés, trois « petits œufs », comme disait René, étaient de retour en moi. Techniquement, je pouvais donc avoir des triplets ou des jumeaux. Mais tout ça était encore bien problématique. Pendant plus d'un mois, jusqu'à la mi-juillet, je m'injectais tous les jours une dose de progestérone, une hormone qui assure le maintien de la grossesse.

Toutes ces opérations n'avaient rien de bien poétiques. C'était très technique, très froid. Rien à voir avec cet acte si beau qu'est la fécondation naturelle.

Mais René était constamment à mes côtés, curieux, attentif, très tendre. Nous avons suivi ensemble chaque étape de l'ovulation, de la fécondation. C'était devenu notre plus cher projet. Nous en parlions sans cesse entre nous et à tous nos amis. Très publiquement aussi. Nous n'avons jamais caché que nous avions des problèmes de fertilité. Nous n'allions pas tenir secrètes les expériences que nous tentions. Ni les résultats, quels qu'ils soient.

J'ai dû rester allongée pendant plusieurs jours pour que les petits œufs puissent bien s'accrocher. J'étais bien décidée à obéir très exactement et très minutieusement à tous les ordres qu'auraient pu me donner les médecins. Je leur avais dit, d'ailleurs :

«Je veux faire pour le mieux. Même si c'est difficile, même si c'est pénible. Si vous voulez, je peux rester sans bouger pendant neuf mois. »

Ils n'en demandaient pas tant. Ils m'avaient cependant bien avertie que je devais être très prudente, au moins pendant le premier mois.

Le 8 juin au matin, le docteur Ronald Ackerman est passé chez moi, à Jupiter. Il me rendait visite très régulièrement depuis plus d'un mois. Mais ce jour-là, je ne l'attendais pas. Il était venu la veille, il m'avait auscultée, avait pris ma pression, mon pouls, il m'avait fait une prise de sang. Il était parti en disant qu'on saurait dans deux ou trois jours si j'étais enceinte.

Il venait à peine d'arriver quand Alain, le mari de ma sœur Linda, m'a prévenue que le docteur Rosenwaks était au téléphone. Lui aussi m'appelait presque tous les jours. Mais ce matin-là, bizarrement, il ne s'est pas informé de mon état de santé. Il n'a pas non plus demandé à parler au docteur Ackerman comme il faisait presque toujours. Il m'a simplement demandé à quoi je m'occupais.

« Présentement, là ?

— Présentement, là, oui. Qu'est-ce que tu fais, dans le moment ?

— Je déjeune.

— De quoi ?

— Toast, pâté, thé.

— Et René ?

— Il est dans son bureau, je crois.

— Et toi ?

— Dans la cuisine, avec le docteur Ackerman.

— Faudrait aller chercher René.

— Il peut vous parler de là-bas. »

Je savais qu'il devait venir en Floride et j'ai pensé qu'il voulait arranger avec René une partie de golf ou quelque chose de semblable. Mais il a hésité quelques secondes, puis il a ajouté :

« Je veux vous parler à tous les deux. Je veux que vous soyez ensemble, dans la même pièce. »

J'ai appelé René par l'interphone. J'ai eu toutes les misères du monde à ne rien laisser paraître dans ma voix. J'avais compris ce qui se passait. Je savais, j'en étais sûre, que le docteur Rosenwaks allait nous annoncer une grande nouvelle. Et le docteur Ackerman savait que je savais. Je le voyais tourner en rond dans la cuisine en prenant bien garde de me parler. Mais il avait envie de rire, c'était évident.

Quand René est arrivé dans la cuisine, je faisais semblant moi aussi d'être distraite et très calme. Lui, ne se doutait de rien. Il ne savait même pas qui était au téléphone.

Linda, à la demande du docteur Ackerman, avait mis l'appareil sur haut-parleur. Nous avons entendu la voix du docteur Rosenwaks :

« Tu es là, René ?

– Oui !

– Tu es là, Ronald ?

– OK, *go.* »

Et ensemble, Zev et Ronald nous ont dit :

« Félicitations ! les amoureux. »

J'ai vu tout de suite les yeux de mon amour s'embuer. Il s'est approché de moi et m'a prise dans ses bras.

« Tu es enceinte, Céline, répétait Zev et Ronald à tour de rôle. Bravo à vous deux !

– Bravo à vous deux ! » a dit René.

Ainsi, ce rêve que je m'étais pratiquement interdit de faire, tant je le trouvais fragile, allait enfin se réaliser. J'aurais un enfant de l'homme que j'aime.

« Si tout se passe bien… », a ajouté le docteur Ackerman, très ému lui aussi.

J'étais dans les bras de René qui riait à travers ses larmes. Nous sommes restés un long moment enlacés, debout au milieu de la cuisine.

Nous savions tous les deux que nous ne pourrions cacher longtemps une si grande joie. Nous ne pourrions pas garder pour nous seuls ce trop grand et trop beau secret.

Nous avons passé le reste de la journée au téléphone. Nous avons appelé mes parents, tous mes frères et toutes mes sœurs, puis les enfants de René et tous nos amis, à Montréal, à Paris, à New York, à Los Angeles, pour leur annoncer la bonne nouvelle.

Mais eux non plus n'ont pas su garder ce secret. Dans la soirée, les bureaux de nos attachées de presse à

Montréal et à Los Angeles étaient assaillis par des journalistes, si bien que nous avons dû émettre dès le lendemain matin un communiqué annonçant ma grossesse.

Il fallait de toute manière que notre bonheur soit connu. Depuis vingt ans, nous vivions dans l'intimité, si l'on peut dire, du grand public. Je voulais qu'il partage notre joie, comme il avait partagé notre peine.

Je crois qu'on ne doit jamais cacher sa joie. Elle éclaire et réconforte le monde. La garder pour soi, c'est la perdre.

Il me semblait qu'une grande force et une grande paix nous enveloppaient. Qui venaient d'ailleurs, bien sûr. Mais je savais, moi, que c'était René qui avait appelé sur nous cette force et cette paix.

Quand il a été frappé par la maladie, il aurait pu ne pas se défendre, baisser les bras et laisser mourir notre bonheur. Loin de renoncer, il a choisi de se battre de toutes ses forces. Par amour de la vie. Par amour pour moi. Pour ses enfants, pour ses amis.

Et voilà que cette vie qu'il avait su défendre et préserver allait battre et grandir en moi. Elle serait la preuve qu'il faut croire au bonheur, la preuve aussi que l'amour existera tant et aussi longtemps qu'on y croira.

Deux semaines plus tard, nous avons vu battre le cœur de notre enfant.

« Cent quarante-deux pulsations à la minute, c'est très bien », a dit le docteur.

Puis il a fait un rapide calcul. Et il nous a annoncé que je devrais accoucher le 14 février.

Plus tard, en août, après trois mois de grossesse, nous avons enfin entendu battre ce petit cœur. À cent soixante-deux pulsations, cette fois, très fort. Nous en avons fait un enregistrement que nous écoutions tous les soirs avant de dormir.

Nous savions que tout cela était encore bien fragile. Et qu'il nous faudrait de la patience, de la ferveur, de la joie, de la force et beaucoup de chance.

Mais nous savions surtout que, quoi qu'il arrive, la vie avait déjà gagné.

1

Je n'oublierai jamais le jour où j'ai chanté pour la première fois en public. C'était au mariage de mon frère Michel, mon parrain. J'avais cinq ans. Je portais une robe longue, bleue avec des petites fleurs blanches, des gants blancs. Et c'était l'été, bien sûr, puisque Michel s'est marié le jour de son anniversaire de naissance, le 18 août.

Mes frères et mes sœurs avaient préparé un vrai spectacle pour les nouveaux mariés. Ils avaient monté une scène complète, des éclairages, des amplis. Ils avaient même pensé aux tests de son. On devait d'abord chanter tous ensemble des chansons de folklore ; chacun ferait ensuite son petit numéro. Au cours des jours précédents, maman m'avait fait répéter quelques airs, dont *Mamy Blue* que j'adorais et que je devais chanter accompagnée par mon frère Daniel au piano.

Jusque-là, je n'avais chanté que chez nous, en famille. Presque tous les soirs, après souper, nous formions un chœur et nous interprétions des chants d'autrefois en canon. Nous reprenions aussi les gros succès de l'époque, surtout de Creedence Clearwater Revival que nous aimions beaucoup. Souvent mon père sortait son accordéon; ma mère, son violon. Daniel et Ghislaine pouvaient jouer de tous les instruments. Et, s'il n'y avait pas de batterie à la maison, ils tapaient sur les tables, les murs, les casseroles, le frigo...

Pendant que la famille lavait la vaisselle, quelqu'un me plaçait debout sur la table de la cuisine – qui a été en fait ma première scène, une scène centrale, comme celles que j'aime le plus aujourd'hui, avec du public tout autour. Je chantais de toutes mes forces, avec une fourchette, une cuiller ou la lavette en guise de micro. Et je les faisais tous rire. Je n'avais peur de rien ni de personne. Le problème, c'est que je ne voulais plus arrêter de chanter; une fois lancée, je ne voulais jamais plus descendre de la table.

Un soir, pour rire, ou simplement parce qu'ils en avaient assez, les membres de la famille se sont donné le mot et, dès que la vaisselle a été terminée, ils ont filé dans le salon, après avoir éteint la lumière de la cuisine. Je suis restée seule sur la table avec ma lavette dans les mains.

Je ne m'en faisais pas. D'abord, je savais que le but de l'opération n'avait rien de méchant. Jamais personne parmi mes frères et sœurs n'a pensé me faire de la peine, j'en suis sûre. Ensuite, je n'ai jamais, ni dans ce temps-là, ni aujourd'hui, douté une fraction de seconde de l'amour de ma famille pour moi, ni de celui que mes frères et sœurs avaient les uns pour les autres et pour mes parents. Qu'ils m'abandonnent au beau milieu de mon « show de cuisine », je voyais ça comme un jeu, un tour qu'ils me jouaient. Pour qu'on rie tous ensemble. Chez nous, on a toujours beaucoup aimé se jouer des tours. Ça nous vient de mon père, je dirais.

Je suis donc tranquillement descendue de la table et je suis allée les rejoindre dans le salon, où ils m'ont reçue à bras ouverts et tout souriants.

Quand venaient des étrangers, des amis de mes frè-res, leurs blondes ou les *chums* de mes sœurs, l'atmos-phère était tout à fait différente. Pour moi, en tout cas. Pas question de monter sur la table, ni même de chanter toute seule. Sauf si les intrus étaient eux-mêmes musi-ciens et chanteurs, ce qui était d'ailleurs assez souvent le cas. Notre maison attirait en effet tous les jeunes de la ré-gion qui aimaient faire de la musique. Et on avait régu-lièrement des *guest stars* dans notre orchestre. Je me te-nais tranquille, alors. J'écoutais. Quand j'étais rassurée, je mêlais ma voix à celle des autres. Mais pendant long-temps, chanter a été pour moi une activité intime, pure-ment familiale.

À cinq ans, je n'avais donc jamais chanté devant un public aussi important et aussi peu familier que celui présent au mariage de Michel. Quand mon tour est venu de monter sur la scène, je suis restée paralysée par le trac. Tout le monde me regardait et attendait. Ces gens-là m'intimidaient : des cousins que je n'avais pres-que jamais vus, des amis de mes frères et sœurs qui ne connaissaient peut-être rien à la musique ou qui n'avaient pas du tout envie de m'entendre.

Un ami de Michel, Pierre Tremblay, a joué au piano les premiers accords de *Mamy Blue*. J'étais debout à côté de lui, les yeux fixés au plancher, avec un très désagré-able bourdonnement dans les oreilles. Pierre m'a fait un clin d'œil et a repris son intro. Mais je restais figée. Alors j'ai senti dans mon dos la main de ma mère qui me poussait tout doucement, fermement. Et sa voix qui me disait :

« Vas-y, mon bébé, vas-y, c'est à toi. »

Alors, je me suis avancée et j'ai chanté.

Après, je ne me souviens plus vraiment. Mais il pa-raît que je ne voulais plus m'arrêter et que je suppliais

Michel de me laisser faire d'autres chansons. J'avais aussi été de tous les chœurs que formaient mes frères et sœurs.

J'ai éprouvé ce jour-là un immense plaisir, celui d'avoir vaincu la peur, le trac. Et j'ai connu, sans doute pour la première fois de ma vie, l'inoubliable sensation que ressent une chanteuse quand elle se rend compte qu'elle a captivé un auditoire, qu'on l'écoute, qu'on l'applaudit.

J'ai su, ce jour-là, que je chanterais toute ma vie. Et que j'y trouverais mon bonheur.

Je suis née le 30 mars 1968. J'étais une erreur, un accident, et pour ma mère, un sérieux embarras.

Le jour où elle a appris qu'elle était enceinte, elle a dû faire son deuil des projets qu'elle caressait depuis déjà un bon bout de temps. Je ne figurais en effet nulle part dans ses plans. J'étais une enfant non voulue, non attendue. En débarquant dans ce monde, je venais briser son rêve. Si j'avais pu savoir cela, moi qui l'ai toujours aimée si fort, je crois que j'aurais été incapable de naître.

Ma mère avait déjà élevé treize enfants. Pendant plus de vingt ans, elle avait tenu maison. Elle faisait la lessive et le ménage, le repassage, les repas. Et elle recommençait, beau temps, mauvais temps, trois cent soixante-cinq jours par année. Elle estimait, avec raison, avoir accompli son devoir. Ma mère pensait, croyait pouvoir enfin passer à autre chose.

Ses petits derniers, les jumeaux Paul et Pauline, allaient entrer à l'école l'automne suivant. Ma mère serait libre de son temps. Elle pourrait sortir de la maison et voir le monde. Elle voulait se trouver du travail pour ramasser un peu de sous. Elle voyagerait peut-être avec mon père pour revoir la mer et la Gaspésie. Ils y avaient passé leur enfance tous les deux, et ils n'y étaient presque jamais retournés depuis leur mariage.

Ma mère était même allée rencontrer le curé de la paroisse pour lui demander si elle pouvait « empêcher la famille », comme on disait dans le temps, c'est-à-dire avoir recours à la contraception. Les curés avaient alors au Québec une très grande autorité. Celui-là lui a fait la leçon. Il lui a dit qu'elle n'avait pas le droit de contrarier la nature. Ma mère était très fâchée. Je l'ai été, aussi, quand elle m'a raconté cette histoire. Mais en même temps, je dois bien admettre que, d'une certaine manière, je dois la vie à ce curé.

Les jumeaux fêtaient leur sixième anniversaire de naissance le jour même où ma mère et moi sommes rentrées de l'hôpital Le Gardeur, où j'étais née quatre jours plus tôt. Elle m'a laissée dans les bras de mes sœurs et de mes frères. Et elle a préparé un gâteau au chocolat pour les jumeaux. Chez nous, les enfants ont toujours eu droit, le jour de leur anniversaire, à un gros gâteau au chocolat ou à la vanille avec des bougies, en plus des cadeaux que mes parents avaient préparés.

C'était donc jour de fête, mais ma mère avait le cœur gros. Avec moi dans le décor, qui venait de compromettre ses projets, elle se retrouvait à la case départ, confinée de nouveau au petit univers qu'elle avait tant désiré quitter. J'allais la forcer à remettre à plus tard ce rêve d'une nouvelle vie qu'elle avait cru sur le point de se réaliser.

J'imagine que, malgré elle, dans le fond de son cœur, elle m'en a voulu un peu. Je sais par ailleurs qu'elle ne s'est pas longtemps apitoyée sur son sort. Ce n'est vraiment pas son genre. Ma mère veut bien prendre soin de tout le monde, mais elle n'a jamais eu beaucoup de sympathie pour les plaignards et les pleurnichards…

J'ignore comment les choses se sont passées, mais j'ai dû, d'une certaine manière et bien malgré moi, m'imposer. J'ai dû me réconcilier avec cette mère qui, au départ, ne m'avait pas vraiment désirée. En quelque sorte, il fallait la séduire. Mais je n'ai pas eu grand mérite. Ma mère a toujours été folle des bébés : les siens et ceux des autres. Et en plus j'étais, paraît-il, un bon bébé. Je ne pleurais pas trop et j'ai vite dormi mes nuits. Il faut dire que j'avais quinze personnes constamment à mon service.

J'ai passé les premiers jours, les premières semaines, pour ne pas dire les premiers mois de ma vie, dans les bras de ma mère ou de mon père, ou de l'un ou l'autre de mes treize frères et sœurs aînés. J'étais le centre d'intérêt de ces quinze personnes, sans doute le public le plus attentif et le plus indulgent que j'ai jamais eu. Ils me regardaient, me bichonnaient, m'adulaient. Le soir, ils se disputaient pour savoir qui me prendrait dans son lit.

Ma sœur Ghislaine, qui allait avoir dix ans, a alors fait une découverte étonnante. Chaque fois qu'elle chantonnait mon nom d'une petite voix de tête très aiguë, je me mettais à pleurer. Automatiquement. Elle a cru comme de raison que je n'aimais pas mon nom. Ma mère avait choisi de m'appeler ainsi parce que, pendant sa grossesse, la chanson *Céline* de Hugues Aufray avait été un énorme succès au Québec et en France. *Céline* raconte l'histoire de l'aînée d'une famille nombreuse dont la mère est morte en donnant naissance au petit dernier. Elle a sacrifié sa jeunesse à ses frères et sœurs. Et les années ont passé sans qu'elle connaisse l'amour…

Ghislaine a chantonné d'autres noms sur le même ton, pour voir. Et je pleurais tout autant. C'était donc la note qui me troublait. Les enfants se sont amusés à me faire pleurer jusqu'à ce que ma mère intervienne. Plus question de chanter dans cette tonalité. Mais ils ne se sont pas privés de faire de la musique et de chanter sur tous les autres tons.

J'ai eu cette chance extraordinaire de naître dans une maison remplie de musique et de chansons du matin au soir. Parfois même du soir au matin. La musique des autres, de Janis Joplin et de Jimi Hendrix, de Félix Leclerc et de Jacques Brel, de Barbra Streisand et de Ginette Reno… en plus de la nôtre. Celle que faisaient mon père et ma mère, lui avec son accordéon, elle avec son violon : des reels, des gigues, des rigodons. Et celle de mes frères et de mes sœurs avec leurs guitares, leurs pianos, leurs batteries… Pas étonnant que nous soyons tous si profondément attachés à notre enfance.

Nous n'étions pas riches, loin de là. Mais nous nous aimions. Et nous avions la musique qui représente, avec la santé et l'amour, ce qu'il y a de plus beau et de plus précieux au monde.

Je crois vraiment que, lorsqu'il y a de la musique quelque part, le bonheur n'est jamais loin. La musique, disait mon frère Clément, ça sert à « caller » le bonheur, à l'attirer comme les chasseurs attirent les chevreuils ou les orignaux avec leurs appeaux.

Ça explique pourquoi la famille est restée pour moi si importante, si étroitement liée à mon bonheur et à mon équilibre, à mon quotidien, à ma carrière…

J'ai toujours été très proche de mes parents, de mes frères et de mes sœurs, mais surtout de ma mère. Même quand je suis arrivée à l'âge où presque toutes les filles rompent avec la leur, s'en éloignent, cherchent à s'émanciper ou même se révoltent contre elle, je voyais encore la mienne comme un modèle, un havre. Elle était mon amie, ma confidente et ma complice, en même temps que cet être irremplaçable, incontournable et unique que représente une maman. Ma mère est le pilier de la famille. Elle m'a écrit mes premières chansons. Elle a été mon premier manager. Si j'ai rencontré l'homme qui fait aujourd'hui mon bonheur, c'est à la fois grâce à elle… et malgré elle.

Mon père n'a pas du tout le même tempérament. Il est beaucoup plus secret et discret que ma mère, moins autoritaire aussi, peut-être moins sûr de lui devant les autres, plus effacé. L'autorité, c'est sa femme qui l'exerce. Et je pense que cela fait son affaire. Elle décide, il laisse aller. Elle règle les problèmes, il déteste les complications. Elle se mêle de tout ce qui concerne la famille, il fuit les disputes, les conflits. Trop, peut-être.

Mon père parle beaucoup, mais le plus souvent pour faire diversion, pour faire rire les gens, pour qu'ils oublient ce qui ne va pas. Il tourne toujours facilement tout en farce. Il ne veut pas voir la misère, le malheur, la tristesse, la douleur, ni chez lui ni chez les autres. Il déteste aller dans les hôpitaux, par exemple. Même quand ma mère et mes sœurs accouchaient, il avait toutes les misères du monde à se résoudre à les visiter. Mais je crois qu'en général les hommes n'aiment pas beaucoup ce genre d'affaires…

Mon père ne va pas vers les autres aussi facilement que ma mère. Même avec ses enfants, en tout cas avec moi, il ne cherche pas vraiment à créer des liens de grande intimité ou à savoir ce qu'on pense ou ce qu'on ressent. Il veut simplement que tout le monde soit heureux. Il choisit de voir le beau côté des choses et des gens. Le côté laid, il l'ignore ou il se le cache. Je ne me souviens pas, par exemple, de l'avoir entendu se plaindre de quelque chose ou dire du mal de qui que ce soit.

Il adore la pêche, même quand le poisson ne mord pas. Il adore le golf, même quand il joue bien au-dessus de sa moyenne. Parce que ce sont des activités très paisibles, qu'il peut pratiquer dans de beaux environnements.

Mon père est très habile de ses mains. Il peut construire une maison entière, les fondations, la charpente, et poser les fenêtres, s'occuper du câblage électrique, de l'isolation, de la plomberie, tout. Il l'a fait. Je crois même qu'il était content quand quelque chose était brisé ou cassé dans la maison. Il sortait alors son coffre à outils et tout s'arrangeait… Il était l'idole de mes frères qui ont beaucoup appris de lui. Ce qu'il aime moins, c'est le travail de finition et le fignolage, le « taponnage », comme il dit.

Papa est un extraordinaire joueur d'accordéon. Quand j'étais petite, il jouait dans un orchestre qui se produisait dans des noces et des fêtes, non seulement à Charlemagne, petite ville de banlieue, mais un peu partout dans la région, à Repentigny, dans Lanaudière, dans l'est de Montréal. Quand il répétait, seul ou avec ses amis, le son de son accordéon me ravissait. C'était tout moelleux et joyeux, très doux, comme lui. Il avait, il a toujours, une touche très personnelle. Au fond, mon père nous a révélé beaucoup plus de choses sur lui avec sa musique qu'en discutant avec nous. Quand il joue, il n'a plus le même regard. Et il sourit tout le temps.

Je l'écoutais donc, les autres aussi. Il jouait debout, dos au mur de la cuisine ou du salon. Et on était tous étonnés, je crois, de voir cet homme qui, d'ordinaire, prenait si peu de place s'en emparer tout à coup au grand complet avec son accordéon. Il faisait plus que jouer. Il mettait du soul dans la musique. Et ça, on le sentait tous. Ça nous « jetait par terre », comme on dit. Parfois aussi, il se mettait à improviser ou il mélangeait les genres et toutes sortes de mélodies, des airs anciens qu'il nous avait appris et des *riffs* de rock que mes frères écoutaient à cette époque. Il sentait alors qu'il nous possédait et il était heureux… nous aussi. Et il nous envoyait des clins d'œil. Mon père est le champion mondial des clins d'œil.

C'est d'ailleurs en faisant de la musique qu'il a séduit ma mère. Je devine assez bien comment il s'y est pris ! Quand mon père joue de l'accordéon, il peut devenir un dangereux séducteur. Il a ce talent, que n'ont pas tous les musiciens, d'entrer directement dans le cœur des gens, de les toucher vraiment.

Ma mère avait été, comme lui, transplantée de la Gaspésie (mer, forêt, ciel) à La Tuque, dans le fin fond de la Mauricie (usines, fumée, enfer). C'est là qu'ils se sont rencontrés. Elle avait dix-sept ans, il en avait quatre de plus. Il avait son accordéon, elle avait son violon. Ils connaissaient tous les deux le même répertoire de reels. Ils ont joué ensemble *Le reel du pendu.* Il lui a montré les accords de *L'oiseau moqueur.* Un an plus tard, ils étaient mariés. Et les enfants sont venus, de Denise aux jumeaux, treize enfants en seize ans, une bonne moyenne. Puis moi, l'inattendue, l'erreur, loin derrière…

Quand j'ai entrepris de raconter mon enfance, je me suis demandé si les souvenirs que j'en gardais étaient réellement les miens ou si je ne les avais pas recréés dans ma tête à partir de ce que m'avaient raconté les plus vieux. Chez nous, tout le monde se souvient du jour de ma naissance. Ils m'en ont tellement parlé que je peux dire le temps qu'il faisait (gris et venteux). Tous mes frères et sœurs ont été témoins de mes premiers pas, ils ont attendu et entendu mes premiers mots. Ils se souviennent aussi des premières chansons que j'ai chantées avec eux, et de cet accident de voiture qui a failli me coûter la vie à l'âge de deux ans… Je m'étais retrouvée à l'hôpital avec une fracture du crâne et une commotion cérébrale.

Je vois le décor parfaitement. Il faisait gros soleil. C'était un des premiers jours du printemps. Ça sentait bon la terre et l'eau de la rivière toute proche.

Mes frères Michel, Jacques et Daniel faisaient le ménage du printemps dans la cour. Ils devaient râteler la vieille pelouse, nettoyer les plates-bandes, ramasser les branches mortes… Moi, je jouais dans mon carré de sable. À travers la haie (très maigre, la haie) qui fermait la cour, j'ai aperçu une femme qui poussait un carrosse de bébé (bleu, le carrosse).

J'ai cru que c'était ma sœur Denise avec son bébé Christian. Je faisais, paraît-il, une véritable fixation sur Denise et son bébé. Je suis donc allée vers eux. J'étais au milieu de la rue quand je me suis rendu compte que je m'étais trompée. Il ne s'agissait pas de ma sœur, mais d'une voisine qui promenait son enfant.

Mes frères, dans la cour, ont entendu le crissement des pneus et les cris de la femme. Deux secondes plus tard, ils étaient devant la maison. Ils ont vu une grosse voiture noire arrêtée de travers au beau milieu de la rue Notre-Dame, la portière ouverte, un homme debout à côté, immobile, et moi étendue sous le pare-chocs.

Michel s'est jeté par terre pour me sortir de là. Daniel et Jacques ont tenté de retenir ma mère, sortie en courant de la maison, parce qu'ils croyaient que j'étais gravement blessée, morte peut-être, et qu'ils ne voulaient pas qu'elle voie ça.

À partir d'ici, les versions diffèrent un peu, comme toujours dans ce genre d'histoire.

«Tu pleurais à fendre l'âme», diront mes frères.

« Tu ne faisais pas un son, affirme ma mère. C'était ça justement qui m'inquiétait le plus. Tu ne pleurais pas, et tu avais les yeux à l'envers. »

Je ne saignais pas non plus, mais j'avais des bleus et des ecchymoses sur les bras, sur le front.

« Papa était là », soutiennent Daniel et Jacques.

« Impossible, prétendent maman et Michel. À cette heure-là, il se trouvait à son travail (il était alors inspecteur des viandes à la Coopérative fédérée du Québec). L'ambulance avait déjà quitté les lieux quand il est arrivé. Il n'y avait plus que les policiers qui achevaient leur rapport. »

Il y a quelques années, quand j'ai commencé à collectionner les souvenirs familiaux pour constituer un album pour mes parents (et que je n'ai toujours pas terminé), mon père a sorti de son portefeuille ce rapport de police, un vieux papier rose qu'il avait gardé avec lui pendant plus de vingt-cinq ans. Grâce à ce document et aux témoignages de mes frères, je connais la marque et la couleur de la voiture qui m'a frappée ainsi que le nom de l'homme qui la conduisait, un certain Jacques Picard.

Il avait offert vingt dollars à mes frères pour qu'ils n'appellent pas la police. Mon père a compris pourquoi quelques semaines plus tard, quand il a vu la tête du bonhomme en page 3 du *Journal de Montréal*. Il appartenait à la pègre de l'Est. Et il s'était fait descendre par d'autres bandits pour un crime qu'il aurait commis, ou pas commis. L'histoire ne le dit pas. Dieu ait son âme !

Pour la première fois de ma vie, ce soir-là, j'ai dormi toute seule, loin de ma mère, à l'hôpital pour enfants. Je n'en ai évidemment gardé aucun réel souvenir, pas plus que de l'accident. J'avais deux ans. Il m'a fallu des années avant de revivre l'expérience de la solitude.

Quand j'étais petite, je ne voulais jamais découcher. Je faisais toujours un drame si je devais dormir chez une de mes sœurs mariées, et chez qui ma mère me laissait parfois pendant deux ou trois jours. Je voulais rester près d'elle, toujours, où qu'elle soit et quoi qu'elle fasse. Je pense qu'au fond elle s'en accommodait fort bien. Jusqu'à ce que j'aie dix-huit ou dix-neuf ans, nous avons été pratiquement inséparables…

Où que je sois aujourd'hui, je reste très étroitement branchée sur ma famille. Deux de mes sœurs, Manon et Linda, vivent presque en permanence près de moi. Mes frères Michel et Clément ne se tiennent jamais loin. Les autres, je les vois régulièrement, quand je suis à Montréal ou quand ils viennent en Floride ou à Las Vegas… Et il ne se passe pas un jour sans que je parle à ma mère. D'ailleurs, elle me visite souvent avec mon père et ma tante Jeanne, sa sœur aînée, à Jupiter, en Floride, où René et moi avons notre maison.

Mes parents m'ont suivie en tournée pendant des années ; ma mère surtout, infatigable et attirée par les grandes villes : New York, Londres, Paris surtout. Par elle, je suis toujours renseignée sur la famille (frères, sœurs, belles-sœurs, beaux-frères, neveux et nièces) : qui a fait quoi, où, quand, comment, qui a eu la grippe, qui a obtenu une promotion, qui s'est acheté une nouvelle voiture, qui croit être enceinte, qui s'est disputé avec qui et pourquoi…

On se voit beaucoup, et on se parle énormément, de ce que nous vivons bien sûr, de ce qui se passe autour de nous, mais surtout du temps où nous étions tous ensemble dans la petite maison de Charlemagne… à croire parfois que c'est notre paradis perdu et que nous rêvons tous d'y retourner. Comme si nous voulions de nouveau être entassés à seize dans une toute petite maison, avec une seule salle de bains, quatre chambres minuscules, évidemment pas de lave-vaisselle, une fournaise à l'huile qui sent le diable, et pas la moitié du confort moderne que connaissaient déjà la grande majorité de nos voisins !

Comment expliquer que le bonheur ait aimé vivre là-dedans ?

Je crois qu'il y a quelque chose de magique dans les grosses familles, qu'il y a énormément de chaleur humaine. Mais je me dis parfois que nous avons peut-être oublié le difficile et le pénible, et que nous n'avons gardé en mémoire que les bons moments passés ensemble. Ce que nous embellissons encore plus chaque fois que nous en parlons.

Les grosses familles ont beaucoup d'histoires. Et beaucoup d'historiens, forcément. Chacun des plus vieux a sa version des faits, ses souvenirs, son point de vue, son interprétation. J'ai tout intérêt à écouter, évidemment, surtout quand on remonte au début des années 1960 ou même jusqu'au milieu des années 1950, longtemps avant que je vienne bouleverser la vie de ma mère.

J'ai fini par connaître certaines histoires anciennes presque aussi bien que si je les avais réellement vécues, tellement j'en ai entendu parler. J'ai parfois l'impression, par exemple, que j'ai réellement connu mon grand-père Dion qui « prenait un coup un peu fort ». Il est mort écrasé par un train à deux pas de la maison que nous habitions à l'époque. Je dis « nous », en parlant de la famille, mais en fait je n'ai jamais habité cette maison que mon père avait lui-même construite de fond en comble. Il ne supportait plus ce lieu où son propre père avait connu une mort si horrible. Encore aujourd'hui, il a du mal à évoquer cet événement.

« Ton grand-père venait juste de partir de chez nous. On a entendu un vacarme épouvantable. Et j'ai vu par la fenêtre de la cuisine la voiture de mon père accrochée à la locomotive. Quand le train s'est arrêté, ce n'était plus qu'un tas de ferrailles déchiquetées. Je me suis approché. Je suis resté là, paralysé. »

Après, mon père ne pouvait plus vivre dans cette maison et voir passer chaque jour le train qui avait tué son père. Nous avons donc déménagé.

C'était plusieurs années avant ma naissance, mais je peux quand même vous raconter ce déménagement, comme si j'y avais été. Il s'était mis à pleuvoir, le camion n'avait pas de bâche. Les hommes ont rentré les meubles et les matelas tout mouillés. Les enfants étaient contents de se retrouver dans une nouvelle maison, surtout à cause de la grande cour qui donnait sur la rivière L'Assomption. Il y avait de gros arbres auxquels mes frères avaient suspendu des pneus d'auto pour faire des balançoires.

C'était une vieille maison canadienne, avec la cuisine attenante au bâtiment principal, comme on en voyait souvent autrefois. Sur le devant, une galerie très étroite longeait toute la façade, puis on descendait directement sur le trottoir de la rue Notre-Dame, très passante et très bruyante. Au rez-de-chaussée, à côté de la chambre de mes parents, il y avait un grand salon qui, en fait, ressemblait plus à une salle de musique. On voyait souvent une batterie au milieu de la place, des guitares, des micros, des amplis, des magnétophones, des fils dans tous les sens, des disques, des enregistreuses. Il y avait aussi, du côté de la rue, un salon du dimanche où on ne mettait presque jamais les pieds, sauf quand on recevait de la grande visite. C'était un endroit froid et sombre où je n'aimais pas aller. Encore aujourd'hui, je préfère les cuisines aux salons. Pour parler, pour jouer aux cartes.

Les chambres des enfants étaient à l'étage, deux pour les filles, deux pour les garçons. Dans la plus grande, que je partageais avec Pauline et Manon, les murs étaient couverts d'affiches d'acteurs et de chanteurs. Les lits occupaient presque entièrement la place. Il n'y avait que des espaces très étroits pour se faufiler entre eux et les commodes, ainsi qu'un petit endroit pour se changer devant la lucarne et le grand miroir qui couvrait la porte de la garde-robe.

J'aimais regarder mes sœurs quand elles se maquillaient, qu'elles s'habillaient et prenaient des poses devant ce miroir. Je les trouvais belles. J'avais hâte de grandir pour faire comme elles.

Souvent aussi, elles chantaient en imitant Mireille Mathieu, Dalida, Ginette Reno, Barbra Streisand, Aretha Franklin. Je n'allais pas encore à l'école que je connaissais déjà toutes ces vedettes de la chanson.

Je me souviens en particulier d'un jour de pluie… Ghislaine, qui devait avoir une quinzaine d'années, avait monté le tourne-disque dans notre chambre et elle avait repris une chanson en play-back des dizaines de fois. Je l'avais écoutée tout l'après-midi… Elle avait un vieux micro en main, sans fil ni branchement, mais elle s'en servait comme si elle était sur une scène devant un public qu'elle saluait et qu'elle remerciait. Et je croyais, moi aussi, entendre les applaudissements.

J'ai oublié le titre de la chanson, anglaise, et le nom de la chanteuse. Mais je me souviens de l'application et de l'entêtement de ma sœur qui me demandait de replacer l'aiguille du tourne-disque au début de la chanson, pendant qu'elle reprenait son souffle. Puis elle recommençait. J'étais assise par terre à côté d'elle. Je la regardais chanter dans le miroir. Et j'étais aussi excitée et heureuse qu'elle quand elle réussissait à trouver les mêmes intonations que la chanteuse.

Ce soir-là, mes frères (probablement Clément à la batterie, Jacques à la guitare et Daniel aux claviers) ont trouvé les arrangements de la chanson, et Ghislaine a chanté avec eux. Tout le monde les écoutait, même mon père et ma mère, même grand-maman Dion, venue vivre chez nous après la mort de mon grand-père.

Elle était très vieille déjà, et pratiquement impotente. Elle ne parlait pas beaucoup. Elle avait une phobie : les portes ouvertes. Elle nous disait tout le temps de les fermer pour ne pas laisser rentrer les mouches, même la porte de la cave, même en plein hiver, quand il n'y avait de mouches nulle part.

Ma mère a été admirable avec elle. Elle lui a donné sa propre chambre, au rez-de-chaussée, et elle s'est installée à l'étage avec papa. Elle l'a soignée, lavée, changée comme une enfant. Elle l'aidait même à manger et à s'habiller.

Je ne sais pas si j'aurais le courage et la force de faire une chose semblable, mais j'admire au plus haut point ceux et celles qui le font, que ce soit pour leurs proches ou par métier. Je suis sûre qu'ils y trouvent une joie quelque part. Être bon, ça fait du bien, ça grandit une personne.

Je vois encore grand-maman, recroquevillée dans sa chaise berçante, perdue, vraiment perdue dans ses pensées. Elle souriait tout le temps. Même quand personne ne pouvait s'entendre penser dans la maison, parce que plusieurs musiques jouaient parfois en même temps. Par exemple, Ghislaine et Claudette, ma marraine, chantaient en haut, dans la grande chambre des filles. En bas, Jacques jouait de la guitare, Clément de la batterie,

Daniel du piano. Michel écoutait ses disques de jazz. Une autre de mes sœurs parlait au téléphone. Et il y avait parfois la télé par-dessus tout ça.

Mais le plus souvent, quelqu'un, mon père ou ma mère, mettait de l'ordre là-dedans et tout le monde finissait par jouer ensemble. Ça pouvait durer des heures, toute la soirée, quand ce n'était pas une partie de la nuit. Grand-maman restait assise dans sa berceuse et elle regardait la famille de son fils faire de la musique, jouer des reels vieux comme le monde ou reprendre les gros hits des Doors, de Hendrix ou de Joplin. Elle paraissait ravie... Peut-être un peu sourde, aussi.

En tout cas, moi, j'étais ravie. J'étais bien. Je souhaitais sans doute que cette vie dure toujours. C'était doux, c'était bon. Je dois dire que j'ai été une enfant très libre. Je m'étonne aujourd'hui de ne pas être devenue une femme paresseuse et gâtée.

Je n'ai jamais reçu une fessée de toute ma vie, ni de mes parents, ni d'aucun de mes frères ou de mes sœurs. Jamais une tape, non plus, rien de physique. Chez nous, ça ne se faisait pas. Ni pour moi, ni pour les autres. Ma mère avait cependant une façon de me punir tout aussi efficace qu'une claque sur la joue. Un jour, je devais avoir quatre ou cinq ans, je n'allais pas encore à l'école, j'étais avec mes parents au centre commercial Repentigny, près de chez nous. J'ai voulu entrer dans la boutique de jouets. J'y étais allée quelquefois avec ma mère ou avec l'une ou l'autre de mes sœurs. Plusieurs des poupées Barbie que je possédais venaient de cette boutique.

Mais, ce jour-là, mes parents étaient pressés, mon père surtout. Pas question d'entrer dans la caverne aux trésors. Lorsque j'ai vu qu'il n'y avait rien à espérer du côté de mon père, je me suis mise à supplier ma mère. Mais elle a dit non, elle aussi.

« Écoute, Céline, l'argent ne tombe pas des arbres. Et t'as déjà assez de jouets à la maison. »

Alors j'ai fait une vraie crise, je pleurais à fendre l'âme, je trépignais, je hurlais. On devait m'entendre d'un bout à l'autre du mail. J'étais tellement en colère que je ne voyais plus rien autour de moi. Soudain, je me suis rendu compte que j'étais toute seule. Je me suis retournée et j'ai vu mes parents qui se dirigeaient vers la sortie. Ils m'avaient tout simplement plantée là.

J'ai eu la peur de ma vie ! En trente secondes, je les avais rejoints. Et je me suis accrochée à ma mère.

Voilà le genre de leçon qu'elle me donnait lorsque je me comportais en enfant gâtée. C'était par la froideur ou l'indifférence qu'elle me punissait. Jamais par des coups, ni en parlant fort ou en criant après moi. Son autorité suffisait à remettre les choses en place.

J'ai encore pleuré à fendre l'âme le jour où je suis entrée à la maternelle. J'aime que ma mère me rappelle cette scène d'horreur. Je devais quitter le nid douillet et confortable qu'était la famille, pour vivre chaque jour pendant des heures loin de ma mère.

Même chose, en plus dramatique, l'année suivante quand je suis partie pour la petite école. Cette fois, cependant, j'ai conservé des flashes un peu plus précis.

Je me souviens que ma mère m'avait accompagnée à pied et que je la tenais très fort par la main. Une fois dans la cour de l'école, elle a dû déplier mes doigts pour me séparer d'elle… Elle a fait quelques pas derrière moi, puis elle m'a laissée toute seule. Elle est allée se poster derrière la clôture, et elle me regardait. Jamais, je crois, je n'ai eu le cœur aussi gros. Parce que je savais que je ne pouvais plus revenir en arrière, et rester bébé. Ma mère m'avait prévenue. Et j'étais, je suis toujours d'ailleurs, une fille très obéissante. Je fais ce qu'il faut faire. Je fais, j'ai toujours fait et je ferai toujours ce qu'on me demande. Pourvu que ce soient des gens aimés et en qui j'aie confiance...

Une première journée d'école, tous les enfants ont vécu ça, je le sais. On a tous été arrachés à cinq ou six ans au milieu familial et on s'est tous retrouvés dans une cour asphaltée peuplée d'inconnus, tout seuls. Moi, je ne ressentais pas de la peur devant un monde hostile ou étranger, mais de l'ennui. Un ennui profond, une immense tristesse.

J'avais toujours vécu entourée d'adultes ou d'enfants beaucoup plus âgés que moi. J'apprenais d'eux tout ce que j'avais besoin de savoir. Selon moi, la vraie vie se trouvait parmi eux. Pas au milieu d'une cour d'école remplie d'enfants terrorisés ne connaissant rien à rien. Dès ce jour, j'ai détesté l'école.

Je ne me donne pas en exemple ; je pense simplement que je n'étais pas faite pour cela.

Toute ma vie était bouleversée. Maman s'était trouvé un emploi dans un magasin général de Montréal-Est, l'*American Salvage*, où elle vendait des bottes, des cirés, des manteaux de pluie, etc. J'allais dîner chez ma sœur Louise, qui habitait près de l'école, et où je devais rester à dormir les jeudis et vendredis quand maman travaillait.

Chez Louise, tout était moderne, bien rangé, astiqué, confortable. En plus, Louise est la douceur même. Mais le soir, seule dans mon lit, je pensais à la maison. J'aurais voulu veiller dans la cuisine avec Manon et Pauline. Quand maman serait rentrée du travail, on se serait fait des toasts et des chocolats chauds. Et même si on m'avait envoyée au lit, il y aurait eu ces bruits familiers, ces voix, ces odeurs, tout cet univers que j'aimais tant. Chez Louise, comme à l'école, je me sentais en exil.

Je ne cachais pas ma peine à ma mère qui (était-ce voulu de ma part ?) a bientôt été rongée par la culpabilité. Pour que je puisse voyager entre l'école et la maison, elle m'a acheté une bicyclette verte. Désormais, j'allais dîner et dormir chez nous.

Une nuit, j'ai fait un rêve. Je rentrais à la maison, après l'école. Je n'avais pas ma bicyclette. Je courais. Très vite. Tout à coup, je me suis sentie infiniment légère. Et tout s'est passé au ralenti, mes enjambées se sont faites de plus en plus longues, comme si je courais sur une surface caoutchoutée. Et j'étais extraordinairement heureuse.

Je n'ai jamais oublié ce rêve. Encore aujourd'hui, quand j'y repense, je retrouve un peu de l'extraordinaire sensation qu'il m'avait apportée.

Quand je songe à ce temps-là, je vois bien que j'ai toujours eu une certaine difficulté à me lier aux enfants de mon âge. Je crois que leur monde ne m'intéressait pas. Aujourd'hui, il me fascine. Mais, à l'époque, alors que j'étais moi-même une enfant, je n'y comprenais rien. Je me sentais incapable (ou je trouvais inutile) de me lier de quelque manière que ce soit aux tout-petits et de me mêler à leurs jeux. J'aimais mieux être seule. Même pour jouer.

Mes frères avaient installé près du hangar, à côté de la maison, un ballon-poire comme en ont les boxeurs pour s'entraîner. J'ai passé des heures à frapper dessus, quelques fois avec une de mes sœurs ou avec ma nièce Cathy, la fille de ma sœur Claudette, comme *sparing partner*. Mais le plus souvent, j'étais toute seule. Il m'arrivait de frapper ce ballon jusqu'à ce que j'aie les poings et les poignets enflés. Je continuais de frapper, sans pouvoir m'arrêter. Quand je rentrais dîner, j'avais les mains en sang. Ma mère m'enroulait de la gaze autour des poignets, comme on fait aux boxeurs. Et je retournais à mon ballon, je retrouvais mon rythme, ma cadence, j'oubliais tout.

Je jouais à la poupée aussi. L'été surtout, et généralement dehors. Je m'installais au pied de l'escalier qui donnait dans la cour arrière. Je lavais mes Barbies, je les changeais l'une après l'autre, je leur donnais des poses, je leur parlais, je les grondais. Puis je les couchais bien comme il faut dans un vieux coffre en bois que m'avait fabriqué mon oncle Valmont, le frère de ma mère.

Et moi, j'étais la poupée de ma mère, de mes sœurs. Elles me faisaient des chignons, des tresses, elles me mettaient du vernis à ongles, elles me maquillaient, même quand je n'avais que sept ou huit ans. Souvent, Claudette, Liette et Linda m'amenaient avec elles dans les boutiques et, par jeu, elles me faisaient essayer des robes, des manteaux, des chaussures, des chapeaux.

Très vite, je suis devenue leur complice. Elles m'ont mêlée à leurs jeux, à leurs conversations, surtout à leur musique et à leurs chansons...

C'est le jeu que j'ai pratiqué avec le plus de plaisir. Celui auquel je joue encore aujourd'hui : chanter, me costumer, me maquiller, me déguiser, jouer la comédie, faire du show-business, comme mes parents, mes frères et mes sœurs.

Mon père et ma mère avaient créé une formation musicale, *A. Dion et son ensemble*, qui donnait des spectacles dans les salles de Lanaudière et de l'est de Montréal. Maman s'était acheté un violon neuf. Jacques tenait la guitare, Clément la batterie et Daniel, l'accordéon-piano ; Denise chantait des airs de folklore et des succès de l'époque. Ils ont même été invités à quelques émissions de télé. J'étais presque toujours avec eux, dans les studios, dans les cabarets et les bars, même si je n'avais que six ou sept ans.

Plus tard, avec Michel Desjardins, un ami de la famille, Ghislaine, Jacques, Michel et Daniel ont formé un vrai orchestre de rock et de rythm and blues… Les soirs de fins de semaine, ils jouaient dans un cabaret de Charlemagne : le Bord-de-l'Eau. Ils s'appelaient les D si D et ils s'étaient fait faire des t-shirts marqués de deux D séparés par la note *si*. J'étais leur fan numéro un. Quand ils partaient en tournée (Trois-Rivières, Berthier, Joliette…), j'étais en deuil. Quand ils étaient près de chez nous, je ne manquais jamais un show.

J'ai toujours en mémoire des images très précises de ces soirées, et le son de l'orgue Hammond, de la guitare Gibson Les Paul dont ils étaient si fiers. L'odeur même du Bord-de-l'Eau, je crois que je la reconnaîtrais entre mille, les yeux fermés, encore aujourd'hui. C'était un mélange de fumée de cigarette et de « sent-bon » très fruité, très bonbon. Et c'était moite et chaud.

Ghislaine se faisait alors appeler Pénélope et avait repris la batterie de Clément. Elle chantait si bien, avec tellement d'âme, que tout le monde se taisait dans le cabaret quand elle entonnait *Me and Bobby McGee* de Joplin ou *The Way We Were* de Streisand. Mes parents assistaient souvent à ces shows. Moi aussi, forcément. Quand je n'en pouvais plus, je m'endormais quelque part.

Je me couchais souvent très tard. Je mangeais quand j'avais faim, je dormais quand plus personne ne jouait de musique. Je manquais régulièrement l'école ou, si j'y allais, j'étais si fatiguée que je « cognais des clous » pendant les classes. Je faisais plus ou moins mes devoirs, j'apprenais plus ou moins mes leçons.

Je n'ai jamais été une bonne élève. À l'école, je ne cherchais pas vraiment à me faire des amis, ni à me mettre de l'avant, ni à séduire, ni même à apprendre aux autres que je chantais parfois accompagnée de tout un orchestre. Dans la cour de récréation, je parlais très peu, je ne me liais pas beaucoup. J'ai dû passer auprès de certaines des filles de ma classe pour une espèce de lunatique, une solitaire écrasée par la timidité ou une snob finie. Tous mes sujets d'intérêt étaient ailleurs, à la maison ou au cabaret, qui se trouvait tout près de chez nous, et plus tard, à la brasserie que mon père et ma sœur Claudette avaient achetée, le Vieux Baril, et où la famille faisait de la musique et chantait...

Les soirs où je ne les accompagnais pas, je les entendais rentrer : ils passaient dans la cuisine, ils se préparaient des toasts et du café. J'étais dans mon lit, là-haut. Je les écoutais raconter leur soirée à maman. Et ils avaient des fous rires, ils étaient heureux, ils menaient la vie la plus excitante qu'on puisse imaginer. J'étais pressée de grandir pour partir avec eux.

C'est au Vieux Baril que j'ai vu pour la première fois de véritables spectacles. C'est là aussi que j'ai pris mes premiers bains de foule, et connu mes premiers succès en dehors du cercle familial. Après les applaudissements, on me retrouvait à quatre heures du matin, endormie sur un banc. Maman m'avait prévenue :

« Tu peux veiller tant que tu veux, si tu te lèves le matin pour aller à l'école. »

Alors le matin, puisque la promesse était faite et que je ne pouvais imaginer une seconde de ne plus passer mes soirées au Vieux Baril, je me levais malgré la fatigue, et je m'en allais dormir à l'école.

J'avais peine à ouvrir les yeux et à suivre, alors je rêvais. À mon avenir, dont je ne doutais pas une seule seconde. Comme mon frère Michel, mes sœurs Claudette et Ghislaine, un jour je serais sur de grandes scènes, on m'ouvrirait les portes des studios d'enregistrement, je chanterais devant des caméras... je serais vedette de la chanson.

Les D si D s'étant sabordés, Michel avait formé d'autres groupes. L'Éclipse, qui n'a pas duré longtemps, puis le Show, qui connaissait un certain succès dans le réseau des boîtes de nuit. Ensuite, il a enregistré deux quarante-cinq tours, et l'une de ses chansons s'est hissée en bonne place au hit-parade.

Un soir d'automne, mes parents nous ont emmenés, les jumeaux et moi, à un spectacle du groupe. Le Show se préparait à une grande tournée au Québec. C'était la mode des redingotes et des longues vestes croisées et cintrées. Maman en avait confectionné une pour Michel, blanche, avec des revers et des basques en satin. J'étais en admiration devant mon grand frère, le chanteur soliste du groupe, celui qui parlait sur scène en pleine lumière. Michel a une voix forte et solide, et il bouge bien. J'ai voulu rester jusqu'à la fin de la dernière représentation. Tant qu'il y a eu de l'action, quelque chose à voir et à entendre, j'ai refusé de rentrer.

Je connaissais par cœur un nombre incroyable de chansons. Au Vieux Baril, les clients me demandaient de leur interpréter tel ou tel titre et me donnaient des sous. Mes parents découvraient, stupéfaits, que je n'avais plus peur des inconnus, que j'affrontais le public sans problème. Je me suis habituée à la foule, aux applaudissements, aux rires et aux bravos. Je ne pouvais plus m'en passer.

À l'école, je restais une étrangère, une exilée. Dès que les cours commençaient, si je ne sombrais pas dans un demi-sommeil, je partais dans la lune et je me tournais des petits films dans ma tête. Le décor était souvent le même : la salle du Vieux Baril. L'action était simple : je chantais avec un gros *rock band* que dirigeait Daniel ou Michel. Et les gens aux tables se taisaient et m'écoutaient. Comme ils le faisaient pour mes idoles, Ghislaine et Michel…

Parfois, je partais comme missionnaire en Afrique, au fin fond de la jungle. Je sauvais des enfants du malheur, de la faim, de la peur. J'étais infatigable. J'arrangeais toujours tout. Ou encore, j'étais gymnaste, comme Nadia Comaneci, devenue mon idole absolue, la plus belle que j'aie jamais eue, lors des Jeux olympiques de Montréal en 1976. J'avais huit ans. J'avais placardé les murs de ma chambre de ses photos. J'aimais son regard si intense et son air très sérieux. Je trouvais qu'il n'y avait rien de plus beau sur terre. Et, surtout, j'admirais la rigueur et la précision, l'application avec lesquelles elle faisait tous ses mouvements. Pour moi, elle représentait (elle représente toujours) la perfection. Elle a d'ailleurs été la première gymnaste olympique à récolter la note maximale. Cette volonté de parvenir au sommet par l'entraînement et la discipline me convenait totalement. Je m'en savais capable pour accomplir ce que j'aimais faire.

Nadia Comaneci a été pour moi un modèle et une inspiration. Je l'ai rencontrée en 1996, aux Jeux olympiques d'Atlanta, alors que j'étais devenue une chanteuse célèbre. J'ai été si émue que j'en tremblais et j'ai failli pleurer, comme ces fans qui s'approchent parfois de moi et sont incapables de me parler tellement ils sont bouleversés.

Je ne saurais dire si c'est à cause de ma mère, mais je n'ai jamais été traitée comme la petite dernière de la famille, celle que les plus vieux tolèrent difficilement. Celle à qui l'on cache certaines choses, à qui l'on dit « C'est pas de ton âge, va te coucher », ou « Tu comprendras ça plus tard ».

Je ne me souviens pas d'avoir été exclue des conversations d'adultes, peu importait le sujet, que j'aie quatre, cinq ou dix ans. Je n'allais pas encore à l'école que je savais tout des mystères de la vie, *the birds and the bees*, du moins en théorie. Je n'avais pas, à douze ans, la curiosité des petites filles de cet âge pour les choses de l'amour ni le besoin ou l'urgence de les découvrir. Je les connaissais. Ça explique peut-être pourquoi j'ai attendu si longtemps, jusqu'à l'âge de vingt ans − ce qui est nettement au-dessus de la moyenne −, avant de mettre en pratique ces connaissances théoriques que j'avais dans le domaine.

La seule chose qu'on ait tenté de me cacher, c'est un malheur. J'avais neuf ans lorsque j'ai appris que ma nièce Karine souffrait de fibrose kystique. Mais dans une grosse famille, c'est bien difficile de cacher quoi que ce soit à une enfant de cet âge. J'avais autour de moi tous ces visages sur lesquels je pouvais voir la tristesse, et de longs silences, et pas de musique, le soir après souper. Ma mère avait les yeux pleins d'eau. Elle parlait au téléphone à mes frères et sœurs, qui n'habitaient plus chez nous ; elle leur disait tout bas que quelque chose de terrible venait de nous arriver.

C'est ainsi que j'ai compris, à travers les larmes de ma mère et de mon père, à travers leurs silences et leurs chuchotements, que Karine, le petit bébé tout frais, tout rose, de ma sœur Liette, était atteinte d'une très grave maladie. Elle avait été transportée en ambulance à Sainte-Justine, l'hôpital pour enfants, où j'étais moi-même allée quand j'avais été frappée par une voiture.

Les médecins avaient suggéré de la faire baptiser au plus vite, parce qu'elle n'avait peut-être que quelques semaines à vivre. Et si jamais elle survivait, elle ne grandirait jamais, elle devrait prendre des médicaments tous les jours de sa vie, elle n'irait probablement pas à l'école, elle souffrirait beaucoup et il faudrait constamment l'entourer de soins.

C'était le premier vrai malheur qui frappait notre famille. Les plus vieux se souvenaient de la mort violente de mon grand-père Dion. Et nous avions perdu grand-maman Dion quelques années plus tôt. Tout le monde avait beaucoup pleuré, évidemment. Mais c'était dans l'ordre des choses. Grand-maman était morte doucement, au bout d'une longue vie. Vers la fin, je crois qu'elle n'avait plus vraiment envie de vivre. La mort est venue comme une sorte de délivrance, autant pour elle que pour nous.

Mais quand la mort s'annonce au commencement d'une vie, à un tout petit bébé, on ne peut pas parler de délivrance. Ça ressemble plutôt à une condamnation cruelle et injuste.

Karine n'est pas morte au bout de quelques semaines, comme avaient prévu certains médecins. Pendant des années, ma sœur Liette allait l'entourer de soins constants, quotidiennement. Deux, trois, cinq fois par jour, elle devait la masser pour vider ses poumons du mucus qui s'y accumulait et lui coupait le souffle. Elle lui faisait prendre ses médicaments, lui faisait suivre une diète très stricte. Tout ça sans espoir véritable. C'était ça, je crois, le pire : savoir que la lutte était perdue d'avance.

En quelques jours, tout le monde dans la famille était devenu spécialiste de la fibrose kystique. Nous qui avions toujours détesté l'étude, nous passions des soirées entières plongés dans la documentation que les médecins avaient remise à Liette. Et dans un vieux dictionnaire Larousse, à la recherche des mots rares ou savants qu'on trouvait à tout bout de champ dans cette documentation, ou encore pour connaître la fonction et la location des glandes et des organes affectés ou responsables : les poumons, le pancréas, le foie, tout le système digestif… Je me souviens des planches anatomiques qu'on regardait dans le dictionnaire. Pour comprendre.

Il faut une puissante dose de malchance pour attraper cette maladie. Comme toutes les maladies, bien sûr. Mais dans le cas de la fibrose kystique, il y a une question de hasard malheureux qui rend tout ça encore plus terrible : elle est transmise à l'enfant seulement si les deux parents sont porteurs du gêne.

Ma mère s'est informée auprès de tous ceux qu'elle connaissait dans sa famille, dans celle de mon père et celle du mari de Liette. Elle a découvert que deux des sept enfants d'une de ses cousines vivant aux États-Unis, et qu'elle n'avait pas vue depuis plus de vingt ans, étaient atteints de cette maladie.

Dans nos études et nos lectures familiales sur la fibrose kystique, nous avons appris que beaucoup de chercheurs s'intéressaient à cette maladie. Mais les recherches progressent lentement et exigent des sommes considérables. Depuis les tout premiers débuts de ma carrière, je participe aux campagnes de financement de l'Association québécoise de la fibrose kystique. Je sais qu'il y a de l'espoir. Je sais que des progrès importants ont été réalisés. L'espérance de vie des enfants malades a plus que doublé. Mais il y a encore beaucoup à faire…

Nous étions de plus en plus souvent seules à la maison, ma mère et moi. J'avais dix ou onze ans. Les jumeaux sortaient déjà avec leurs groupes d'amis, ils allaient patiner ou voir des spectacles, des films. Moi, à part ma mère, je n'avais pas d'amie et je crois bien que je n'en voulais pas...

Karine allait cependant prendre une grande place dans ma vie. C'est la première enfant avec qui j'ai réellement pris plaisir à communiquer. Elle n'était pas tout à fait comme les autres. Même quand elle était bébé, à cause de ce qu'on savait, à cause de ce mal qu'elle avait en elle, elle me faisait toujours penser à des choses graves et bouleversantes, à la mort, en fait.

Elle est devenue une petite fille très sérieuse, avec un regard et des pensées d'adulte, chargée d'un fardeau comme n'en portent pas les autres enfants. À l'âge de cinq ans, elle savait déjà que la vie est parfois terriblement injuste...

Je ne l'ai jamais vue courir, nager, se rouler par terre ou grimper aux arbres comme font tous les enfants. Elle ne pouvait même pas caresser un chat ni marcher dans un champ, dans un verger en fleurs ou au bord de la rivière, parce qu'elle suffoquait dès qu'elle était exposée à la moindre poussière, au moindre pollen, au plus faible courant d'air. Elle mangeait avec appétit, mais, parce que son organisme était incapable d'assimiler les éléments nutritifs des aliments, elle restait maigre, pâle, anémique.

Je ne me souviens pas que nous ayons parlé ensemble de sa maladie. Je crois qu'elle n'en parlait jamais à personne. Sauf à Liette, j'imagine, qui était avec elle d'une patience d'ange et d'une douceur incroyable. Karine devait savoir instinctivement que toute révolte était inutile. Ou peut-être qu'elle n'avait pas vraiment la force de se révolter, de crier la colère qu'elle devait avoir en elle. Que moi j'aurais eue, il me semble, si j'avais été à sa place. Mais je sais qu'elle avait parfois des périodes de désespoir. Et alors, elle ne parlait plus pendant des jours.

Lorsqu'elle venait chez nous, c'est à moi surtout qu'elle parlait, sans doute à cause de notre âge. Nous montions toutes les deux dans la chambre des filles. Nous écoutions de la musique pendant des heures. Elle me regardait chanter devant le grand miroir que Ghislaine ne fréquentait plus, puisqu'elle avait quitté la maison, elle aussi.

Bientôt, il ne resterait plus que papa, maman et moi. Après avoir été la dernière d'une famille de quatorze enfants, j'étais finalement devenue fille unique.

Maman travaillait toujours à l'extérieur. Mais elle avait désormais un grand projet, faire de moi une chanteuse-vedette. Elle ne s'était jamais beaucoup intéressée à mes devoirs et à mes leçons d'école. Mais elle avait suivi de près mes progrès en chant. Elle me donnait des conseils, elle me proposait d'essayer de nouvelles chansons. Ou elle me disait :

« Imite pas cette chanteuse-là, elle a une belle voix, mais elle s'en sert mal. »

Notre modèle absolu, c'était Ginette Reno, alors la plus grande star au Québec. Je connaissais par cœur tous les airs de son album *Je ne suis qu'une chanson*. Pas seulement les paroles, mais chaque note, chaque intonation qu'elle avait et que je passais des heures à essayer de reproduire le plus fidèlement possible.

Je me voyais dans le miroir et, comme me l'avait appris Ghislaine, j'imaginais derrière moi, derrière mon reflet, tout un public, plein de gens qui me regardaient… Une fois ma chanson finie, j'abaissais mon micro, je faisais valser le fil derrière moi et je les laissais m'applaudir et parfois se lever, me faire une ovation, comme Ginette Reno à la Place des Arts.

Un soir, après la vaisselle, assises toutes les deux à la table de la cuisine, maman m'a parlé de son projet. Et son projet, c'était moi.

2

Maman voyait grand, très grand. J'avais douze ans, et elle voulait faire de moi une chanteuse capable de remplir la Place des Arts pendant trois semaines d'affilée, comme Ginette Reno, et de faire des tournées de plusieurs mois à travers le Québec et le Canada.

« Et même, pourquoi pas ? jusqu'en France, un jour. »

Pour moi, c'était un rêve. Mais ma mère était rendue plus loin que le rêve. Elle avait mûrement réfléchi. Elle avait un plan d'action.

« Si tu veux avancer, il te faut un agent, me disait-elle. Ton frère Michel en connaît plusieurs. Il s'agit de choisir le bon. Ou plutôt, d'être choisie par le bon. Mais pour commencer, il te faut des chansons à toi. Un bon agent ne voudra rien savoir d'une fille qui ne fait qu'imiter les autres. Tu devras lui montrer ce que tu peux faire, pas ce que font les autres. »

Je ne sais pas comment cette idée lui était venue. Mais je me rends compte aujourd'hui à quel point ma mère était une artiste dans l'âme. Elle avait une intuition et un instinct très sûrs, une profonde connaissance et un sens inné du show-business.

On ne peut pas en effet juger de la valeur d'une chanteuse qui interprète une chanson déjà existante. Il fallait donc que je crée moi-même quelques chansons inédites pour que le bon agent qu'on trouverait, ou plutôt qui me découvrirait, sache que je comprenais quelque chose à la musique, à la structure d'une chanson, et que j'étais réellement capable de chanter.

Ce que ma mère m'avait dit ce soir-là, à la table de la cuisine, m'apparaissait donc comme tout à fait évident, même si je n'y avais jamais pensé de façon aussi précise. Il était temps pour moi de faire le grand saut, de commencer à chanter pour de vrai, avec ma voix à moi.

Mes frères Jacques et Daniel me préparaient des bandes des succès de l'heure sur lesquelles je chantais. Au début, je retombais fatalement dans la mélodie qu'avait creusée la fille qui m'avait précédée. Je faisais du Ghislaine ou du Ginette, du Barbra ou du Aretha. Mais peu à peu, j'ai trouvé mes intonations personnelles, des trucs, ma voix à moi.

Maman m'inscrivait à des concours d'amateurs, à tous les festivals qui se tenaient sur les terrains de jeux de la région, à toutes les fêtes de quartier.

Cet été-là, je faisais une fixation sur Olivia Newton-John. J'étais allée la voir avec mon frère Michel et ma sœur Dada au Forum de Montréal. Je reprenais ses chansons sur des trames instrumentales. Je ne comprenais pas un traître mot de ce que je chantais, mais j'y mettais toute l'émotion dont j'étais capable, tous les sentiments que je pouvais rendre, en vrac, au hasard. Du gros pathos enragé sur des mots tendres, ou du miel et des murmures là où il aurait peut-être fallu un cri de rage, peu importe. Je ne faisais pas de l'interprétation, je faisais simplement l'étalage de ma voix. Comme le recommandait mon agent par intérim, maman.

Un dimanche après-midi, j'ai chanté *Let's Get Physical* lors d'une fête au terrain de golf de Repentigny. Michel y avait emmené un ami à lui, Paul Lévesque, qui s'occupait de la carrière de quelques groupes québécois de gros rock.

Ils nous ont retrouvées, maman et moi, sous les grands érables qui bordaient le terrain de golf. Paul m'a dit que je l'avais réellement impressionné. J'étais à l'époque si sûre de moi que j'aurais eu peine à croire le contraire. Mais j'étais heureuse qu'un professionnel autre que les membres de ma famille m'ait entendue et qu'il sache reconnaître ce que je pouvais faire.

Paul était bien conscient lui aussi que, pour intéresser une compagnie de disques, je devais me présenter avec des chansons originales. Il savait aussi que les producteurs ne viendraient pas m'entendre chanter dans les terrains de jeux de Repentigny. Je devais préparer des maquettes, que Paul se chargerait de leur faire écouter. Mais il ne connaissait pas de parolier, à part ceux de ses groupes rock qui, même s'ils parlaient tous français, n'écrivaient qu'en anglais. Il ne trouvait pas non plus de musicien capable de composer des mélodies qui me conviennent.

Je ne pouvais quand même pas, à douze ans à peine, sauter à pieds joints dans le métal hurlant et me mettre à crier, comme les gros rockers tatoués, qu'il fallait faire sauter la planète. Ni chanter des chansons d'amour torride. Il me fallait des ballades. Et des textes qui pouvaient faire sens dans la bouche d'une adolescente.

En fait, Paul ne savait pas trop quoi faire de moi, quelle place je pouvais occuper dans le show-business.

Puis un jour ma mère m'a dit :

« Moi, mon bébé, je vais t'en écrire, des chansons. »

Elle avait déjà écrit des paroles sur un de mes cahiers d'école. Elle m'a alors fait entendre une ébauche de mélodie. Je me suis couchée, ce soir-là, avec le refrain de sa chanson en tête. J'étais excessivement excitée parce que, pour la première fois de ma vie, je me retrouvais totalement libre. Je pouvais non seulement choisir la tonalité dans laquelle je chanterais cette chanson, mais aussi les notes sur lesquelles j'appuierais, les syllabes que j'allongerais ou sur lesquelles je ferais danser ma voix... Ce serait ma première vraie chanson.

Ce n'était qu'un rêve
Mais si beau qu'il était vrai...

Le refrain était parfait. Mais maman ne parvenait pas à trouver la mélodie des couplets. Elle a téléphoné à mon frère Jacques, qui travaillait le soir dans un bar pas très loin de chez nous. Jacques, comme Daniel d'ailleurs, a une mémoire et une oreille incroyables. Il peut retenir les partitions de tous les instruments d'un enregistrement qu'il a entendu deux ou trois fois. Maman lui a chantonné son refrain et ses couplets au téléphone.

Le lendemain, il nous est arrivé à l'heure du souper avec une mélodie pour les couplets et des arrangements pour les refrains. Tout ce qui nous manquait, c'était un enchaînement, ce qu'on appelle le *bridge*, le pont qui permet de faire l'aller-retour entre le refrain et les couplets. C'est très technique et souvent la bête noire des musiciens.

Jacques et maman se sont dit qu'ils trouveraient facilement, « en criant lapin ». Mais, pendant une heure, ils ont essayé toutes sortes de choses ; rien ne fonctionnait.

À deux reprises, ils avaient pensé avoir trouvé. Mais je les avais découragés, en leur démontrant que ça n'allait pas du tout. Et Jacques disait :

« C'est vrai, maman, elle a raison. »

La deuxième fois, ma mère avait ajouté :

« Si t'es si fine, toi, Céline Dion, trouve-nous donc mieux ! »

En fait, j'avais trouvé quelque chose, mais je n'étais pas tout à fait sûre de mon affaire. Il aurait fallu que je puisse chanter à haute voix ou que Jacques fasse la mélodie au piano. Il était sur le point de partir, quand j'ai dit :

« Moi, il y a quelque chose que j'aimerais essayer. »

Je leur ai fredonné mon affaire. Et Jacques a dit :

« C'est ça, mon bébé, tu l'as ton *bridge*. »

On était tellement excités qu'on a fait et refait la chanson ensemble, paroles et musique, une demi-douzaine de fois. Puis Jacques est parti. En retard, mais heureux.

Quelques jours plus tard, avec mes frères, j'ai préparé les maquettes de *Ce n'était qu'un rêve* et d'une autre chanson que maman avait écrite, *Grand-maman*. Nous étions tous bien contents.

Au cours des jours suivants, chaque fois que l'une de mes sœurs ou l'un de mes frères passait à la maison, ma mère lui disait :

« J'ai quelque chose à te faire entendre. »

Et elle leur faisait jouer ma chanson.

Dans un grand jardin enchanté
Tout à coup je me suis retrouvée
Une harpe, des violons jouaient
Ce n'était qu'un rêve
Mais si beau qu'il était vrai...

L'agent auquel pensait la famille était tout naturellement Paul Lévesque. À cette époque, il s'occupait des Mahogany Rush, un groupe rock dont le guitariste, Frank Marino, était un virtuose que plusieurs comparaient à Jimi Hendrix. Il était donc beaucoup plus tourné vers le *hard rock* macho à l'américaine que vers les ballades sentimentales d'une adolescente encore inconnue. En plus, il y avait déjà au Québec une jeune fille de mon âge, Nathalie Simard, qui chantait à Montréal. Elle avait même une émission de télévision ! Lévesque ne voyait pas trop comment me démarquer d'elle. Mais il appréciait ma voix, il trouvait que je savais émouvoir et que je dégageais une énergie à tout casser.

Après un conseil de famille, mes parents ont donc signé un contrat avec lui. C'était un peu avant les fêtes de 1980, l'année de mes douze ans. Paul, lui, n'avait pas trente ans, mais c'était un homme responsable, très méticuleux, très respectueux des lois, des valeurs établies. Il s'était engagé à me trouver une bonne compagnie de disques, un producteur compétent, tout ce qu'il faut pour faire une vedette. Mais il y avait entre lui et nous une sorte d'incompatibilité culturelle qui, dès le début, a compliqué les choses. Il était étonné, pour ne pas dire effrayé, par notre façon de vivre très bohème, très artiste.

Par exemple, le fait que je manque souvent l'école sans que personne à la maison s'en formalise le choquait. La loi ne pouvait tolérer que la carrière d'une chanteuse de douze ans compromette ses études. Personnellement, je m'en moquais beaucoup. Je n'espérais qu'une chose, chanter librement, et oublier les mathématiques, la géographie, l'histoire et le reste. Mais Paul était inquiet, il craignait que l'école ne signale mes absences répétées et que son contrat d'agent ne soit annulé. Un jour, il a même adressé une mise en demeure à mes parents les enjoignant de m'y envoyer régulièrement.

Il a quand même fait réaliser en studio des maquettes un peu plus élaborées de trois chansons, *Chante-la ta chanson*, une reprise de Jean Lapointe, *Ce n'était qu'un rêve* et *Grand-maman*. Mais toutes les démarches qu'il entreprenait auprès des compagnies de disques s'avéraient infructueuses. En fait, il ne voyait pas trop dans quelle catégorie me situer ni quoi me faire chanter.

Je ne sais pas qui a eu l'idée de faire parvenir notre maquette à René Angélil, entre Paul Lévesque, maman et Michel. Mais je sais que tout le monde était d'accord. Angélil était alors le plus important producteur de disques au pays. Il était l'agent de Ginette Reno, mon idole. Il avait produit son album *Je ne suis qu'une chanson*, le plus gros succès de toute l'histoire du disque au Canada, quelque chose comme trois cent mille exemplaires vendus. J'en connaissais toutes les chansons par cœur.

Je pense que c'est Paul Lévesque qui s'est chargé de lui faire parvenir notre colis, cette maquette contenant tous nos espoirs et que ma mère avait elle-même emballée dans du papier kraft, avec un ruban rouge et un petit chou, comme un cadeau.

« À partir de maintenant, me dit-elle, tu te croises les doigts. Et tu continues à chanter. »

Un temps qui m'a paru très long, deux semaines peut-être, sans avoir de nouvelles. C'était l'hiver. Il faisait noir et froid. Je rentrais de l'école en courant. Pas de nouvelles.

De peur de rater l'appel de René Angélil, ma mère voulait qu'il y ait toujours quelqu'un à la maison. Quand elle rentrait de son travail, elle prenait le relais de Jacques ou de Ghislaine ou de Daniel. Mais toujours rien.

J'étais très déçue. Elle était furieuse.

« Il pourrait au moins répondre, disait-elle. Il pourrait au moins être poli. S'il a pas aimé notre chanson, qu'il nous dise pourquoi. Et s'il est trop sans-cœur pour le dire, qu'il nous renvoie notre maquette.

— Ce gars-là a probablement d'autres chats à fouetter, disait Ghislaine. C'est l'agent de Ginette Reno. Il doit pas avoir le temps d'écouter toutes les maquettes qu'il reçoit. Il n'en écoute peut-être même pas une seule.

— Je serais assez étonnée qu'il se cherche de l'ouvrage », ajoutait Claudette.

Elles avaient raison. René Angélil menait déjà la plus importante carrière au Québec. On pouvait lire dans les journaux à potins que sa vedette, Ginette Reno, était sur le point de percer en France. Elle chantait déjà à Las Vegas et à la télévision américaine. Pourquoi Angélil aurait-il voulu s'embarrasser d'une deuxième chanteuse et s'embarquer dans un projet où tout était à faire ?

« S'il t'entend, rien qu'une fois, il n'hésitera pas à s'embarrasser de toi », a dit Michel, qui avait rencontré Angélil à quelques reprises.

Michel est très têtu. Ce qu'il a dans la tête, il ne l'a jamais dans les pieds. Il a téléphoné et re-re-re-retéléphoné au bureau de René Angélil jusqu'à ce qu'il le tienne au bout du fil. J'étais derrière lui. Il lui a dit, pour commencer :

« Je sais que t'as pas écouté la maquette que ma sœur t'a envoyée. Parce que, si tu l'avais fait, tu nous aurais déjà rappelés. »

Angélil a ri. Il a dit à mon frère qu'il n'avait effectivement pas eu le temps d'écouter ma maquette, mais qu'il le ferait dans les prochains jours. Promis.

« Quel âge elle a, ta sœur ? »

Michel a hésité un moment.

« Douze ans… »

Il savait bien que ce n'était pas un atout. Nathalie Simard chantait très bien. Elle faisait des disques et des shows qui marchaient très fort.

« Le créneau est déjà occupé, a dit Angélil.

– Ça n'a rien à voir, a répondu Michel. Ma sœur a le même âge, mais ce n'est pas une petite fille qui chante. C'est une vraie chanteuse. Écoute-la, tu vas voir. C'est l'affaire de dix minutes. Et ça pourrait changer ta vie, tu m'entends, ça pourrait changer ta vie. »

Angélil a dû rire encore. Michel a raccroché. Puis il m'a dit :

« Il va rappeler, je suis sûr. »

Dix minutes plus tard, le téléphone a sonné. Michel a décroché et je l'ai entendu dire :

« Je te l'avais bien dit, hein ! »

Puis ils ont ri ensemble. Michel a ajouté :

« Bien sûr qu'elle peut. Où tu veux, quand tu veux. »

Il a griffonné une adresse sur le mur, à côté du télé-phone. Il a raccroché et il s'est tourné vers moi.

« René Angélil veut te voir cet après-midi, à deux heures. »

Nous ne le savions pas encore, mais ce coup de télé-phone allait transformer nos vies. Pas seulement la mienne, mais celle de toute ma famille. Et celle de René Angélil.

Lorsque ma mère m'avait exposé le plan de carrière conçu pour moi, je savais que tout était logique et possi-ble, sûr et certain. Je crois au fond que je n'ai jamais douté que les choses se passeraient ainsi, c'est-à-dire bien, mieux que bien. Je savais que j'avais tout ce qu'il fallait pour réussir. Que même la chance était avec moi.

Et je savais parfaitement où je voulais aller dans la vie. Sans l'ombre d'un doute.

Je suis née et j'ai vécu dans un milieu pas comme les autres, entourée d'adultes qui s'occupaient beaucoup de moi. Et qui, surtout, m'ont donné un but dans la vie. Cela, à mon avis, représente après la santé la plus précieuse chose qu'on puisse avoir dans ce monde.

Je crois que l'école devrait idéalement donner aux jeunes des buts dans la vie et les moyens de les atteindre. Il n'y a que cela qui compte. Moi, je les ai eus à la maison : un but, le désir et les moyens de l'atteindre.

J'avais donc en moi ce rêve total pour lequel j'étais prête à tous les sacrifices et à toutes les folies. Ce rêve-là, je ne l'ai pas inventé, j'en ai hérité à ma naissance. Il avait été conçu et porté par ma mère et mon père, par mes treize frères et sœurs. Je l'avais donc dans le sang quand je suis née. Comme la musique. Comme les traits de ma mère et de mon père. J'avais une voix aussi, et de l'oreille, ce qui, je dois bien l'avouer, n'est pas donné à tout le monde. Pour tout ça, tous les jours de ma vie, je remercie le bon Dieu.

Mes sœurs Claudette et Ghislaine, mon frère Michel faisaient des chansons, des disques, de la scène, un peu de télé même. J'allais les voir chanter, ils étaient mes idoles. Réellement. Et cette familiarité avec mes idoles allait marquer toute ma vie...

La majorité des gens considèrent que leurs idoles sont des êtres inaccessibles et intouchables vivant dans un monde où ils ne mettront jamais les pieds. Moi, la plupart de mes idoles, je les voyais tous les jours, très proches, je mangeais à leur table, je dormais dans leurs chambres, je portais leurs robes et leurs souliers à talons hauts pour m'amuser. Elles m'emmenaient au restaurant et dans les boutiques, j'allais les voir chanter presque tous les soirs, et elles me disaient qu'un jour je chanterais avec elles à la télévision, à la Place des Arts, peut-être même à l'Olympia de Paris. Elles me parlaient aussi de Broadway, ainsi que des grands cabarets de Las Vegas. Elles ajoutaient qu'on enregistrerait des disques ensemble.

Ce n'est donc pas moi qui ai fait ce rêve d'une grande carrière. Ce sont mes parents, mes sœurs et mes frères qui me l'ont transmis. Et ce rêve, leur rêve, m'a emportée, comme une rivière très forte qui aurait traversé d'un bout à l'autre l'histoire de notre famille, depuis mon père et ma mère, mes grands-parents, mes oncles et mes tantes, tant du côté des Dion que des Tanguay, qui étaient presque tous des chanteurs et des violoneux, des joueurs d'accordéon et d'harmonica...

Dans mon esprit, il n'y avait donc pas de barrière ou de fossé entre le monde du show-business et moi. Et j'ai longtemps cru qu'il en était ainsi pour tout le monde. Quand je regardais Ginette Reno à la télé, Aretha Franklin, Olivia Newton-John, ou que j'allais voir chanter mon frère Michel ou ma sœur Ghislaine au Vieux Baril, je m'intéressais à leur technique vocale, à leur gestuelle. Je me disais que je pourrais, avec de la pratique, faire un jour aussi bien qu'eux...

En fin de compte, le but que je visais, celui de devenir une grande chanteuse, m'apparaissait tout à fait raisonnable et accessible. Je dirais même presque inévitable. J'y croyais, autrement dit. J'avais la foi. Pour qui veut réussir dans la chanson, comme dans le hockey, la peinture ou la menuiserie, la foi est un don infiniment précieux. Aussi nécessaire, je dirais, que la voix.

Je croyais donc en moi, en mon étoile. En même temps, je savais qu'il faudrait travailler très fort. Mais ça ne me faisait pas peur. Mes frères et sœurs, mon père, ma mère, tout le monde autour de moi a toujours travaillé dur.

Ainsi, en comprenant que pour aller au bout de ce rêve il fallait ramer, je me suis mise à ramer de toutes mes forces. Tout ce que j'avais de talent, d'énergie, de charme, de temps, de détermination, de volonté, d'espoir, sans doute aussi de candeur et de naïveté, je l'ai investi dans cette entreprise, dans ce projet que ma mère m'avait exposé un soir, dans la petite cuisine de notre maison de Charlemagne. Tous les sacrifices, je les ai faits. Avec plaisir. Et j'ai été profondément heureuse.

J'ai quelque flashes très précis de ma première rencontre avec René Angélil, l'homme qui allait peu à peu occuper une place si importante dans ma carrière, dans ma vie, dans mon cœur. Il portait un habit brun et des souliers marron, il y avait une table de backgammon dans un coin, un énorme système de son près de la fenêtre. Mais la scène a été racontée tant de fois et par tant de gens qu'on a beaucoup de difficulté aujourd'hui, René, ma mère et moi, qui l'avons pourtant vécue, à en retrouver les morceaux originaux. Chacun de nous a sa version des faits et sa vision des lieux.

Je me souviens que le bureau était plutôt sombre. Peut-être que le jour l'était lui aussi, car il y avait de grandes fenêtres donnant sur les toits et que, malgré elles, très peu de lumière entrait dans ce bureau. On voyait de l'autre côté de la rue, en diagonale, la grosse boîte carrée de Télé-Métropole. Et au loin, l'imposante structure de fer du pont Jacques-Cartier qui semblait posé sur la ville. Ça sentait très bon, très frais, dans cette pièce.

René était debout derrière son bureau. Je le trouvais sombre, lui aussi. Il était extrêmement poli, « un monsieur », comme dirait ma mère. Mais il ne souriait pas. Il nous avait fait asseoir et il restait debout, dos à la fenêtre, de sorte qu'on distinguait à peine les traits de son visage. Je crois cependant qu'il s'adressait à ma mère plus qu'à moi. Il disait qu'il avait écouté mes maquettes et qu'il trouvait ma voix très belle. Et là, tout d'un coup, je me suis sentie terriblement intimidée.

Cet homme qui parlait ainsi de ma voix, je l'avais vu plusieurs fois à la télé ou dans les journaux. Il avait été lui-même une grosse vedette de la chanson dans les années 1960, avec un groupe, les Baronnets, qui reprenait en français les succès des Beatles.

Je ne connaissais pas vraiment les Baronnets, c'était de l'histoire ancienne pour moi. Mais en tant qu'agent d'artistes québécois, René Angélil était resté dans l'actualité. Sa femme, Anne-Renée, était aussi très connue, comme chanteuse et comme animatrice de télévision.

Il a fini par s'asseoir et m'a demandé si je voulais chanter pour lui. Là, dans son bureau, sans musique. Ma mère me regardait, elle aussi. Il y a eu un silence d'un siècle. Et maman a dit :

« Elle n'a pas l'habitude, comme ça, sans micro. »

Alors il m'a tendu un énorme stylo. Et il m'a dit avec une voix très douce :

« Suppose que c'est ton micro, tu veux ? »

Il ne souriait toujours pas. Il me semblait triste, mais sa voix était d'une douceur enveloppante, toute chaude, très apaisante.

« Chante-nous ta chanson, tu veux. Comme si tu étais à la Place des Arts. »

J'avais fait ça des centaines de fois devant le miroir de ma chambre. Mais alors, je me voyais chanter. Et j'avais des bandes d'accompagnement. J'avais chanté aussi, une douzaine de fois, dans des concours d'amateurs et des terrains de jeux. Mais jamais dans le vide, devant deux personnes, sans aucune musique, devant un homme triste que je connaissais à peine.

Je savais que je devais y aller, foncer, chanter. Je n'avais plus le choix.

Je me suis levée, je me suis placée devant la porte du bureau, pour avoir devant moi le plus d'espace possible. Ma mère a dû se retourner pour me voir. J'ai porté le stylo à mes lèvres et j'ai commencé à chanter.

> *Dans un grand jardin enchanté*
> *Tout à coup je me suis retrouvée...*

Tout de suite, je me suis sentie vraiment très bien.

Il paraît (au dire de ma mère et de René Angélil) que j'ai chanté comme si j'étais réellement à la Place des Arts, comme si je voyais les gens dans leurs fauteuils, et je les regardais droit dans les yeux, au parterre, dans les corbeilles et aux balcons. De temps en temps, je le regardais, lui, René Angélil. Je me souviens très bien. Parce que j'ai vu, à un moment donné, qu'il avait les larmes aux yeux. Je me suis dit alors que c'était gagné. Je n'avais jamais vu un homme pleurer en écoutant chanter quelqu'un. Je crois que ma mère aussi était drôlement surprise.

Ma chanson finie, nous avons eu droit à un autre siècle de silence. Il s'essuyait les yeux. Puis il a dit, comme si nous n'en avions rien vu, toujours avec sa voix très douce :

« Tu m'as fait pleurer. »

Je ne le connaissais pas encore vraiment, mais je sentais que ça voulait tout dire.

Il fallait être assez cool et avoir un solide sens de l'humour pour entrer dans notre famille sans être froissé ou effrayé. On aimait beaucoup se moquer des gens. C'est mon père qui nous avait appris ça. Quand un étranger se pointait chez nous, on lui faisait toujours subir une sorte de test. S'il en sortait indemne, on l'adoptait pour la vie.

Mes frères et sœurs avaient quitté la maison l'un après l'autre, mais ils habitaient tous dans les parages, et on faisait encore souvent de la musique ensemble, le soir et les fins de semaine.

La première fois que René Angélil a mis les pieds à la maison, il a eu droit à une parodie bien préparée de son ancien groupe, les Baronnets. Pourtant nous étions fiers, et très impressionnés, de recevoir chez nous cet homme connu dans tout le Québec. Son arrivée devant la porte de la maison ne pouvait pas passer inaperçue. Il conduisait une Buick Le Sabre de l'année, le genre de voiture dont tous les garçons rêvaient. Mais comme nous sommes tous un brin insolents chez nous, célèbre ou pas, René Angélil n'a pas échappé à la tradition. Mes frères avaient répété, en imitant les voix, les gestes, les mimiques, un des gros succès du fameux trio, *C'est fou mais c'est tout*, une fidèle version du *Hold Me Tight* des Beatles. Et René a vraiment beaucoup ri.

Puis la famille a parlé longtemps avec lui, des Beatles, des Beach Boys, des rockers des années 1950 et 1960. Et d'Elvis, bien sûr.

Nous avons compris, dès cette première rencontre, à quel point René Angélil adorait le King. Il connaissait toutes ses chansons par cœur et il en a chanté de grands bouts avec Clément et ma mère, eux aussi de grands fans d'Elvis Presley. Il nous a raconté qu'il était allé à ses funérailles, à Memphis, avec Johnny Farago dont il avait été l'agent. Farago faisait carrière à l'époque en imitant Elvis. Ils s'étaient fait passer tous les deux pour des journalistes de Radio-Canada, et ils avaient pu suivre le cortège funèbre jusqu'à l'intérieur du cimetière interdit au grand public.

René avait toutes sortes d'histoires de ce genre qu'il racontait avec plein de détails. Ça pouvait durer des heures. Nous adorions l'écouter.

Il avait passé le test avec très grande distinction. Il faisait désormais partie de la famille. Mes sœurs et ma mère le trouvaient bien beau. C'est vrai qu'il avait des yeux magnifiques et, comme disait Denise ou Claudette, ou peut-être Ghislaine, il avait « un regard de velours ». Il était toujours très élégant. Et il avait un côté mystérieux, exotique... le genre séducteur tranquille, sûr de lui.

Nous avions toujours vécu dans un petit monde tricoté serré, peuplé exclusivement de Québécois francophones de souche. Lui, il venait d'ailleurs, d'un autre monde. Ses parents étaient libanais, il parlait plusieurs langues. À nos yeux, il avait infiniment de classe. Il nous faisait l'effet d'un prince exilé.

Au début, quand il venait à la maison, il parlait pendant des heures, de tout et de rien, sauf de ce qu'il comptait faire de moi. Puis avant de partir, toujours discrètement, il en venait aux choses sérieuses. La première fois, il avait son manteau sur le dos quand il a dit à mes parents :

« Si vous me faites confiance, je vous garantis que, dans cinq ans, votre fille sera une vedette importante au Québec et en France. »

Il nous a appris ce soir-là qu'il n'était plus l'agent de Ginette Reno. Personne n'a osé lui demander ce qui s'était passé. Beaucoup plus tard, nous avons su qu'elle avait préféré voler de ses propres ailes. Et que René avait été très meurtri et humilié par son départ.

Une fois, toujours sur le pas de la porte, il nous a parlé d'un parolier qu'il connaissait, un Français de France, qui pourrait m'écrire des chansons.

« C'est le meilleur, disait-il à ma mère. Il a offert des textes à Édith Piaf, à Yves Montand, à Mireille Mathieu, même à Barbra Streisand. Quand il aura entendu Céline, il en écrira pour elle. »

Mais pour que cet homme m'entende, il fallait, selon René, refaire l'enregistrement de *Ce n'était qu'un rêve* et de *Grand-maman*. Dans un vrai studio, avec des vrais violons, de nouveaux arrangements, sur un tempo un peu plus lent.

Il avait demandé au pianiste Daniel Hétu, que nous connaissions de nom et de vue par la télévision, de préparer de nouvelles pistes d'orchestre pour mes deux chansons. Un soir, René est venu nous chercher (mes parents, Jacques, Michel, je crois, peut-être Ghislaine) pour nous emmener au studio Saint-Charles, à Longueuil.

Il nous a présentés un à un aux techniciens et à Daniel Hétu, comme si nous étions les personnes les plus importantes du monde. Quand il est arrivé à moi, il leur a dit :

« Attendez de l'entendre chanter. Vous allez tomber par terre. »

Ça me flattait, bien sûr. Mais j'aurais préféré qu'il n'en mette pas autant. Ces techniciens-là étaient les meilleurs, selon lui (à l'entendre, nous étions tous les meilleurs dans tout). Ils avaient travaillé avec Ginette Reno et beaucoup d'autres chanteurs et chanteuses avec infiniment plus d'expérience que moi...

J'allais vite apprendre qu'avec René Angélil la barre est toujours très haute, pour ne pas dire trop haute. C'est assez effrayant, mais stimulant. On se donne toujours les plus gros défis qu'on peut imaginer. On dit à tout le monde : « Écoutez-moi bien, regardez ce que je peux faire. Vous n'en reviendrez pas. »

Si je m'étais écrasée ce soir-là, si je n'avais pas cru faire « tomber par terre » des gens aussi expérimentés, peut-être que tout aurait été fini entre nous. Je n'aurais donné que la moitié, que le quart de moi-même. Mais, je suis faite comme ça, dès les premières notes j'oublie tout et je trouve en moi une grande confiance. Je laisse ma voix libre. Je ne la pousse pas ; c'est elle qui m'emporte.

En fait, personne n'est tombé par terre, mais j'ai tout donné, j'ai chanté de toutes mes forces, avec de la retenue quand il le fallait, avec confiance, avec cœur... Aujourd'hui, près de vingt ans plus tard, quand je réécoute cet enregistrement, j'en retrouve toute la ferveur. La voix que j'entends est par moments maladroite, mais elle est juste, et surtout elle est habitée. Il y a quelqu'un dedans, une petite fille de treize ans voulant faire tomber tout le monde par terre.

Après, tout est allé très vite.

René nous est arrivé un soir avec son Français de France, M. Eddy Marnay. Et Mia Dumont, l'amie de cœur de M. Marnay. Nous étions quelques-uns à la maison, mais je ne me souviens pas que nous ayons fait passer un test à qui que ce soit. Nous étions tous impressionnés et formidablement intimidés, un peu inquiets aussi.

À l'époque, dans notre milieu, tout le monde croyait que tous les Français étaient snobs et méprisants, et qu'ils prétendaient toujours tout connaître sur tout, alors qu'au fond ils ne connaissaient rien à rien. Mais Eddy était un homme poli et délicat, comme on n'en avait jamais rencontré, toujours très attentionné. Même s'il parlait mieux que tous nous autres, très souvent avec des mots dont on connaissait vaguement le sens, mais sans jamais les utiliser, et même s'il avait voyagé à travers le monde et connu les plus grandes stars du siècle, il ne nous a jamais regardés avec mépris ou condescendance.

Au contraire, Eddy était curieux de nous. Il nous posait mille questions. Il semblait réellement émerveillé par nous, par le fait que mes parents avaient eu quatorze enfants, que mon père avait bâti une maison de ses mains, que ma mère écrivait des chansons, que nous chantions et que nous faisions tous de la musique…

Nous l'avons adopté lui aussi. Pour toujours.

Il était plus âgé que mes parents. Il avait près de cinq fois mon âge. Mais il est vite devenu un vrai copain, un ami très cher, très proche, beaucoup plus proche de moi que ne l'était René à ce moment-là…

Eddy est l'une des personnes avec qui j'ai le plus aimé parler, dans ma vie. Il savait m'approcher, me mettre en confiance, mieux que les garçons et les filles de mon âge. Je lui livrais tous mes secrets, je lui racontais tous mes rêves. Et tout ce que je lui disais semblait le passionner.

Pour m'écrire des chansons, il avait besoin de faire profondément connaissance avec moi. Ma vie d'adolescente était plutôt simple à raconter. Je n'avais pas de petit copain. Et si je pensais parfois à l'amour, je ne lui donnais jamais le visage d'un garçon. Je lui parlais beaucoup de ma mère : elle était mon univers, mon soleil.

Il me corrigeait parfois, quand je disais des choses comme « si j'aurais » ou « la fleur sent bonne ». Mais sans jamais se moquer. Très vite, quelques jours après notre première rencontre, il nous a apporté une chanson écrite pour moi, *La voix du bon Dieu*. Et pendant plusieurs jours, il m'a fait travailler sur le texte de sa chanson, jusqu'à ce qu'il soit sûr que je le comprenne bien.

« Tu ne dois jamais chanter un texte que tu ne possèdes pas tout à fait », me disait-il.

Il avait même eu peur quand je lui avais dit que, pendant des années, j'avais chanté, comme mes sœurs, plein de chansons en anglais sans en comprendre un traître mot. J'avais longtemps pensé, par exemple, que *Let's Get Physical* était une sorte de proposition indécente, une invitation à l'amour, alors qu'il s'agissait d'abord et avant tout d'un éloge de l'exercice physique.

« Tu ne dois pas non plus chanter des chansons qui ne sont pas faites pour toi, et des choses que tu n'as pas réellement vécues. »

Lui aussi, comme René, me disait que j'avais une très belle voix, et que je chantais avec beaucoup d'émotion. Mais quand nous avons commencé à travailler sérieusement, il m'a parlé avec une grande franchise de plusieurs défauts que je devrais corriger avant d'entrer en studio. Nous étions seuls dans le salon. René jouait aux cartes avec mes parents dans la cuisine. Je crois qu'ils savaient tous les trois ce qu'Eddy voulait me dire.

Il m'expliquait que ma voix devenait trop nasillarde, surtout dans les aigus. Et que parfois j'en mettais trop, des fioritures et des arabesques, comme il disait, trop de décoration.

« Faut que ce soit justifié et nécessaire, disait-il. Toi, tu noies trop souvent les mots sous les vocalises. Pour donner tout son sens à un mot, tu dois le peser comme il faut, tu dois penser à ce qu'il contient, à tout ce qu'il peut signifier. Certains, tu les crieras, tu les mordras ; d'autres, tu pourras les murmurer. Il y en a qui méritent d'être bien détachés. D'autres qui ne servent que de liens entre deux idées ou qui ne valent que par leur sonorité. »

Je buvais ses paroles. Il démolissait littéralement l'interprétation que j'avais faite de *Ce n'était qu'un rêve...* Et j'étais ravie. Parce qu'il avait des solutions à tout, parce qu'il était là, rassurant, attentif, intelligent, complice. Je savais qu'ensemble nous irions loin, très loin. Il était mon confident, mon conseiller, mon ami...

Avant qu'on entre en studio, il me faisait tout préparer dans ma tête pendant quelques jours. Puis il chantait avec moi. Il avait une voix sans éclat, mais toujours très juste. Nous reprenions chaque phrase, vingt, cinquante, cent fois. Il me disait où, quand, comment respirer ; où, quand, comment, pourquoi faire une pause ; comment porter un mot au bout de mon souffle.

Et nous ne voyions pas le temps passer.

Quelques jours avant la fin de l'année scolaire, en pleine période d'examens, René nous est arrivé à la maison en disant qu'il avait fait entendre *Ce n'était qu'un rêve* à Michel Jasmin, « tombé par terre » lui aussi. Il voulait à tout prix m'inviter à son talk-show, le plus écouté de la télévision québécoise. On en profiterait pour lancer mon premier quarante-cinq tours. Et me lancer, moi aussi, d'une certaine manière. Ce serait en effet ma première vraie apparition publique, mon baptême des ondes.

« C'est le talk-show le plus important au Canada, me disait René. Un million de personnes vont t'entendre chanter. Jasmin, c'est le meilleur, tu vas voir. »

Ma mère m'a confectionné une robe rose, cintrée à la taille, avec des manches bouffantes. Trois jours, ou plutôt trois nuits de travail. Ma sœur Dada a trouvé des bas de soie du même rose dans une boutique de Repentigny. Mais on a eu beau chercher partout, jusque dans les grands magasins de la rue Sainte-Catherine, on n'a jamais pu trouver des souliers de la même couleur. Finalement, maman a teint en rose des sandales en cuir noir que j'avais.

Manon m'a coiffée et maquillée. Elle l'avait déjà fait cent fois, pour rire. Ma sœur adore coiffer et maquiller les autres. Mais ce jour-là, elle était nerveuse, je le sentais. Elle a mis beaucoup de temps à me faire une tête convenable. Il faut dire que je n'ai pas une chevelure facile. Au naturel, je frise comme un mouton. Et j'avais alors les cheveux très longs. S'ils étaient mal séchés et mal placés, ils devenaient hors de contrôle. J'avais alors l'air d'un vrai clown !

Nous sommes arrivés à Télé-Métropole, ma mère, René et moi, au moins deux heures avant l'enregistrement de l'émission. René nous a présentées toutes les deux au réalisateur, au régisseur, aux cameramen, aux recherchistes, aux autres invités qu'il y avait sur ce show. Mais il ne leur a pas dit, cette fois, qu'ils allaient tous tomber par terre en m'entendant chanter. J'étais soulagée mais aussi inquiète. Pendant un moment, j'ai pensé qu'il ne croyait peut-être plus aussi fort en moi.

Il faisait froid dans ce studio. Quand est venu le temps de répéter ma chanson, j'ai réalisé que j'avais une peur bleue des caméras. Je ne parvenais pas à savoir laquelle je devais regarder. René m'avait fait un plan. Je devais chanter mon premier couplet en regardant le public, puis le refrain, face à la caméra. Ensuite, j'alternais. Mais il n'y avait pas encore de public, rien que des gradins vides pouvant contenir une centaine de personnes. Et pendant que je chantais, les caméras bougeaient tout le temps. Quand je me regardais dans le moniteur, je me voyais de profil, jamais de face comme dans le miroir de ma chambre. J'étais totalement désorientée. Je

m'appliquais de mon mieux, j'essayais de me con-
centrer, mais ce vide, ce froid, l'œil noir de la caméra
étaient terrorisants.

« Il va falloir que tu plonges, me disait René. Regarde
une caméra, n'importe laquelle, et rentre dedans, suis-
la… Dis-toi qu'à travers elle tu parles à ta mère et qu'elle
t'écoute. Et qu'elle t'aime. »

J'avais peur d'oublier mes mots, ou que ma voix se
mette à trembler, ou de fondre en larmes. Je m'imaginais sortir en courant du studio. Et finie, la carrière de
grande chanteuse.

Pour me porter bonheur, je voulais toucher du bois,
comme faisait souvent René. Mais il n'y en avait pas
dans le studio. René en a cherché avec moi. Finalement,
il a aperçu dans un cendrier la pipe de l'un des invités,
le chanteur Fernand Gignac. Il lui a demandé en quoi
elle était faite.

« C'est de la bruyère, a dit M. Gignac.
– Vas-y, c'est du bois », m'a dit René.

J'ai touché la pipe encore tiède de Fernand Gignac,
ce qui m'a un peu rassurée. Quand Michel Jasmin m'a
présentée au public, j'étais debout dans l'ombre, tremblante. René se tenait derrière moi, sa tête tout près de
la mienne. Et il m'a dit :

« Vas-y. Montre-leur que t'es la meilleure. »

C'était comme plonger dans le vide. On ne voit plus
rien. On s'avance sur scène comme si tout allait s'effondrer.

Mais comme d'habitude, dès que j'ai commencé à
chanter, mon trac est parti. Je me suis sentie vraiment
très bien. Je fixais l'œil de la caméra, sachant qu'à travers elle un million de personnes au moins me regardaient et m'écoutaient. De temps en temps, je posais les
yeux sur le public qui remplissait le studio. Je distinguais

dans la pénombre mon père, ma mère, mes frères avec leurs femmes, mes sœurs avec leurs maris, qui me regardaient, qui m'aimaient. Et j'avais l'impression par moments qu'ils chantaient tous en chœur avec moi...

Ma chanson terminée, ma peur est revenue au galop. Chanter, je savais. C'était aussi naturel que respirer. Mais répondre aux questions d'un animateur de télé, c'était un autre défi. Je réalisais tout à coup que je n'avais rien à dire. À part que j'aimais chanter. Et que je voulais faire ça toute ma vie. Rien que ça. Ça me semblait un peu limité.

Michel Jasmin a rappelé mon âge, treize ans, et a dit que ma mère et mon frère avaient écrit cette chanson. Il m'a félicitée avec chaleur, il m'a complimentée sur ma voix et il m'a demandé très gentiment si je comptais suivre des cours de chant. J'ai eu l'air très étonné. Je lui ai répondu assez brusquement, comme si ça allait de soi, comme si c'était évident, que je n'en avais aucun besoin.

Je ne sais pas pourquoi j'ai répondu ça. J'étais contente de mon interprétation et de ma victoire sur le trac, mais je savais bien, Eddy me l'avait assez répété, que j'avais encore énormément de choses à apprendre. Ma réponse a dû paraître drôlement prétentieuse.

Mais je voulais tellement devenir la plus grande chanteuse au monde qu'il m'arrivait de penser en avoir tous les moyens. Que j'étais déjà la plus grande. Je croyais si fort en moi que la modestie disparaissait dès qu'il s'agissait de ma voix.

Je crois d'ailleurs aujourd'hui que, contrairement à Eddy, René encourageait cette attitude et qu'il n'était pas du tout choqué par ce que j'avais dit à Michel Jasmin. Plus tard, il a voulu que je suive des cours de chant, mais il m'a toujours poussée à dire haut et fort que j'étais capable de jeter tout le monde par terre.

« Si tu veux aller loin, faut que tu saches que t'es capable d'y aller et que tu le dises au monde. Comme ça tu t'obliges à y aller. » Voilà ce qu'il pensait.

Quelques heures après l'enregistrement, j'ai visionné l'émission dans le salon chez mes parents, entourée de mes frères et sœurs. Quand je chantais, ça allait. J'étais juste, je le savais. Ma voix portait bien. Et on ne perdait pas un mot.

Mais j'ai détesté au plus haut point me voir en entrevue. Je me suis trouvée suffisante. Et s'il y a une chose qui me dérange sur terre, c'est bien ces gens qui ont toujours tout compris, qui n'ont jamais eu peur, qui ont toujours des opinions sur tout et qui croient ne rien avoir à apprendre de personne.

Je n'ai aucun souvenir de la réaction de René. Je ne me souviens même plus s'il était dans le salon chez nous au moment de la diffusion de l'émission. Par contre, je me rappelle que les jours suivants, dans son bureau, boulevard de Maisonneuve, j'ai dû subir de nouveau la dure épreuve de me revoir chanter et débiter mes sottises à Michel Jasmin. Plusieurs fois.

René n'a porté aucun jugement. Il n'a fait aucun commentaire, sauf sur ma manière de tenir le micro trop haut devant ma bouche et de le passer sans cesse d'une main à l'autre. Deux tics dont je devrais me débarrasser.

Tout ce qu'il voulait au fond, c'est que j'apprenne à me voir, que je sois capable de me regarder. Comme si je faisais partie du public. C'est très dur. Mais il faut passer par là. Pendant des années, René m'a fait faire cet exercice chaque fois que je passais à la télé. Je devais visionner l'émission et me regarder chanter, ce qui me faisait plus peur que d'affronter de grandes foules. Si je trouvais certaines choses désastreuses, je les corrigeais bien vite et je n'y pensais plus. J'ai cette faculté de ne pas sans cesse revenir en arrière. Je n'entretiens pas de regrets inutiles.

Plusieurs fois, au cours de l'été 1981, j'ai chanté les hymnes nationaux en ouverture des matchs de base-ball au Stade olympique de Montréal. Le présentateur annonçait que le *Ô Canada* et le *Stars & Stripes* seraient interprétés par une jeune fille de treize ans.

« Mesdames et messieurs, *Ladies and Gentlemen* : Céline Dion. »

Mon micro à la main, je me rendais en courant jusqu'au monticule du lanceur et, face à la foule et aux caméras de télé, debout dans l'uniforme des Expos de Montréal, j'entonnais mes hymnes. Le lendemain, je me regardais cinq, six fois. Sans commentaires.

Cette saison-là, la plus belle de ma vie, on a préparé deux albums : un de chansons originales écrites par maman et Eddy, un de chansons de Noël. Dans mon souvenir, chaque séance d'enregistrement a été une véritable fête.

René passait nous prendre en fin de journée, ma mère et moi, parfois mon père aussi, pour nous emmener au studio Saint-Charles où il avait toujours invité plein de gens, son cousin Paul Sara, ses amis Marc Verreault, Ben Kaye, Jacques Des Marais, plusieurs autres, des gens de l'industrie, des médias. Parfois, Eddy et Mia étaient là aussi. Et plusieurs de mes frères et sœurs, leurs enfants, leur amis…

Tout ce monde remplissait la régie à craquer et nous regardait travailler parfois jusqu'aux petites heures du matin. Au milieu de la nuit, on se faisait livrer des pizzas ou des mets chinois. René a décrété un jour que ceux qui voulaient fumer devaient sortir dans le stationnement. Maman fumait à l'époque, comme mon père, comme plusieurs de mes frères et sœurs. Mais je n'aimais pas la voir fumer, elle. Je n'aimais pas l'odeur de la cigarette…

Les jours où je ne chantais pas, je courais les boutiques de mode avec mes sœurs, ou avec Mia. Je devais apprendre à me créer un look pour les photos des albums.

J'ai toujours aimé la mode. Toute petite, je regardais ma mère coudre et tricoter. Je découpais des patrons dans les magazines, je dessinais des robes et des manteaux. Et je m'amusais à me déguiser avec les vêtements et les souliers à talons hauts de mes sœurs. À mon anniversaire et aux fêtes, Claudette m'en achetait toujours. J'allais aussi souvent magasiner avec Dada et Liette.

Avec mes tout premiers cachets de chanteuse, je me suis offert des souliers à talons hauts, des escarpins noirs, en cuir vernis, très «chic madame». Ma passion pour les chaussures ne faisait que commencer. Ce sont des bijoux, pour moi, l'accessoire indispensable à la bonne finition d'une tenue. Je n'ai pas compté, mais j'en ai certainement plus de mille paires aujourd'hui.

J'ai de tout dans ma collection : des bottes de pluie rose bonbon, des babouches à plumes et à paillettes, des sabots de bois, des bottillons en croco, d'autres en résine de synthèse, beaucoup de souliers à talons hauts évidemment, super chics, de toutes les couleurs possibles et impossibles, et même transparents ou fluorescents. Et je les ai tous portés, au moins une fois, même ceux qui me faisaient mal aux pieds.

Je ne sais vraiment pas d'où me vient cette fixation. Je sais seulement que, lorsque j'entre dans un magasin de chaussures, je ne suis plus tout à fait moi-même. Je peux poser des gestes complètement irrationnels. Il m'est arrivé plusieurs fois d'acheter toutes les teintes disponibles d'un même soulier. Rentrée à la maison, je me rendais compte que c'était fou, quasiment inquiétant.

Puis un jour, je me suis dis que c'était peut-être ma seule folie. Dans toute ma vie professionnelle, je devais contrôler mes émotions au maximum, mes impulsions, mes sentiments. Ça faisait partie de mon métier. Je devais être excessivement disciplinée et raisonnable en toute chose. Pourquoi aurais-je dû m'interdire cette folie qui ne faisait de mal à personne et ne nuisait en aucune manière à mon métier ?

Partout où je vais, je regarde les souliers de toutes les femmes que je rencontre. Ceux des hommes aussi, quoique, chez eux, l'univers de la chaussure me semble moins riche, moins changeant. Chez les femmes, le choix est illimité. Et, dans ce domaine, nous sommes toutes égales. Rondes ou maigres, jeunes ou vieilles, nous avons toutes un vaste choix, pour chaque sortie, chaque moment de la journée.

À l'époque où est née ma passion pour les chaussures et la mode en général, j'aimais le clinquant et le brillant, les froufrous, le *flashy*. Si je m'étais écoutée, je me serais volontiers attifée comme une rockeuse flamboyante ou comme une vamp de trente ans, avec boa, jupe longue fendue jusqu'au haut de la cuisse, talons aiguilles, fume-cigarettes… Surtout lorsque j'étais avec Dada, il y avait toujours quelque chose de tordant ou de provocateur, je dirais presque de délinquant, dans les tenues que je choisissais, ou que j'aurais aimé choisir si j'en avais eu les moyens.

Je me voyais bien, en rêve, faire le mannequin et défiler sur les podiums. Je m'imaginais descendre en chantant le grand escalier d'un music-hall vêtue d'une robe somptueuse toute de plumes et de strass. Je me voyais en vamp à tomber par terre ou en rockeuse de charme. J'imagine que toutes les jeunes filles ont rêvé de ça un jour ou l'autre. Mais suivre la mode coûte cher.

Or, cet été-là justement, nous avions de gros moyens. Il me semblait en tout cas que nous nagions dans l'argent. René payait toujours pour tout, le studio, les taxis, les restaurants, même pour les repas commandés au milieu de la nuit pour les techniciens et le public du studio d'enregistrement. Il allait payer également pour mon look, pour la séance de photos, pour le lancement, etc.

Mais il n'était pas question que je m'habille et que je me coiffe pour faire rire ou choquer. Mia, en qui René avait une confiance absolue, s'est chargée de m'expliquer l'importance des premières images que le grand public recevrait de moi. Elle me rappelait les grands thèmes des chansons d'Eddy.

« Il faut que tes tenues concordent avec ce que racontent tes chansons, me disait-elle, que ce soit cohérent avec l'histoire d'une toute jeune fille qui découvre la vie, qui s'interroge sur l'amour, qui nous parle de sa grand-maman, de ses rêves. C'est une fille sage et douce qui n'a encore que treize ans. »

Si j'ai été déçue, ça n'a pas duré longtemps. Dès que j'ai commencé à travailler avec Mia sur cette image de fille sage, sur le look que je devais avoir sur l'album, ça m'a réellement passionnée. Je voyais une logique dans tout ça. Mais je ne l'aurais pas vue que j'aurais aveuglément obéi à Mia et à René. J'avais confiance en eux. Ma mère aussi.

J'avais un problème, cependant. Devant le photographe qui préparait les photos de l'album, je refusais de rire, ou même de sourire, parce que je ne voulais pas qu'on voit mes dents. Mes canines étaient si longues et si proéminentes que, même la bouche fermée, elles soulevaient les coins de ma lèvre supérieure. Personne d'autre que moi dans la famille n'était équipé d'une telle dentition, ni même mes parents tels que je les vois sur leurs photos de jeunesse. Je me serais volontiers passé de cette exclusivité. J'avais pris l'habitude, sur les photos de classe par exemple, de garder la bouche fermée sur mon problème.

J'ai quand même souri, il le fallait, mais en desserrant les lèvres le moins possible. Le photographe avait d'ailleurs préparé des éclairages très doux qui atténuaient considérablement les bosses formées par mes canines.

Je me souviens du lancement de cet album avec plus de netteté que de tous les autres par la suite. Parce que c'était le premier, sans doute. Mais aussi parce que les journalistes ne m'ont pas beaucoup sollicitée. Après que j'aie chanté *Ce n'était qu'un rêve* et *La voix du bon Dieu*, ils sont tous allés interviewer René et Eddy, comme si je n'avais rien à dire. Ce qui était probablement le cas. Je ne savais pas encore parler aux journalistes. Ou ils ne savaient pas me poser les bonnes questions. J'étais à peine une adolescente, encore moins une femme, mais j'avais la voix d'une adulte. J'imagine que ce décalage les désarçonnait.

Une fois que je leur avais exprimé mon plaisir de chanter et mon rêve de faire la Place des Arts un jour, et avoué que Ginette Reno était mon idole, ils se tournaient vers Eddy. Il leur parlait de ma voix, de mon âme, de mon sens de la discipline… et de ma famille. Je crois qu'il était à l'époque, à part ma mère bien entendu, la personne qui me connaissait le mieux au monde.

Eddy a été le premier, avant ma mère et mes sœurs, à savoir que j'avais embrassé un garçon. Il s'appelait Sylvain. La chose s'était passée dans le portique chez ma sœur Claudette, à Lachenaie. Un vrai baiser, pas très long, mais qui m'avait infiniment troublée. Parce que, par la suite, je ne parvenais pas à nommer ce que je ressentais. Je ne me demandais pas s'il m'aimait, lui, mais

94

si moi j'étais en amour. D'ailleurs, je n'aurais pas compris qu'il m'aime. Je ne me trouvais pas belle.

Il m'emmenait chez ses parents dans le sous-sol, où il passait des heures à jouer au Nintendo, pendant que je feuilletais des magazines de chasse et de pêche qui ne m'intéressaient pas le moins du monde. Et on ne s'est plus jamais embrassés. À la fin, on ne se parlait presque plus.

Cet unique baiser m'avait mêlée. Je me sondais le cœur, je voulais comprendre, mettre de l'ordre dans mes sentiments. Mais plus j'y pensais, plus j'embrouillais tout.

Quand Eddy m'a demandé un jour si j'étais attirée par Sylvain, j'ai réalisé que non. Et je me suis mise à pleurer. J'aurais tant voulu aimer un garçon. Même un garçon qui ne m'aimait pas. Surtout un garçon qui ne m'aimait pas. J'avais trop de projets pour consacrer du temps à un flirt. J'aurais simplement voulu être en amour, moi, quitte à avoir une peine d'amour…

Deux ou trois jours après cette conversation avec Eddy, quand je suis rentrée de l'école, ma mère m'a dit qu'il avait téléphoné. Il venait d'écrire une nouvelle chanson pour moi. C'était *D'amour ou d'amitié*. Quand j'ai lu les paroles, j'ai pleuré encore, beaucoup, tellement elles étaient proches de moi. Comme si Eddy me les avait arrachées du cœur.

> *Et je suis comme une île*
> *En plein océan*
> *On dirait que mon cœur*
> *Est trop grand…*

Ces paroles étaient écrites sur mesure pour moi. C'était moi, c'était mon histoire, l'histoire d'une fille de quatorze ans qui rêvait de tomber en amour. Mais, à part celui de ma famille, il n'y avait pas d'amour autour de moi, ni en moi. Pas de grand amour possible. J'étais seule. Et longtemps, j'ai cru que je serais toujours seule, toute ma vie. Je me disais que l'amour m'avait peut-être oubliée. Ça me rendait très triste, d'une tristesse que je cultivais, que je dorlotais et qui, lorsque je chantais, passait dans ma voix…

Mais en même temps, j'avais de grands bonheurs. Ma vie changeait. Je savais que j'allais vivre de grandes choses.

3

Je ne chantais plus jamais devant le miroir de ma chambre. De plus en plus rarement avec mes frères et mes sœurs...

Moins d'un an après être passée au show de Michel Jasmin, j'avais déjà deux albums sur le marché, j'en préparais un troisième, j'avais fait une dizaine d'émissions de télé. Et je partais en tournée avec le plus étrange spectacle auquel j'aie participé de toute ma vie, presque un numéro de cirque.

Il y avait là-dedans une foule d'artistes tous beaucoup plus âgés que moi, dont Plastic Bertrand, un Belge dément et tordant, et Nanette Workman, une super-rockeuse. Ils avaient tous les deux une grande expérience de la scène et ils savaient soulever la foule. Mes petites ballades à l'eau de rose étaient aux antipodes de ce qu'ils faisaient. Entre *Ce n'était qu'un rêve* et *Lady Marmelade (voulez-vous coucher avec moi, ce soir)*, entre *D'amour ou d'amitié* et les élucubrations de Plastic, il y avait tout un monde. Autrement dit, je n'étais pas vraiment à ma place. Mes deux albums s'étaient bien vendus, mais certainement pas auprès du public de buveurs de bière et de « fumeux de pot » qui suivaient cette tournée.

« C'est parfait, disait René à ma mère. Elle va apprendre à se défendre. »

Chaque soir, avant que j'entre en scène, il était derrière moi, il me rappelait que j'étais la meilleure et que je devais, selon son expression favorite, les jeter par terre, c'est-à-dire leur en mettre plein la vue. Mais les autres venaient de le faire avec leur gros rock and roll. Un soir, je me suis retournée vers lui et je lui ai dit :

« Nanette les a déjà jetés par terre. »

Il m'a répondu :

« Pas moi, Céline. Moi, j'attends que, toi, tu me jettes par terre. Je sais que tu le peux. »

Pour la première fois, j'ai chanté pour lui. Il s'était mêlé à la foule, juste en bas de la scène, de manière que je le voie très bien. Mais je ne l'ai vraiment regardé que vers la fin de mon numéro. Je savais que je l'avais bouleversé, même si la moitié de la foule n'écoutait pas. Je savais que j'avais chanté comme jamais je ne l'avais fait auparavant, que je m'étais dépassée. Et lui aussi, il le savait. Je pense même que la foule a été surprise...

« Tu m'as fait pleurer », m'a-t-il dit quand il m'a retrouvée à l'arrière-scène.

Je n'ai pas participé à tous les spectacles de cette tournée. Au milieu de l'été, nous partions pour Paris, maman, Anne-Renée, René et moi. Je devais enregistrer là-bas les premières chansons de mon troisième album. D'abord celle que j'aimais tant, *D'amour ou d'amitié*, aussi *Visa pour les beaux jours* et une autre qu'Eddy avait écrite pour maman, *Tellement j'ai d'amour pour toi*.

Au moins vingt-cinq personnes de ma famille, frères, sœurs, beaux-frères, belles-sœurs, sont venues à l'aéroport de Mirabel assister à notre départ. Eddy et Mia nous attendaient à Paris avec des amis de René, Guy et Dodo, qui tenaient un restaurant rue Cadet, dans le IXe arrondissement.

René ne m'a jamais beaucoup révélé ses plans à mon sujet. Il savait que nous lui faisions pleinement confiance, ma mère et moi. Mais ce soir-là, à bord de l'avion pour Paris, il nous a longuement expliqué que les Français n'avaient pas voulu de mon premier album, parce qu'ils ne le jugeaient pas assez commercial... Parce que je leur faisais aussi trop penser à Mireille Mathieu : une chanteuse à voix venant d'une famille nombreuse.

« C'est pour ça qu'on va travailler chez eux, dans leurs studios, avec leurs techniciens, leurs producteurs. Pour voir un peu mieux ce qu'ils veulent. »

Mais quand René m'a parlé, quelques jours après notre arrivée à Paris, de suivre des cours de diction et de chant, il a bien fallu qu'il m'explique que les patrons de Pathé-Marconi, notre maison de production, trouvaient non seulement mon album made in Québec pas au goût des Français, mais que j'avais aussi et surtout des défauts de voix à corriger et que je ne possédais aucune technique vocale.

Je me suis dit que tous les deux, Eddy et René, trouvaient que je chantais mal puisqu'ils étaient d'accord avec les producteurs français. Et j'ai eu beaucoup de peine. Que je n'ai évidemment pas laissé paraître.

Eddy connaissait une vieille dame, Tosca Marmor, qui avait enseigné pendant un demi-siècle à des chanteurs et à des chanteuses d'opéra. Nous sommes allés la rencontrer ensemble. J'ai bien compris que tout était arrangé après l'avoir entendu dire, en se retirant, qu'il passerait me prendre dans une heure.

Au-dedans de moi, je me disais que la vieille dame serait impressionnée par ma voix et qu'elle leur dirait que je n'avais pas besoin de suivre des cours.

La première séance a été assez éprouvante. Mme Tosca s'est mise au piano, elle m'a fait faire des gammes pendant une grosse demi-heure, puis elle m'a demandé de chanter la même phrase pendant une autre demi-heure. Elle n'a émis aucun commentaire, ni positif ni négatif, rien. Elle n'a manifesté aucune émotion. Dès que j'avais fini, elle me disait :

« Recommencez, je vous prie. »

Je recommençais.

« Plus fort, plus appuyé, je vous prie. »

Je chantais plus fort, plus appuyé. Aucune réaction. Il me semblait qu'elle était un peu ennuyée, simplement. Je ne savais plus si je devais chanter plus fort, plus haut, plus bas...

Je suis sortie de là assez inquiète. J'ai commencé à me poser des questions sur ma voix, sur ce que je faisais avec elle. J'ai mis du temps à comprendre que je venais d'avoir l'une des plus importantes leçons de toute ma vie.

J'imagine que René et Eddy m'avaient jugée mûre pour vivre ce petit drame intime. Je ne sais toujours pas si c'était de leur part une stratégie concertée. Mais je sais que mon ego a subi tout un coup cet été-là. J'ai été sonnée. J'ai perdu des certitudes. Je priais pour que quelque chose de positif sorte de cette épreuve. Je déteste la boxe et je n'y connais pas grand chose. Seulement, on dit qu'un boxeur n'est jamais complet tant qu'il n'a pas été mis K.O. une fois ou deux.

J'ai découvert en Tosca une femme merveilleuse, intelligente, très généreuse et attentive aux autres. Je ne sais pas ce qu'Eddy lui avait demandé, mais elle m'a appris énormément. Entre autres choses, que je n'avais pas encore, loin de là, les outils et les moyens nécessaires pour devenir la plus grande chanteuse au monde. Et qu'il n'est pas suffisant d'avoir du coffre, un large registre et des cordes vocales en acier inoxydable pour bien chanter. Il faut aller chercher l'émotion quelque part en soi... Ce qui peut être effrayant et douloureux. Voilà ce que j'ai appris. Malgré ces bouleversements qu'elle provoquait, Tosca faisait naître en moi une grande paix. Quand je me rendais le soir au studio Family Song pour enregistrer, j'avais oublié mes faiblesses et mes défauts. J'étais bien.

Madame Tosca m'a enseigné à ne pas avoir peur de mes émotions, même de celles que je ne comprenais pas.

« Ne les laisse pas s'emparer de toi, me disait-elle. Et n'aie pas peur d'elles. Tu dois les apprivoiser, les dominer, tu dois t'en servir. »

Je lui apportais des fleurs. Certains jours, nous ne faisions que parler. Du plaisir et de la douleur de chanter.

Presque tous les soirs, pendant notre séjour là-bas, on se retrouvait chez Guy et Dodo. On écoutait et on réécoutait les enregistrements faits pendant le jour. Un soir, pour rire, on a écouté les vieux disques des Baronnets, que René avait déjà donnés à Guy, et ceux des Scorpions, le groupe auquel Guy avait appartenu dans sa jeunesse.

Le Family Song était tout petit, et toujours rempli à craquer, comme le studio Saint-Charles. Les musiciens qui avaient fait les pistes d'orchestre étaient là, l'arrangeur aussi, et le compositeur. Il y avait des gens de chez Pathé-Marconi, un photographe parfois, des amis d'Eddy ou de Mia, des Français, des Québécois de passage à Paris, plein de monde qui apparemment n'avait rien à faire dans ce studio.

« Si ça te gêne, on peut te laisser seule », m'a dit Eddy.

Je me préparais à enregistrer *Tellement j'ai d'amour pour toi*, une chanson très intimiste. Mais la présence de tous ces gens ne me gênait pas du tout. Au contraire, ça me rassurait, ça me stimulait. Beaucoup d'artistes préfèrent chanter derrière un paravent, dans des sortes d'isoloirs où personne ne peut les voir. Pas moi. Ni en ce temps-là ni aujourd'hui.

Je me suis plantée au milieu du studio. J'ai cherché le visage de ma mère dans la foule qui se pressait derrière la baie vitrée et j'ai chanté pour elle...

Il peut couler du temps
Sur tes cheveux d'argent
Je serai une enfant
Jusqu'à mon dernier jour
Tellement j'ai d'amour pour toi...

Je connais bien ma mère, elle n'a pas la larme facile. Pour ne pas embarrasser les autres, elle garde tout à l'intérieur. René et moi sommes de grands pleureurs, pas elle. Mais je la savais très émue, fière de moi et heureuse, contente du chemin que nous avions parcouru.

Après la première prise, il y a eu un court silence, puis ils m'ont applaudie en criant si fort que je les entendais jusque dans le studio. Moi aussi, j'applaudissais et je riais aux éclats. Parce qu'il s'était passé quelque chose de magique, de plus grand que nous tous. Il m'a semblé que pendant un moment nous avons été très heureux, tous ensemble, dans ce petit studio. Même ceux qui n'avaient rien à faire là.

J'avais terminé au printemps ma septième année d'école. De peine et de misère. J'avais régulièrement manqué les cours. Chaque fois que j'y allais, je me rendais compte, sans grande émotion, que j'avais encore pris un peu plus de retard. Et j'ai vite compris que je ne pourrais jamais rattraper les autres.

Après ce constat, je partais dans la lune. Je me faisais mes petits films dans ma tête. Je retournais encore au fin fond de l'Afrique ou de l'Amazonie. Parfois aussi je me racontais des histoires d'amour très tristes ou de gros mélos très romantiques et noirs qui m'emmenaient au bord des larmes. Mais, le plus souvent, je m'imaginais en étoile du show-business et du cinéma. Avec mon nom sur des affiches géantes, des soirs de première, des robes de gala, des tonnerres d'applaudissements.

Je signais le scénario, la mise en scène, la réalisation, les costumes, les décors, les dialogues. Et je tenais le premier rôle, évidemment, très souvent celui d'une fille qui ressemblait comme une sœur à l'héroïne de *Flashdance*. J'avais vu ce film-là au moins cinq, six fois, seule ou avec Manon, Dada ou Pauline, au cinéma du centre commercial de Repentigny.

Flashdance racontait l'histoire d'une fille qui rêvait de danser un jour dans une grande revue de Broadway. Mais, comme elle était très pauvre et qu'elle devait travailler fort pour gagner sa vie, elle n'avait jamais eu les moyens de fréquenter une vraie grande école de danse. Elle avait dû apprendre par ses propres moyens, toute seule. À danser. Et à se battre. Dans tous les théâtres où elle se présentait, on la regardait de haut, parce qu'elle ne connaissait personne. Et on ne lui faisait jamais passer d'audition.

Un jour, par hasard, elle a fait la connaissance d'une vieille dame, qui avait été autrefois danseuse étoile dans une troupe de ballet classique. La dame la voit danser et lui dit qu'elle a beaucoup de talent et qu'elle trouvera en elle, et pas ailleurs, la force de réaliser son rêve. Elle lui conseille de ne jamais se laisser imposer les visions et les idées des autres. Surtout, de ne jamais renoncer à son grand rêve.

« Renoncer à ses rêves, c'est renoncer à la vie, lui disait-elle. C'est mourir. »

La fille n'a pas lâché ; et elle est devenue une grande danseuse sur Broadway.

J'aimais tout dans ce film, à commencer par la musique et la chanson *What a Feeling*. Je l'avais apprise par cœur, n'en déplaise à Eddy, et je m'étais juré de la mettre un jour dans mon tour de chant. Mais par-dessus tout, j'adorais l'histoire que racontait *Flashdance*. Les conseils de la vieille dame, je les prenais pour moi. Je me disais que je n'avais plus besoin d'aller à l'école pour réussir dans la vie. Que tout ce qui comptait, c'était d'aller au bout de mon ambition, de foncer, de ne jamais lâcher, de croire en mon étoile.

J'étais persuadée que la réalisation de mon rêve ne passait pas par l'école. Heureusement, je ne devais jamais insister bien longtemps pour que ma mère me dispense d'y aller. Surtout si je devais répéter une nouvelle chanson écrite par Eddy ou si j'avais un show le soir… ou même le lendemain. Ma mère et moi : on avait un même rêve.

Elle ne me le disait pas, mais je suis persuadée que ma mère croyait que je pouvais apprendre tout aussi bien à la maison qu'à l'école. Elle-même, née sur une terre de colonisation, dans le fin fond de la Gaspésie, avait appris à lire, à écrire et à compter avec sa mère et ses sœurs aînées comme maîtresses d'école. Elle ne l'avouerait peut-être pas tout haut, mais elle considère sans doute qu'en matière d'éducation, on n'est jamais mieux servi que par soi-même et que par ses proches. Je serais même portée à croire qu'elle a plus de respect pour les autodidactes que pour les gens couverts de diplômes.

Depuis mon adolescence, le monde a beaucoup changé. Je ne pense pas, sauf pour de très rares exceptions, qu'on puisse s'y débrouiller et s'y sentir à l'aise sans instruction. Je suis aussi persuadée qu'il y a beaucoup de plaisir à apprendre et à connaître des choses, comment le monde fonctionne, l'histoire, la géographie, l'histoire de l'art, tout cela. Aujourd'hui, il n'y a rien que j'aime autant qu'apprendre. Mais, à l'époque, j'avais d'autres chats à fouetter. J'étais dévorée par mon rêve…

Je terminais au studio Saint-Charles l'enregistrement des dernières chansons de mon nouvel album qu'on devait lancer à l'automne. René parlait d'organiser une grande tournée de promotion à travers tout le Québec. Quand je lui disais que je pourrais difficilement faire les deux, aller à l'école et faire mon métier de chanteuse, il me répondait toujours :

« Inquiète-toi pas avec ça, on verra. »

Je ne m'inquiétais pas, mais je m'ennuyais à mourir. J'avais obtenu par la peau des dents (ou par charité) mes notes de passage en huitième année. Puis une semaine après la rentrée, j'étais déjà perdue, absorbée par de nouveaux tournages de gros mélos et de remakes de *Flashdance*.

Des garçons et des filles de l'école, quelques profs aussi, venaient de temps en temps me dire qu'ils m'avaient vue à la télé ou dans les journaux ou qu'ils avaient entendu une de mes chansons à la radio. Quelques-uns m'ont même demandé de leur signer des autographes. Tout le monde était supergentil avec moi. J'adorais ça. Mais je n'étais vraiment pas à ma place. Et je ne cherchais toujours pas à me faire des amis, parce que je savais que je n'étais là qu'en attendant.

La vie a été bonne pour moi. Les choses se sont arrangées très vite. Plus vite encore que René l'avait espéré. En fait, au cours des prochains mois, deux événements importants auxquels j'ai été mêlée, l'un au Japon, l'autre en France, allaient pour toujours changer ma vie.

Un soir, un mois peut-être après la rentrée, à l'heure du souper, Eddy Marnay téléphonait de Paris. Pour nous annoncer que *Tellement j'ai d'amour pour toi* venait d'être choisie pour représenter la France dans un grand concours international qui se tiendrait au Japon, fin octobre.

Je crois avoir eu l'air très stupide au téléphone. À cette époque, quand quelque chose de très gros, de très excitant, se produisait dans ma vie, je figeais littéralement. Autour de moi, les autres pouvaient sauter au plafond, je restais calme et froide, même si j'étais au centre du tourbillon. Ma mère me regardait et me demandait :

« Es-tu contente, Céline ?

— Mais oui, je suis contente.

— Ça paraît pas. »

Je crois que je ne savais pas exprimer ma joie. Ou que j'avais peur, si je me laissais aller, de ne plus pouvoir me contenir, d'exploser. Peut-être aussi que rien de ce qui m'arrivait ne m'impressionnait ou ne m'étonnait vraiment, puisque j'avais toujours cru tout ça possible et accessible. Ça semblait normal, pratiquement inévitable. J'avais vécu ces choses-là cent fois au moins dans les petits films que je me tournais à l'école. Mieux, j'avais chanté au Stade olympique et j'avais été acclamée à Broadway, j'avais joué dans des comédies musicales à Hollywood et fait les plus gros shows de télé au monde...

Eddy n'a pas dû comprendre. Il était au comble du bonheur. Il venait de réussir un coup extraordinaire en inscrivant sa chanson au festival de Tokyo. Et moi, à l'autre bout du fil, je restais froide. Maman s'est quand même rendu compte que quelque chose d'important était en train de se produire. Elle m'a dit de lui passer Eddy, à qui elle a posé mille questions.

Elle l'a félicité, elle s'est exclamée, elle a ri. Elle lui a dit que j'irais là-bas, bien sûr, et qu'elle m'accompagnerait. Puis maman a ajouté que je le remerciais et que j'étais heureuse, même si je ne savais pas montrer mon émotion.

Elle venait de raccrocher et se préparait à appeler mes frères et mes sœurs pour leur apprendre la nouvelle, quand le téléphone a sonné de nouveau. C'était René. Il avait tous les détails, les dates précises, le nombre de chansons soumises (plus de mille, si ma mémoire est bonne), le nombre de chansons retenues (une trentaine), la liste des pays participants, le nom des gagnants des années précédentes...

Il a demandé à me parler. Pour me dire d'abord que le Festival mondial de la chanson populaire Yamaha était le plus important festival de ce genre au monde. Il y était allé quelques années plus tôt avec son ami Guy Cloutier qui y présentait son artiste, René Simard. Celui-ci, à peu près de mon âge à l'époque, avait remporté le grand prix. Il était devenu par la suite une énorme vedette au Québec. Et on avait parlé de lui jusque dans le *Time Magazine*.

« C'est Frank Sinatra qui lui a remis son prix, me disait René. Et moi, j'étais là. J'ai serré la main de Sinatra, tu te rends compte... »

Puis, même si personne d'autre que moi ne pouvait l'entendre, il s'est mis à me parler tout bas, comme s'il me faisait une confidence très importante, très intime, comme si nous étions seuls au monde.

« Je sais que tu es la meilleure chanteuse qu'il y aura là-bas. Et tu sais, toi, que tu auras le premier prix. Tu le sais, n'est-ce pas ? »

J'avais toujours aimé sa voix, très calme, feutrée, douce, mais, ce soir-là, elle m'a drôlement remuée. Pas seulement à cause de ce qu'il me disait, mais à cause du ton qu'il avait, si proche que j'avais l'impression de sentir son souffle contre mon oreille. C'était un moment de complicité extraordinaire.

Plus bas encore, plus doux, il me disait :

« Ça va changer notre vie, Céline, tu verras. »

Notre vie !

Alors, j'ai dû arrêter l'école.

« On n'a pas le choix », m'a dit René, comme s'il m'annonçait une mauvaise nouvelle.

Il est venu avec ma mère et moi rencontrer le directeur de l'école pour lui expliquer que je ne pourrais plus suivre les cours réguliers, parce que j'avais une « carrière » trop accaparante. Je dis « expliquer », parce que je suis certaine que dans la tête de René Angélil il n'était pas du tout question de demander des permissions. Il voulait tout simplement, par politesse, que le directeur sache que je n'irais plus à l'école. Et qu'il comprenne pourquoi. Et qu'il soit d'accord autant que possible.

Il lui a demandé de me préparer un programme d'études particulier. Il se chargerait lui-même personnellement de voir à ce que je suive ce programme et que je passe en temps et lieu les examens du ministère de l'Éducation. Il a parlé de ma mère aussi. Il a dit qu'elle serait toujours là, à mes côtés, que c'était une femme extraordinaire, intelligente. Elle avait élevé quatorze enfants. Elle verrait, elle aussi, à l'éducation et aux études de sa fille…

J'étais assise un peu à l'écart sur une petite chaise droite, très intimidée. Ou plutôt faisant semblant, jouant à être intimidée. J'entendais René dire que les expériences que je vivais étaient au moins aussi riches d'enseignements que les cours qu'on pouvait me donner à l'école. Il parlait, comme toujours, très calmement, tout doucement. Il disait que j'avais des engagements non seulement en France et partout à travers le Canada, mais aussi au Japon.

« Et elle a un comptable, des paroliers, des compositeurs et des arrangeurs, plein de gens qui travaillent pour elle, disait-il. Tous ces voyages qu'elle fait, tous ces gens qu'elle rencontre, ça vaut bien les cours de géographie et d'histoire ou d'économie qu'on peut lui donner dans votre école. Vous êtes sûrement d'accord avec ça, monsieur le directeur. »

Il lui a même dit que j'étais très intelligente, qu'il m'avait vue apprendre des chansons par cœur, paroles et musique, en quelques minutes.

Moi, je l'écoutais, et je n'en pouvais plus de bonheur. Pour la première fois, René Angélil semblait porter attention non seulement à la chanteuse dont il était le manager, mais également à la fille que j'étais, à moi, Céline Dion.

Il disait que si tous les garçons et les filles de ma classe avaient passé l'été à Charlemagne ou dans les environs, à regarder la télé, à travailler sur une ferme ou dans un McDo, moi, j'étais allée à Paris, où j'avais enregistré un album avec des artistes professionnels, que j'avais chanté sur une dizaine de scènes à travers le Québec, et rencontré des journalistes, que mes chansons tournaient à la radio.

« Vous l'avez sûrement entendue, monsieur le directeur, n'est-ce pas ? »

Il lui a même dit que je faisais plus d'argent en un mois que mon père dans toute une année.

Moi, j'étais bouleversée et bien sûr flattée par ses paroles. Je ne doutais pas que René Angélil saurait convaincre le directeur de me laisser partir. Et que je ne remettrais jamais les pieds à l'école.

En attendant, je faisais ma petite Miss Perfection, bien sage sur ma chaise droite, les yeux baissés…

Mais quand le directeur a sorti mon dossier et qu'il a tendu mon bulletin à René, j'ai songé à m'enfuir. J'avais probablement les plus mauvaises notes de toute la classe, de toute l'histoire de cette école, presque toutes sous la moyenne, certaines voisines de zéro.

Que penserait René Angélil de mes performances scolaires ? Il était, lui, si intelligent et si instruit, il parlait anglais aussi bien que français, il connaissait sûrement les mathématiques, l'histoire et la géographie. En ouvrant mon bulletin, il aurait la confirmation que sa petite chanteuse était au fond pas trop intelligente. J'étais très humiliée.

Mais en même temps, je jubilais. J'allais enfin sortir de l'école. Je n'aurais même pas d'amies à regretter. Les seuls souvenirs agréables que je pourrais garder, c'étaient ces moments où Mlle Sénéchal me demandait de nettoyer le tableau après les cours. Je passais la brosse de feutre avec minutie et application, jusqu'à ce qu'il ne reste plus une seule trace de craie. Mlle Sénéchal en profitait parfois pour me rappeler la règle de trois ou me montrer comment extraire une racine carrée… C'était simple, limpide. Mais je ne pouvais toujours pas comprendre à quoi ça pouvait me servir dans la vie.

René n'a pas ouvert mon bulletin. Je le connais aujourd'hui. Je sais que, lorsque son idée est faite, il va droit au but et celui qui veut le faire changer d'idée a besoin de s'être levé de bonne heure et d'avoir de vrais bons arguments. Il a déjà tout pesé : le pour, le contre. Et il agit. Il n'était pas là pour connaître mes performances scolaires ni pour connaître l'opinion du directeur, mais pour me retirer de l'école. C'est ce qu'il a fait.

Je suis alors devenue une jeune fille studieuse et assidue.

René Angélil ne m'a jamais harcelée pour que je suive le programme d'études du ministère. Mais il allait m'enseigner le show-business : méthodologie du show-business, histoire du show-business, géographie du show-business, économie du show-business... Pendant des heures, surtout quand nous étions en tournée, dans sa voiture, au restaurant, il reprenait la saga du colonel Parker et d'Elvis Presley, des Beatles et de Brian Epstein. Il me racontait la légende d'Édith Piaf, de Johnny Halliday, de Barbra Streisand. Il me décrivait tous les shows, bons et mauvais, qu'il avait vus à Las Vegas ou à Broadway.

J'étais l'élève la plus appliquée du monde. Il m'emmenait voir tous les shows qui passaient à Montréal. Il disait que ça faisait partie de mon travail, de mes devoirs. J'ai vu Ginette Reno, Stevie Wonder, Nana Mouskouri, Manhattan Transfer, Anita Baker. Ma mère nous accompagnait très souvent.

Nous devions partir pour le Japon une bonne semaine avant le festival, pour que j'aie le temps de me reposer du voyage et que je ne sois pas trop affectée par le décalage horaire. Mia et Ben Kaye nous accompagneraient.

Mia, en conseillère éclairée, connaissait les règles, l'étiquette, le bon goût, la mode, les bonnes manières. Elle savait toujours quoi dire, comment agir, quoi porter, en toutes circonstances.

Ben Kaye, autrefois l'agent des Baronnets, n'avait pas froid aux yeux et, en plus, il était drôle comme pas un. L'un de ses numéros les plus réussis consistait à former un chœur avec tous les gens qui se trouvaient dans un restaurant. Il les faisait tous chanter, même les serveurs, même ceux et celles qui, au départ, ne voulaient rien savoir. Ou faire des bruits de bouche ou des percussions. Il finissait par créer une ambiance du tonnerre. Je l'avais vu à l'œuvre dans des restaurants de Montréal. Je le savais capable d'en faire autant dans ceux de Tokyo.

Quant à Eddy, il nous rejoindrait directement de Paris. Mais, l'avant-veille du départ, Mia nous informait qu'il s'était fait très mal au dos. Il avait vu un médecin, un chiro, un acupuncteur. Rien ni personne n'avait réussi à le soulager. Pire, le lendemain, il était pratiquement incapable de marcher. Mia a renoncé à nous accompagner et elle est allée le rejoindre à Paris. Nous n'étions plus que quatre à partir : René, maman, Ben et moi.

Ma mère était, je crois, la plus excitée de nous tous. Elle avait toujours rêvé de faire de grands voyages, de «voir du pays», comme elle disait. Et ça lui était enfin donné. Elle dormirait dans de grands hôtels, elle verrait des paysages exotiques, elle aurait plein de gens à son service, des guides, des interprètes, des chauffeurs, des femmes de chambre, elle verrait sa fille chanter, «triompher», disait René, devant un public immense.

«Je suis pas sûre d'avoir mérité tout ça», me disait-elle, la veille de notre départ pour Tokyo.

Le lendemain, juste avant de monter à bord de l'avion, elle s'est retournée vers mon frère Paul et elle lui a tendu son paquet de cigarettes.

«Tu peux les fumer, les donner ou les jeter ; moi, je n'en veux plus. Je ne fumerai plus jamais de ma vie.»

Une fois à bord de l'avion, elle nous a expliqué qu'elle voulait, par ce geste, « mériter son voyage ».

Je ne l'ai plus jamais vue fumer. Je ne l'ai jamais entendue se plaindre non plus que la cigarette lui manquait. Tout au long de ce voyage, René ne cessait de la féliciter. Il n'avait jamais osé lui dire que la fumée de ses cigarettes pouvait être dommageable pour ma voix. Mais, à partir de ce jour, il allait exercer un contrôle de plus en plus sévère sur mon environnement. Les fumeurs seraient bannis, même papa, qui comprendra vite et qui prendra l'habitude, quand je serai à la maison, d'aller griller ses cigarettes dehors, sous la véranda.

J'ai souvent, très souvent, pensé à ce geste symbolique que ma mère avait posé ce jour-là, à cette idée qu'elle avait de devoir mériter ce qui nous arrivait. Et je veux croire qu'elle a raison. La chance est là, bien sûr, qui favorise les uns et pas les autres. Il y a le talent aussi, les dons que le ciel fait aux uns, mais pas aux autres. Mais ce qu'on ne mérite pas d'une manière ou d'une autre, on ne peut pas en profiter vraiment et on finit tôt ou tard par le perdre. Il me fallait donc, il me faudra toujours, mériter cette voix que Dieu m'a donnée.

J'ai toujours été très disciplinée. J'ai fait mes devoirs de chanteuse, et tous les jours mes vocalises et mes exercices, avec toute l'application dont j'étais capable. J'ai suivi sans tricher les régimes imposés, j'ai gardé silence tant et aussi longtemps qu'il le fallait pour reposer ma voix. Je ne dérogeais jamais, pas même un jour, pas même une heure. Si je l'avais fait, j'aurais été pratiquement incapable de monter sur scène, j'aurais eu trop peur de me casser la voix.

Cette inquiétude et cette certitude me viennent de ma mère. Elle savait ça d'instinct. Ou parce qu'elle avait été élevée dans la religion catholique. Peu importe. Pour moi, c'est aujourd'hui une vérité absolue, qui ne tient pas de l'instinct, mais de la raison.

Ce qu'on ne mérite pas, on n'y a pas droit, ça ne nous appartient pas.

À Tokyo, j'étais encore trop jeune, je crois, pour que ce genre de choses me préoccupe. J'étais impressionnée, bien sûr. J'ai eu le trac aussi. Mais je ne comprenais probablement pas vraiment ce besoin que ma mère avait de « mériter » ce qu'il lui arrivait, les joies, le bonheur... À Tokyo, je voulais simplement les jeter par terre.

Le festival Yamaha durait plusieurs jours : éliminatoires le vendredi et le samedi, grande finale télévisée le dimanche. Ça se passait dans un amphithéâtre où j'ai plusieurs fois chanté par la suite, le Budokan, qui contient environ douze mille personnes et qui est situé dans un parc magnifique, tout près du Palais impérial. On se trouve en plein cœur de la ville et pourtant, tout est paisible, même la foule, très sage, très différente des foules excitées que j'avais vues au Forum de Montréal, par exemple, quand j'étais allée voir Olivia Newton-Jones ou Elton John.

Pour déterminer l'ordre des prestations, chaque concurrent devait piger un numéro au hasard. Le vendredi matin, j'ai tiré le cinq. Notre interprète m'a dit que ça se prononçait *go* en japonais. René, qui a toujours aimé les présages et les coïncidences, était ravi.

J'ai bien chanté, sans forcer ma voix, peut-être un peu distraitement cependant. Pour la première fois de ma vie, je me trouvais sur une scène incroyablement vaste, et devant un public énorme. J'étais accompagnée par un grand orchestre de plus de cinquante musiciens avec lequel je n'avais répété qu'une dizaine de minutes. J'étais un peu dépaysée, désorientée, je ne savais pas où regarder et je ne m'entendais pas bien. Il m'a fallu un bon moment pour être en plein contrôle de ma voix.

Mais pendant que je quittais la scène, après ma chanson, j'entendais les applaudissements de la foule qui me semblaient pas mal plus intenses que ceux auxquels avaient eu droit les deux garçons qui m'avaient précédée. Cependant, d'autres participants par la suite allaient en déclencher de tout aussi forts, sinon plus que les miens. J'ai cru par moments que je ne serais pas retenue par les juges.

Le samedi après-midi, après que le dernier concurrent s'est produit, les juges ont fait connaître les noms des dix personnes retenues pour la grande finale du dimanche après-midi.

J'étais parmi elles. Cette fois encore, j'ai tiré le numéro 5, le *go*. Et cette fois encore, nous y avons vu un heureux présage. Mais je restais nerveuse et tendue.

En plus des douze mille spectateurs qui rempliraient le Budokan le dimanche après-midi, des dizaines de millions de personnes suivraient l'événement à la télé. De quoi donner le vertige.

J'avais des bouffées d'angoisse en pensant au moment où je devrais m'avancer sur scène et entonner ma chanson. J'imaginais la foule à affronter comme un monstre sans cœur capable de me dévorer. Et j'essayais d'oublier, de me dire que ce n'était pas si important, que je pouvais fort bien survivre sans remporter ce premier prix.

René, lui, n'a pas du tout cherché à me faire croire que ma peur était sans fondement. Au contraire, il me répétait que ce moment serait important dans ma vie, décisif, que le monstre que j'allais affronter était terrible. Il le savait. Mais il ajoutait que je n'avais pas le choix, que je devais le vaincre.

Plutôt que de diminuer ce monstre à mes yeux, comme je tentais de le faire, René me disait que j'étais forte, déterminée, capable de l'affronter. Quand il me parlait, je me sentais vraiment comme une grande personne, comme une vraie professionnelle. Je me suis couchée, ce soir-là, persuadée qu'une fois sur scène je saurais maîtriser ma voix. Et apprivoiser le monstre. Peut-être même le jeter par terre.

Le lendemain après-midi, en attendant mon tour, je suis restée debout dans les coulisses pour ne pas froisser ma robe. C'était une robe blanche, en coton, que Josiane Moreau, ma styliste d'alors, m'avait confectionnée à partir d'un modèle trouvé dans un magazine. Elle était magnifique, mais un peu hors saison. On s'était imaginé toutes les deux que le Japon était un pays chaud où le climat, à longueur d'année, ressemblait à celui de chez nous en juillet. Mais tant pis, j'aimais cette robe, j'étais bien, c'était tout ce qui comptait.

Au pied de l'escalier montant sur scène, juste au moment où le présentateur prononçait mon nom, j'ai aperçu par terre ce que j'ai d'abord cru être une médaille, mais qui était en fait une pièce de monnaie. Je l'ai ramassée. Quand j'ai vu qu'il y avait le chiffre 5, le *go*, gravé dessus, j'ai décidé de la garder. Pour la chance. Ma robe n'avait pas de poche ; j'ai donc glissé la pièce sur le côté de mon soulier. Pendant que je m'avançais sous les lumières pour chanter *Tellement j'ai d'amour pour toi*, je l'ai sentie glisser sous l'arche de mon pied. Elle serait mon porte-bonheur, je le savais. Je la garderais toujours avec moi. Le 5 serait désormais mon chiffre chanceux. Je n'avais aucun doute : j'allais, grâce à lui, décrocher le premier prix.

Ce que je voyais la veille au soir et le matin même comme un monstre épouvantable – ces juges, cette foule, ces caméras, ces millions de téléspectateurs – m'apparaissait maintenant comme une présence chaleureuse et amicale.

J'ai eu le grand prix *ex-æquo* avec le chanteur mexicain Yoshio. Les musiciens, qui votaient eux aussi, m'ont décerné le prix spécial de l'orchestre… Quand j'avais répété avec eux le vendredi après-midi, René m'avait dit de les saluer et de les remercier, et si possible de serrer la main du chef et du pianiste, ainsi que du premier violon. Je crois qu'ils avaient apprécié ces gestes de politesse.

J'ai beaucoup pleuré. Sur scène, devant les spectateurs du Budokan et les téléspectateurs japonais. Puis dans les coulisses quand j'ai retrouvé René qui pleurait lui aussi à chaudes larmes. Ainsi que maman et Ben.

Notre interprète et les Japonais qui se trouvaient autour de nous semblaient traumatisés. Je pense qu'ils n'avaient pas l'habitude de voir de semblables démonstrations en public. Par pudeur, ils se détournaient et s'éloignaient. Nous sommes restés un long moment tous les quatre enlacés, pleurant…

Puis, comme s'il revenait soudainement à lui, René m'a pris la main et m'a emmenée dans la salle, devant la scène. Un téléphone était posé sur un coussin entre deux moniteurs. Il m'a tendu le récepteur.

« C'est pour toi. »

C'étaient Eddy et Mia qui, à Paris où le jour se levait, m'avaient entendue chanter *Tellement j'ai d'amour pour toi* et, plus tard, qui avaient entendu le président du jury proclamer le nom des vainqueurs. René et Ben avaient obtenu cette installation téléphonique des organisateurs du festival. Cette fois, j'ai su exprimer ma joie. Et j'ai fait une véritable fête à Eddy, je lui ai dit combien je l'aimais et tout ce que je lui devais. À Mia aussi. Bien sûr, j'ai pleuré encore et encore. Je savais cette fois que j'avais mérité mon bonheur.

Nous avions fait une promesse à René, maman et moi. Si je remportais le grand prix Yamaha, nous mangerions du poisson cru.

Ça s'était passé à bord de l'avion. Les voyageurs avaient le choix entre un repas à l'occidentale, bœuf, pâtes ou poulet, et des mets japonais. Sans hésiter, nous avions choisi le poulet, toutes les deux. Mais, il fallait s'y attendre, parce que c'était toujours ce qu'il faisait, René a essayé de nous convaincre de goûter aux mets japonais. Il n'y avait aucun doute dans son esprit :

« Si vous y goûtez, vous allez aimer ça, disait-il.

– Pas à bord d'un avion », répondait maman.

Maman adorait faire à manger. Et René aimait beaucoup ses tourtières, ses pâtés, ses hachis ou ses pains de viande, mais on avait compris que ce n'était jamais assez relevé à son goût : il demandait toujours des marinades, des épices. Et pas assez varié non plus.

René veut toujours que tout le monde autour de lui aime ce qu'il aime : le jeu, les cuisines exotiques, Elvis, les Beatles, le Coca-Cola… Il essaie toujours de convertir ses amis. Chaque fois que l'occasion se présentait, à Montréal et à Paris, il nous emmenait dans des restaurants libanais ou marocains. Il nous faisait goûter à tout, *falafel*, *babaganoush*, *hummus*, *shawarma*.

Pendant qu'il mangeait ses *sushis* et ses *sashimis*, il nous avait donc arraché cette promesse. Je devais manger du poisson cru.

L'occasion allait m'en être donnée quelques jours plus tard. En tant que championne du festival, j'étais invitée à chanter à un grand gala qui réunissait des hauts fonctionnaires et des ministres du gouvernement japonais. Au banquet qui a suivi, j'étais assise à la table d'honneur, comme ma mère et René, mais je me trouvais loin d'eux. Dès qu'il a pu, René m'a fait signe en levant un morceau de poisson cru entre ses baguettes, avec l'air de me dire :

« C'est maintenant ou jamais. »

Je devais respecter ma promesse. J'avais déjà avalé une petite soupe très parfumée lorsque le pire est arrivé, des tranches de poisson cru sur des petites galettes de riz, des *sushis*, qui faisaient le bonheur de mes voisins de table. Il y avait aussi une petite sauce noire dans laquelle ils trempaient leurs *sushis*. Et ce que j'ai cru être de la purée de pois cassé, semblable à ce qu'on sert dans les restaurants libanais, était de la moutarde *wasabi*. J'en ai pris une bouchée. Et j'ai réellement pensé que ma tête allait éclater. Comme si j'avais reçu une forte décharge électrique. J'ai vu à travers mes larmes toutes les têtes se tourner vers moi, même les convives des autres tables…

Ma mère et René s'étaient levés pour venir à mon secours. On m'a apporté des serviettes humides pour que j'essuie mes larmes et que je me mouche. Quand mon interprète a expliqué ce qui s'était passé, il y a eu un fou rire général. Mais René ne riait pas du tout. Il est resté près de moi, à genoux à côté de ma chaise, jusqu'à ce que je puisse parler.

« T'es sûre que tu peux chanter ?

– Sûre.

– Essaie, voir. »

Pour le rassurer et le faire rire, je lui ai chanté un air qui me passait par la tête. Une chanson d'amour, avec du velours dans la voix. Tout contre son oreille.

« *Are you lonesome tonight ?* »

Il n'a pas ri. Il est devenu très sérieux. Il m'a serrée très fort dans ses bras, et il est retourné à sa place sans me regarder.

J'ai refusé le steak et le poisson grillé qu'on me proposait. Après ce que je venais de vivre, j'étais prête à avaler du feu ! J'ai réussi à saisir une bouchée de poisson cru, très rouge, dont j'ai trempé un coin dans la sauce soya, puis je l'ai portée à ma bouche. Étrange texture, lisse, onctueuse. Et pas du tout mauvais au goût. Mes voisins regardaient en silence leur assiette. Ils avaient compris que j'étais une novice et, j'imagine, ils voulaient se faire discrets si jamais je recrachais le morceau dans mon assiette. J'ai fait « mmmmm » et j'ai pris un air exagéré pour signifier que je trouvais ça bon. Et ils se sont tous mis à rire.

Cette soirée a été magnifique. Ma gaffe avait créé une ambiance épatante et rendu tout le monde de bonne humeur. Mes voisins se sont mis à me vanter les trésors de la cuisine japonaise, ils me montraient comment tenir les baguettes. Puis ils m'ont posé mille questions sur ma famille, sur la neige, les grandes forêts du Canada, les Inuits, les loups et les ours, la police montée.

Depuis ce jour, j'aime le Japon. Je m'y suis toujours sentie bien, chez moi, même s'il y a la barrière de la langue et une étiquette, des protocoles et des règles dont le sens m'échappe souvent. J'aime l'ordre qui règne dans ce monde, l'humour si particulier des gens, leur discrétion.

Je tenais alors un journal intime que j'avais apporté avec moi. C'était une idée de ma mère, pour m'occuper. J'y avais noté les dates de naissance de tous les membres de ma famille et des amis. Pendant des jours, plus loin de chez nous que jamais je ne l'avais été de toute ma vie, je questionnais ma mère sur son enfance, sa rencontre avec mon père, la naissance de ses premiers enfants, la mienne.

Puis j'ai entrepris de raconter dans mon journal ce qui m'arrivait au jour le jour, de décrire ce pays à la fois si étrange et si familier. Mais je ne parvenais pas à mettre en mots ce que je ressentais, ni même à décrire ce que je voyais. Les phrases se bousculaient dans ma tête. Tout allait trop vite. Plus vite, plus loin et plus haut que les petits films que je tournais dans ma tête quand j'étais à l'école.

Je n'avais plus ni le temps ni le goût de faire mon cinéma maison. Ce que je vivais était désormais aussi excitant que ce à quoi j'avais si longtemps rêvé.

Le retour au Québec a été une expérience inoubliable. À l'aéroport de Montréal, une foule de gens m'attendait avec des fleurs, des oursons, des grenouilles en peluche. Des caméras de télé étaient braquées sur moi, des micros… Mon frère Paul nous avait apporté les journaux. Partout, on parlait du grand prix que j'avais gagné à Tokyo.

« À la télé aussi, me disait-il. Partout, on parle de toi. »

Des journalistes étaient allés chez nous, à Pointe-aux-Trembles, où nous venions de déménager, et ils avaient interrogé mon père. Ils lui avaient demandé des photos de moi, mon âge, si j'avais un amoureux, la couleur de mes yeux. Le premier ministre du Québec d'alors, René Lévesque, a tenu à me rencontrer personnellement et il m'a félicitée au nom de tous les Québécois. On m'a aussi invitée à me joindre à la douzaine d'artistes qui présentaient au Forum de Montréal un méga-spectacle au profit de Québécair. Quand je suis montée sur scène, avant même que je commence à chanter, les dix mille personnes qui remplissaient la salle se sont levées pour m'applaudir.

J'ai fait ce jour-là une étrange découverte. La très grande majorité des gens qui m'applaudissaient ne m'avaient encore jamais vue sur une scène. Beaucoup ne connaissaient probablement même pas mon nom dix jours plus tôt. Ils m'ont applaudie et ovationnée, non parce que je les avais impressionnés en chantant, mais parce que j'avais réussi quelque chose à l'autre bout du monde, parce que j'étais devenue une vedette.

Je sentais donc avoir une dette envers eux, d'une certaine façon. Comme si j'avais été payée à l'avance. Ces applaudissements et ces cris m'avaient stimulée. Et j'ai chanté avec cœur, avec infiniment de plaisir. Le lendemain, j'avais ma photo à la une de tous les journaux de Montréal.

René jubilait. Le moment ne pouvait être mieux choisi pour lancer mon prochain album *Tellement j'ai d'amour pour toi...* Il avait planifié avec Mia une énorme campagne de promotion. Ils voulaient que je rencontre tous les journalistes de la presse écrite et électronique pour qu'on parle encore plus de moi.

Mais il me semblait toujours que je n'avais rien à leur dire. Je ne savais que chanter.

Les journalistes étaient très intrigués, je crois, de voir que le plus brillant manager du pays s'intéressait à moi, et à moi exclusivement. Après le départ de Ginette Reno, en effet, René ne s'était plus occupé que de ma carrière. Il avait su m'entourer des meilleurs auteurs : Eddy Marnay, bien sûr, mais aussi Luc Plamondon, qui signait l'une des chansons de l'album. Et des meilleurs arrangeurs, des meilleurs compositeurs : François Cousineau au Québec et, en France, Hubert Giraud qui avait composé la musique de l'un de mes vieux classiques, ce si beau *Mamy Blue* que je chantais à l'âge de cinq ans... et cette autre chanson dédiée à ma mère qui allait donner son titre à l'album, *Tellement j'ai d'amour pour toi.*

Aux fêtes, René, sa femme et ses enfants sont partis dans le Sud. Pour la première fois depuis des mois, je n'aurais rien à faire pendant plus de deux semaines. Aucun engagement, pas de promo, pas de télé. Au bout de trois jours, j'étais complètement désemparée.

Quand René était là, il créait toujours une sorte d'effervescence autour de moi. J'avais toujours des choses à faire, des shows à voir ou à donner, des entrevues, des émissions de télé, des nouvelles chansons. J'apprenais aussi, je découvrais, je faisais toutes sortes d'expériences excitantes. J'étais emportée dans un véritable tourbillon dont il était la cause, le moteur, l'initiateur.

Lui parti, tout tombait à plat autour de moi. J'attendais, je ne sortais pas, sauf pour aller chez mes frères et mes sœurs avec papa et maman ; les seuls moments où je m'animais, c'était quand nous chantions tous ensemble.

J'avais maintenant toute ma voix, toute ma place dans le chœur familial. Mes frères et mes sœurs étaient tous heureux de ce qui m'arrivait, ils me le disaient. Pourtant, plusieurs d'entre eux, Claudette et Michel surtout, ma marraine et mon parrain, réalisaient au moment où je prenais mon envol qu'ils ne feraient probablement pas carrière dans le show-business. Comme si tous les rêves de la famille m'étaient donnés à moi qui n'avais pourtant rien de plus que les autres, que de la chance... et un manager attentif, intelligent, audacieux.

Depuis quelque temps, je voyais ma carrière changer non seulement ma vie, mais aussi celle des autres autour de moi, celle de ma mère surtout. Et celle de mon père qui, à cause de moi, se retrouvait souvent tout seul à la maison. Ma mère avait laissé son travail et elle m'accompagnait toujours partout, même quand je n'avais qu'une petite émission de télé, même quand je faisais les boutiques avec Mia ou Anne-Renée. Je voulais qu'elle soit là. J'avais besoin qu'elle soit là. Je me suis demandé plus tard si mon père m'en avait parfois voulu de lui avoir ainsi volé sa femme.

Pendant ce temps des fêtes, les dernières que j'ai vécues dans notre maison de Pointe-aux-Trembles, mon père était toujours très tendre avec moi. Il voyait bien que j'étais triste. Mais il ne cherchait pas à comprendre pourquoi, comme le faisait maman. Il essayait simplement de me faire rire, de me changer les idées. Un soir que nous étions seuls à la maison, il a sorti son accordéon et il a joué pour moi pendant des heures...

J'avais pourtant toutes les raisons du monde d'être heureuse. J'étais en train de devenir ce que j'avais toujours rêvé d'être, une chanteuse qu'on aimait, qu'on écoutait, qu'on applaudissait. Tous les jours, j'entendais *D'amour ou d'amitié* à la radio, et aussi des chansons de l'album de Noël enregistré un an auparavant. Mais il me semblait que mille ans avaient passé, que j'avais fait ces chansons dans une autre vie.

Je mettais alors ma tristesse sur le compte du désœuvrement. Je comprendrai plus tard qu'il y avait autre chose.

René n'était pas encore rentré au Québec qu'il avait de nouveau déclenché son tourbillon qui allait m'emporter encore plus loin. Il nous a téléphoné un soir, depuis son île du Sud, pour m'informer que je chanterais au MIDEM, le marché international de l'industrie du disque qui se tient chaque année, en janvier ou en février, à Cannes.

« Tu vas chanter devant des professionnels, rien que des professionnels du show-business. Du monde entier. »

Il m'a expliqué, évidemment, qu'il s'agissait du plus gros marché du disque au monde. Et que les meilleurs producteurs, les meilleurs paroliers, les meilleurs compositeurs, les meilleurs journalistes de la planète seraient là à m'attendre.

À bord de l'avion, encore une fois, il est passé aux aveux et nous a dit que mes chansons ne marchaient toujours pas très fort en France. Aucune radio, nulle part, ne les jouait. Pas même *D'amour ou d'amitié* que Pathé-Marconi avait sortie en simple et qu'ils croyaient, Eddy et lui, faite sur mesure pour les Français.

« Eddy ne comprend pas, nous disait-il. Il le ressent comme un échec personnel. Il est humilié. Moi, je sais ce qui ne va pas. C'est qu'ils ne t'ont jamais entendue là-bas. Quand ils t'auront entendue une fois, une seule fois, les choses vont changer. Tu vas voir. »

Cette fois encore, il a eu raison.

À Cannes, tous les artistes devaient chanter en play-back sur des pistes d'orchestre. Pour beaucoup, c'était l'enfer. Non seulement il faut être parfaitement synchrone avec la musique, mais aussi simuler l'effort et l'émotion. Autrement dit, jouer la comédie. Or, moi, j'avais fait ça des milliers de fois devant le miroir de ma chambre. En plus, j'avais toujours aimé chanter devant les gens du métier. J'étais donc parfaitement à l'aise.

En même temps, je savais que je devais donner le meilleur de moi-même. Pathé-Marconi avait mis le paquet. « Le tout pour le tout », m'avait dit un des patrons. Je voyais, partout autour du Palais des Congrès où avait lieu le gala, de grandes affiches et des bannières avec mon visage et mon nom en lettres géantes. Tous les disc-jockeys, les programmateurs et les discothécaires de toutes les radios de France étaient là.

J'avais compris que, cette fois, si ma chanson ne passait pas en France, je ne retournerais même pas à la case départ. Je ne serais tout simplement plus dans la course. Et je trouvais ça très excitant, cette urgence, cette chance unique que je devais saisir.

Je n'avais pas fini ma chanson que je savais que c'était gagné. Je sentais la foule attentive, captive, et qui retenait son souffle. La salle était très éclairée. Je voyais tous les visages tournés vers moi, tous ces gens immobiles qui, ma chanson terminée, se sont levés d'un bond pour m'applaudir.

Le soir même, les patrons des grandes radios de France nous ont rencontrés pour nous assurer qu'ils mettraient ma chanson au programme. Un monsieur et une dame très polis sont venus à notre hôtel nous transmettre une invitation à l'émission de Michel Drucker, *Champs-Élysées.*

« C'est le plus gros show de variétés d'Europe », n'a pas manqué de me dire René.

On me demandait de faire deux chansons. Peut-être même un bout d'entrevue avec Drucker. Mais ce qui excitait René encore plus, c'était que j'étais invitée au prochain show, dans quelques jours.

« Ça veut dire qu'ils ont déplacé quelqu'un pour toi, disait-il. C'est très important. Drucker, tu sais, c'est le Ed Sullivan français. »

Il a dû m'expliquer qui était Ed Sullivan. Nous étions à Paris, dans le salon d'un grand hôtel, Place de la Concorde, et je l'écoutais, ravie, me raconter la vie de Sullivan qui recevait à son show du dimanche soir, « le plus gros show de télé des années 1950 et 1960 », tous les plus grands : Elvis, les Beatles, les Stones. Et il l'imitait, debout, le dos voûté, en se massant les mains comme faisait Sullivan et en présentant d'une voix nasillarde : « *Ladies and Gentlemen... Céline Diooooooon.* »

Du jour au lendemain, je m'étais retrouvée entourée d'une équipe d'attachées de presse, de producteurs, de conseillers de toutes sortes. Je crois que nous avons été à un cheveu de perdre les pédales, tellement nous étions tous énervés.

J'avais dans mes bagages la robe de coton qui m'avait porté chance à Tokyo, le pantalon noir et la chemise blanche que j'avais mis à Cannes, le veston pied-de-poule que m'avait confectionné Josiane Moreau, la robe rouge que m'avait achetée Mia. Et les filles continuaient à discuter de mon look. La veille de l'enregistrement, elles couraient encore les boutiques et me faisaient essayer des chandails, des robes, des jeans. Une coiffeuse m'a joué dans les cheveux pendant des heures, tandis qu'une attachée de presse me parlait de Drucker.

« S'il vient te voir quand tu auras fini de chanter et s'il te prend la main ou, mieux encore, s'il te prend par le cou et te dit des mots gentils, s'il te parle, ne serait-ce que trente secondes, dis-toi que tu es devenue une grosse vedette en Europe. »

Le jour de l'enregistrement, on s'était tous retrouvés comme d'habitude au restaurant de Guy et Dodo Morali. Malgré la nervosité presque intolérable de tout le monde, nous sommes partis en retard, René et moi. Il conduisait la petite voiture de Guy, monté derrière. À l'époque, René aimait conduire. À Paris plus qu'ailleurs. C'était un jeu qui l'excitait. Avec Guy, ils se lançaient des défis, comme faire la Place de l'Étoile en sens inverse. Mais, ce jour-là, il était vraiment trop nerveux.

Au rond-point des Champs-Élysées, il a embouti une voiture. Il s'est tout de suite retourné vers Guy et lui a dit :

« Je te laisse t'arranger avec ça. »

Et nous avons couru, lui et moi, entre les voitures. On entendait encore hurler l'autre automobiliste quand nous sommes montés à bord du taxi qui allait nous déposer quelques minutes plus tard aux studios des Champs-Élysées, où nous attendaient maman, Eddy, Mia, Anne-Renée, toute l'équipe de Pathé-Marconi…

Il y avait un monde fou dans ce studio, dans les loges, dans les coulisses. Chacun des artistes participants avait son équipe et ses amis. Il y avait là Nicole Croisille, Herbert Léonard, Francis Lemarque et d'autres. J'étais rassurée, contente de répéter devant tous ces gens. J'ai toujours senti que les professionnels du show-business étaient bienveillants avec moi, même ceux qui, comme le groupe punk anglais faisant également partie de cette émission, pratiquaient un tout autre genre que le mien.

J'ai chanté *D'amour ou d'amitié*. Drucker, qui suivait les répétitions sur un moniteur, est sorti de sa loge, est venu vers moi, m'a félicitée très chaleureusement. Il m'a dit qu'il me poserait quelques questions à la fin de l'émission.

Donc c'était gagné ? Je les avais eues, mes trente secondes ?

René ne voulait surtout pas que je crie victoire trop tôt. J'ai bien vu qu'il n'était pas si content que Michel Drucker soit venu me féliciter si vite. Il a senti le besoin de mettre la barre plus haute.

« Ça ne veut pas dire que c'est gagné, disait-il. Il faut que tu l'impressionnes encore plus. Ce gars-là côtoie depuis des années les plus grandes vedettes au monde. Il faut que tu arrives à l'émouvoir vraiment, qu'il soit sonné. »

Toujours plus haut, voilà ce qu'il voulait. J'étais toute jeune. C'était ce que je voulais, moi aussi. Plus la barre serait haute, plus j'irais haut.

Je vois dans ce regard plein de confiance
la preuve que j'ai eu une enfance heureuse.

J'ai eu une enfance très libre. J'étais de toutes les fêtes.

Tous les regards de mes frères et de mes sœurs étaient braqués sur moi. Mon bonheur était de les faire rire et de leur faire mon show.

Au mariage de Michel, j'allais chanter pour la première fois en public, connaître le trac et l'inoubliable sensation que ressent une chanteuse quand elle se rend compte qu'on l'écoute, qu'on l'applaudit.

J'ai eu la chance de naître dans une famille folle de musique. Elle sont restées toutes les deux, la famille et la musique, étroitement liées à mon bonheur et à mon équilibre.

D.R. François Rivard

Ma mère et moi : même rêve. Elle a toujours été ma confidente et ma complice, un modèle, en même temps que cet être irremplaçable, et unique qu'est une maman.

La mer, la plage, le soleil, la chaleur… je n'en aurai jamais assez.

Lors d'une partie de sucre avec René et Mia, quand tout n'était qu'un rêve.

World Popular Song Festival in Tokyo '82

À Tokyo, au Festival Yamaha. J'avais glissé dans mon soulier une pièce de 5 yens que j'avais trouvée par terre juste avant de monter sur scène. Elle est restée pendant des années mon porte-bonheur.

Sur le plateau de *Champs-Élysées*, une première rencontre avec Michel Drucker, qui le premier m'a ouvert les portes du show-business français. Il est devenu un ami très cher.

C'est Michel Jasmin qui m'a donné ma première chance à la télé. C'est un tendre, toujours attentif aux autres et, pour nous, un véritable ami.

Je dois énormément à Karine.
Bien malgré elle, elle m'a
ouvert les yeux sur les plus
tristes réalités de la vie.
Elle m'a donné l'exemple
d'un rare courage.

En 1984, le Pape Jean-Paul II
nous recevait, René et moi, en
audience privée. Nous lui avons
demandé de bénir nos familles.

La princesse Diana, si belle, si élégante. Lors d'un dîner à Ottawa, nous avons parlé de mode, et du bonheur. Je l'ai trouvée très chaleureuse, mais il y avait chez elle quelque chose de sérieux, de grave.

Eddy Marnay a été pour moi un maître. Il savait mieux que personne lire en moi et m'écrire des chansons sur mesure.

Me créer des looks a toujours été une passion. Pour séduire René Angélil
j'ai voulu être toutes les femmes : vamp, rockeuse, ingénue...

Toutes les photos sont tirées des archives des Productions *Feeling.*

Quand Drucker m'a présentée, René se tenait tout près de moi, sa tête penchée contre la mienne. C'était devenu une habitude, une sorte de rituel dont je n'aurais pas voulu me passer. Chaque fois que je faisais de la télé, il me chuchotait à l'oreille que j'étais la meilleure. Sa voix que j'aimais tant…

« C'est toi la meilleure. Tu es chez toi, ici. Tout le monde t'aime. »

Et il me poussait très doucement vers la lumière du plateau.

D'amour ou d'amitié est une chanson toute en nuances. Je l'avais beaucoup travaillée avec Eddy. Depuis des jours, je me la jouais sans cesse dans ma tête. Je la possédais. Elle était faite sur mesure pour moi, pour une fille qui s'interrogeait sur l'amour.

Je crois que j'ai impressionné Drucker. Il est venu vers moi en tapant des mains, il m'a embrassée, il m'a tenu la main et m'a parlé un bon moment.

Le soir, on a célébré chez Guy et Dodo. René était fou de joie.

« Tu sais ce qu'il a dit quand il t'a présentée ? » me demandait-il.

Je n'en avais pas la moindre idée. Les coulisses sont un autre monde, où l'on se concentre et où l'on n'entend pas vraiment ce qui se passe sur le plateau.

« Il a dit : "Mesdames et messieurs, Céline Dion", je suppose. Ou quelque chose comme ça.

– Pas du tout. Quand il t'a présentée, il a dit : "Mesdames et messieurs, vous n'oublierez jamais la voix que vous allez entendre. Alors, retenez bien ce nom : Céline Dion." »

Il était émerveillé par ces quelques mots qu'il a répétés cent fois au cours de la soirée. Des années plus tard, quand nous avons lancé *Unison*, mon premier disque en anglais, il en a fait un slogan que les gens du service de promotion de CBS ont utilisé.

En moins d'une semaine, le MIDEM et Drucker avaient fait de moi une vedette dans toute l'Europe francophone. *D'amour ou d'amitié* jouait partout et devait monter en tête de tous les palmarès et s'y maintenir jusqu'à l'été. Je donnais des entrevues à gauche et à droite. À Paris, comme à Montréal, les gens me reconnaissaient de plus en plus souvent dans la rue.

Cette année-là, j'ai dû traverser l'Atlantique une vingtaine de fois. Pour faire de la promotion, enregistrer des émissions de télé ou de nouvelles chansons. En France et au Québec, on me remettait des disques d'or, de platine, de diamant. Je n'avais que quinze ans. J'avais déjà l'habitude des grands hôtels, des boutiques chic et chères, des avions, des voitures avec chauffeur.

C'était un changement de vie voulu, rêvé, mais quand même brutal, déroutant, et par moments réellement déchirant. Il m'arrivait parfois de m'ennuyer énormément de notre maison de Pointe-aux-Trembles, de papa surtout que je voyais trop peu, et aussi de mes frères et de mes sœurs. Je m'ennuyais des moments si doux que nous passions tous ensemble autrefois, quand nous formions un chœur très uni.

Je savais bien que ce ne serait plus jamais pareil entre nous, que désormais je ne ferais plus que passer parmi eux. Je ne menais déjà plus la même vie, je ne vivais déjà plus tout à fait dans le même monde. Et j'étais partie avec le meilleur d'eux-mêmes, avec leur rêve. Je leur avais arraché maman, constamment près de moi, dont j'avais toujours autant besoin.

Eddy me faisait parler de tout cela pendant des heures. Il m'emmenait souvent en promenade dans Paris. Eddy est le plus grand marcheur que j'aie connu de ma vie. Nous allions au Luxembourg ou sur les bords de la Seine, à Neuilly. Et je lui confiais mes états d'âme, mes rêves, mes peurs. Ça me faisait beaucoup de bien.

Quand il avait quelques lignes de chanson, il était parfois si excité qu'il pouvait me téléphoner à huit heures du matin pour me les faire entendre. Moi, à huit heures du matin, surtout à cette époque, je n'étais pas du monde. J'étais dans les limbes. Et je détestais parler, en particulier au téléphone. Mais Eddy était si exalté qu'il parvenait à me sortir de ma torpeur et de mon lit. Quand il arrivait à la maison une heure plus tard, j'étais réveillée, allumée, j'avais en tête sa chanson, avec ou sans musique.

Un jour, il m'a appelée de l'aéroport de Mirabel où il venait d'atterrir :

« Écoute ce que j'ai trouvé dans l'avion. »

Il m'a alors chantonné au téléphone les premières lignes de ce qui allait devenir *Les chemins de ma maison*. Il était très excité.

« J'ai trouvé le filon, me disait-il. J'ai ton prochain album en tête. Ce sera la dernière trace que tu laisseras de ton enfance. Par la suite, c'est ta vie de femme que tu nous chanteras. »

Je me voyais dans ses chansons comme dans un miroir. Il me rendait consciente des changements que je vivais. En lui parlant de ce que je ressentais et en chantant les chansons qu'il m'écrivait, je faisais tout doucement le deuil de mon enfance, de la vie si douillette que j'avais vécue au sein de ma famille. Je me voyais grandir, peu à peu devenir une femme. Drôle de femme, cependant. J'étais une artiste professionnelle, capable d'affronter de grandes foules, d'endurer de fortes pressions… et je vivais encore dans les jupes de ma mère.

Je n'avais pas d'amoureux, jamais d'escapade au clair de lune ni de baisers volés dans les couloirs. Pas d'amie de fille non plus. Pas le temps. J'étais plus que jamais entourée d'adultes. Et je vivais comme eux, je pensais comme eux, je travaillais comme eux tous à ma carrière, exclusivement, sept jours par semaine, cinquante-deux semaines par année. J'aurais été absolument incapable alors de faire autre chose. Tout mon temps, toutes mes énergies, je les investissais dans mon métier. Même quand je mangeais ou dormais, je n'avais qu'un but : être forte et en santé pour pouvoir mieux chanter. Une discipline d'enfer.

Étais-je heureuse dans cet enfer ? Je crois que oui. Je faisais ce que j'avais toujours rêvé de faire, je chantais. René se chargeait de tout le reste. Il planifiait, négociait, organisait ; il me trouvait des paroles et des musiques, des musiciens et des scènes, des plateaux de toutes sortes. Il était obsédé. Il voulait que tout le monde entende mes chansons et me voie.

Nous étions toujours en mouvement. Je pouvais chanter un soir avec l'Orchestre symphonique de Montréal et le lendemain, à l'heure du souper, faire une émission de télé avec des musiciens country. Je donnais un récital sur un radeau ancré sur un lac des Laurentides. J'enregistrais dans la nuit une chanson de Noël avec un chœur de quarante personnes, tous de ma famille. Puis nous partions, maman, René, moi, pour une région éloignée du Québec où je me produisais dans un festival.

J'étais souvent invitée aux émissions de variétés de Télé-Métropole, la chaîne la plus populaire du Québec. On ne refusait jamais ces invitations. Mais René voulait que le public de Radio-Canada me voie lui aussi et m'entende. Il a donc harcelé les producteurs et les programmateurs de la télévision d'État jusqu'à ce qu'ils acceptent de produire une émission spéciale, une sorte de portrait de moi, qu'ils se sont engagés à diffuser à une heure de grande écoute.

Ils m'ont suivie partout pendant des jours, jusque dans la cuisine de notre maison de Pointe-aux-Trembles et dans ma chambre à coucher. Ils ont même fait des images à Paris. Des entrevues aussi avec papa et maman, avec Eddy, avec mes musiciens et mes techniciens, avec René, évidemment, qui a affirmé devant les caméras de Radio-Canada que je serais un jour « la plus grande chanteuse au monde ».

« Ça m'a échappé, expliquait-il ensuite, comme pour s'excuser. Mais, en le disant, j'ai réalisé que j'y croyais vraiment. Un jour, tu vas voir. »

En attendant, il travaillait à élargir mon public le plus possible. Quand il a su, par exemple, que le ministère des Affaires culturelles du Québec préparait un gros spectacle pour l'inauguration du théâtre Félix-Leclerc, il s'est mis dans la tête que je devrais y aller.

« Tu chanteras une chanson de Félix. Ça va les surprendre. Tu vas voir. »

Ce n'était pourtant pas mon monde. À l'époque, au Québec, le show-business était divisé en deux grands clans souvent opposés. Il y avait les intellectuels et les autres. J'étais évidemment parmi les autres. Et les « autres » n'avaient pas été invités à participer au spectacle d'inauguration du théâtre Félix-Leclerc. René s'était quand même arrangé pour que j'y sois.

« Tu vas leur montrer que t'es capable de chanter non seulement des chansons faites sur mesure pour toi, mais aussi des classiques », me disait-il.

Il m'a fait chanter *Bozo*, sur un tempo très lent, très sobrement, sans faire d'effets de voix, presque sans un geste. Et nous l'avons répétée ensemble pendant plusieurs jours.

« Pense à lui, me disait-il. Pense à Bozo. C'est un pauvre fou qui aime une fille qui n'existe pas. »

Mais c'était à moi que je pensais. Je voulais aimer et être aimée. J'étais seule, pauvre folle sans amour, comme Bozo. Quand j'ai terminé ma chanson, le soir de l'inauguration, une larme a roulé sur ma joue et je l'ai laissée filer. Le lendemain, les critiques très élogieux, franchement étonnés, disaient tous que j'avais chanté avec beaucoup d'intériorité. Je comprends : je chantais ma vie, ma peine. Bozo, c'était moi.

Quelques jours plus tard, au gala de l'Adisq, je recevais quatre Félix, dont ceux de révélation de l'année et d'interprète féminine de l'année. Les Félix sont, au Québec, ce que les Victoires sont à la France, les Grammys aux États-Unis. Et l'Adisq, c'est l'Association du disque et de l'industrie du spectacle du Québec.

J'ai pleuré abondamment quand je suis allée chercher mon premier trophée, et encore plus au deuxième et au troisième. Tout un crescendo !

Au quatrième, la salle entière a été prise d'un véritable fou rire dès qu'elle a entendu mon nom. Et je me suis mise à sangloter et à hoqueter dans l'allée qui menait à la scène.

Le lendemain, à la une de tous les journaux du Québec, on voyait mon visage tuméfié par les larmes et déformé par les sanglots.

Beaucoup de filles sont émues aux larmes quand elles vont chercher des prix, mais je crois détenir dans ce domaine le record absolu. Pendant deux ou trois ans, mes crises de larmes ont fait la joie des critiques et des chroniqueurs québécois. J'ai été plusieurs fois la cible d'imitations tordantes dans toutes les revues télévisées de fin d'année.

Je devais exercer un contrôle sur mes émotions. Plutôt que de les gaspiller en sanglots et en hoquets, je devais les mettre dans ma voix, dans mes chansons. Si je pleurais trop, je n'arrivais plus à chanter, je n'avais plus de contrôle sur ma voix.

Or, rien ne m'émouvait autant qu'une ovation. Encore aujourd'hui, quand je vois une foule se lever pour applaudir un artiste ou un athlète qui vient de réussir une belle performance, j'ai peine à retenir mes larmes.

J'avais donc un sérieux problème. Si, en contrôlant bien ma voix et mes émotions, je rendais bien une chanson, et si la foule émue se levait pour m'applaudir, je me mettais automatiquement à pleurer. Parfois, je ne parvenais plus à me ressaisir et la chanson suivante était ratée.

Il est difficile de pleurer en chantant. Ou de chanter en pleurant. J'ai dû travailler fort et longtemps pour canaliser mes émotions et retenir mes larmes. C'est un travail cruel. Il faut arriver à saluer, à sourire, à prendre les applaudissements et les ovations en plein cœur, tout en empêchant sa gorge de palpiter, fermer les yeux sur une larme menaçante, penser au maquillage...

Dès le tout début, quand René a commencé à s'occuper de moi, il a pris l'habitude d'assister à mes shows assis dans la salle parmi la foule. Il l'a d'ailleurs toujours fait. Il ne restait jamais en coulisse, comme font beaucoup de managers et d'imprésarios.

Il venait ensuite dans ma loge ou dans ma chambre d'hôtel et il nous racontait, à ma mère et à moi, chanson par chanson, tout ce qui s'était passé pendant le spectacle.

« Ma foi du bon Dieu, il fait comme si je n'avais pas été là, me disais-je. Il me raconte en détails ce que je viens de faire et tout ce que je viens de dire ! »

Mais je prenais énormément de plaisir à écouter ses récits. Et bientôt, je ne pouvais plus m'en passer.

Ces bilans duraient d'habitude une petite demi-heure, puis René se levait. Il nous embrassait, ma mère et moi, sur les deux joues et il nous laissait seules après avoir, immanquablement, tous les soirs, demandé à ma mère si tout était correct, si nous mangions bien, si les lits étaient confortables, si tout le monde dans l'équipe, à l'hôtel et au restaurant était gentil avec nous, etc.

Je me mettais au lit avec les douces brûlures qu'il m'avait faites aux joues. Et un peu de son parfum. Lui, il était parti rejoindre ses amis. Qu'on soit à Chicoutimi, à Val-d'Or ou à Ottawa, il avait toujours des gens à rencontrer. Il jouait aux cartes ou il allait voir des spectacles au cabaret. Il vivait dans un monde mystérieux où je rêvais d'entrer, un monde qui me semblait très glamour, très excitant. Mais j'avais quinze ou seize ans… et des croûtes à manger, comme disait ma mère.

Pour la première fois de ma vie, je lui cachais quelque chose, ma passion naissante pour René Angélil. J'avais dû lui dire au moins cent fois que je le trouvais beau comme un cœur, mais je n'avais jamais osé lui raconter que je rêvais de lui toutes les nuits : il venait me prendre dans mon lit et il m'emmenait sur une île déserte où nous faisions l'amour. Je ne lui avais jamais parlé des films torrides dont il était de plus en plus souvent le héros.

J'avais trouvé, je ne sais où, une photo de lui que je regardais mille fois par jour à l'insu de ma mère et que je couvrais de baisers le soir, dans mon lit. Je la frottais contre ma joue. Comme un baiser, elle se glissait dans mon cou, se coulait sur mes épaules… Avant de m'endormir, de peur que ma mère qui partageait toujours ma chambre ne la découvre, je la glissais sous l'oreiller.

Un beau matin, je me suis réveillée avec la photo de mon amour bien en vue sur l'oreiller, juste à côté de ma tête. Ma mère était déjà levée, elle avait fait sa toilette, elle s'était habillée, elle avait même tiré les rideaux. D'après moi, elle ne pouvait pas ne pas avoir vu la photo. J'ai eu une peur bleue qu'elle en parle à René, qu'elle lui dise que je faisais une fixation sur lui et qu'il aurait intérêt à faire attention à moi s'il ne voulait pas avoir affaire à elle. Et qu'il ferait mieux de s'arranger pour que ça me passe le plus rapidement possible.

Si elle a vu la fameuse photo, elle n'a pas cru qu'il pouvait se passer quelque chose de sérieux entre René et moi. Je la comprends. René avait la tête et le cœur ailleurs.

Dès que je sortais de scène ou qu'il n'était plus question de mon travail, il ne me voyait plus. On aurait dit que je n'existais plus. Je redevenais à ses yeux une petite fille ordinaire, pas trop jolie, avec des canines démesurément longues et proéminentes (des méchants humoristes m'avaient surnommée Dracula), des sourcils trop épais, le visage trop long, baignant encore dans sa graisse de bébé, un gros nez, des lèvres trop minces.

S'il m'adressait la parole, c'était pour me parler de celle que j'étais sur scène ou à la télé, de la chanteuse, jamais de moi dans la vraie vie.

Alors je ne voulais plus descendre de scène, puisque c'était là seulement que j'avais l'impression d'exister pour lui.

C'est peut-être, c'est même sûrement pour ça, à cause de son regard sur moi, que j'ai tant aimé, à partir de ces années, être sur scène ou devant des caméras ou bien dans un studio d'enregistrement, et chanter. Pour le fasciner plus encore.

Je dis cela aujourd'hui, mais je ne sais plus vraiment ce qui se passait dans la tête de l'adolescente que j'étais. Je ne sais même plus comment ni quand cet amour a commencé, quand il m'a envahie comme une évidence.

Parfois, je l'apercevais dans l'ombre, parmi la foule, qui me regardait, qui applaudissait ou qui restait bouche bée, attentif, toujours si attentif... Et chaque fois, c'était magique, je chantais pour lui, pour qu'il me trouve bonne, pour qu'il me dise encore et encore : « C'est toi, la meilleure. » Et que les larmes lui viennent aux yeux.

Quand, par la suite, il me racontait mon show en détail, la magie continuait d'opérer... Dès qu'il était question d'autre chose, le charme était rompu.

J'avais seize ans. Je ne savais plus me passer de lui. J'étais irrémédiablement amoureuse.

4

Faire la première partie d'un spectacle en vedette américaine est un exercice très formateur et nécessaire. Personne n'en doute. C'est également une expérience pénible qui exige énormément d'énergie et une bonne dose d'humilité. Tous les soirs, il faut se battre. Et parfois pour rien. Ce n'est jamais gagné.

Il arrive même que ça ne passe pas du tout. Ça ne peut pas passer. Le public est venu voir et entendre la grande vedette qui tient le haut de l'affiche ; il ne veut rien savoir de la petite chanteuse qui commence et cherche à lui imposer ses ballades à l'eau de rose, en lui parlant, entre ses chansons, de son enfance et de ses rêves ou de sa nièce atteinte d'une maladie incurable.

Parfois même, il ne l'écoute pas du tout, il se lève, il parle, il rit, il lit un programme, ou simplement, il n'est pas là. Il arrivera à l'entracte seulement, quand elle aura quitté la scène et que commencera le vrai spectacle pour lequel il a payé.

Dure école !

À l'automne de mes seize ans, j'ai fait pendant cinq semaines la première partie du spectacle de Patrick

Sébastien à l'Olympia de Paris. Je commençais à avoir une bonne expérience de la scène. Et je n'étais plus une pure inconnue en France. Plusieurs de mes chansons avaient beaucoup tourné à la radio, j'avais été reçue à quelques émissions de télé importantes et remarquées, mais je n'étais pas encore ce qu'on appelle là-bas une vedette établie. Surtout, je n'avais pas encore fait mes preuves sur une scène parisienne.

Au Québec par contre, c'était chose faite. Au cours des semaines précédentes, j'avais donné deux très gros spectacles en plein air, devant plusieurs dizaines de milliers de personnes.

D'abord, dans le Vieux-Port de Québec, où l'on fêtait le 450e anniversaire de la découverte du Canada par Jacques Cartier. J'avais chanté, un soir d'août, avec une trentaine de musiciens et des choristes extraordinaires. Il faisait très doux. C'était une soirée magique, magnifique, qui a cependant failli tourner au drame le plus drôle qu'on puisse imaginer.

Quand je me suis avancée sur la scène flottante, j'ai vu que des millions d'éphémères excitées par les lumières tournoyaient autour des musiciens. Bientôt, j'en ai eu dans les cheveux, dans le nez, dans les oreilles et dans les yeux, dans la bouche. Je les sentais sous ma jupe, le long de mes jambes, qui me chatouillaient.

Plusieurs fois, pour ne pas risquer de m'étouffer, et parce que je ne pouvais quand même pas me mettre à cracher devant cinquante mille personnes, je devais avaler les insectes qui m'étaient entrés dans la bouche. Je voyais mes sœurs, Claudette, Denise, Pauline, Louise, Ghislaine, Dada, Manon, assises dans la toute première rangée, à la fois effrayées et tordues de rire, quand elles me voyaient avaler péniblement... et reprendre ma chanson comme si de rien n'était.

J'avais plus de mal à réprimer mes envies de rire que mes haut-le-cœur. Et je ne pouvais plus regarder mes sœurs, de peur de pouffer si mes yeux croisaient ceux de Ghislaine ou de Dada avec qui j'ai toujours eu énormément de plaisir à rire.

Deux ou trois semaines plus tard, en septembre, quand le pape est venu en visite à Montréal, j'avais chanté au Stade olympique de Montréal rempli à craquer. Devant les caméras de télévision du Canada, des États-Unis, de France. Cette fois encore, on avait failli vivre un drame. Et on avait finalement eu droit à un véritable miracle.

C'était à la fin de l'après-midi d'une journée venteuse et pluvieuse. Une heure avant les cérémonies, les météorologues nous prédisaient le pire. Mais lorsque le présentateur Michel Jasmin, celui-là même qui m'avait reçue à son talk-show la première fois que je suis passée à la télévision, s'est avancé sur le podium, le ciel a brusquement changé. Il y a eu un dernier coup de vent qui a chassé les nuages. Et, juste au moment où Michel prononçait mon nom, le soleil a rempli le stade. Je n'avais pas ouvert la bouche que la foule s'était mise à crier et à applaudir.

Pendant que je chantais *Une colombe*, une chanson écrite pour la circonstance, deux mille jeunes portaient des banderoles blanches qui dessinaient dans le stade une gigantesque colombe déployant lentement ses ailes… C'était magnifique, grandiose, très émouvant. J'ai terminé ma chanson en pleurant très fort, à cause du soleil, du pape, de la colombe, de la foule.

Je ne savais pas encore retenir mes larmes, malgré tous mes efforts. Mais je réussissais tout de même à pleurer tout en chantant (ou à chanter tout en pleurant), sans que ma voix ne soit affectée et ne se mette à chevroter ou se brise. C'était déjà un net progrès.

Pour moi, ces grands spectacles du Vieux-Port de Québec et du Stade olympique de Montréal ne représentaient pas de véritables défis. J'avais bien sûr un trac fou avant de monter sur scène. Mais je savais que c'était gagné d'avance. Après quelques minutes, le trac allait disparaître et j'aurais énormément de plaisir...

À l'Olympia, par contre, c'était une tout autre paire de manches. Je devais faire mes preuves.

Or, nous appartenions, Patrick Sébastien et moi, à deux univers totalement différents. Donc à deux publics qui avaient bien peu de chances de se croiser, qui n'avaient pas les mêmes goûts, ni le même âge, rien en commun.

Patrick racontait des histoires salées à un auditoire tapageur, très criard et rieur, venu à l'Olympia pour s'amuser et se taper sur les cuisses. Rien à voir avec moi. J'aimais bien faire rire, mais pas tout à fait dans le même registre que lui.

René m'avait prévenue. Et, comme d'habitude, il en avait profité pour relever la barre le plus haut possible.

« Ce n'est pas ton public, c'est évident, disait-il. Mais tu peux être sûre qu'il y aura dans la salle, ici et là, quelques spectateurs qui auront envie de t'écouter. Qui aimeront ce que tu fais et qui t'aideront. Mais ne t'en occupe pas trop. Chante d'abord et avant tout pour ceux qui n'écoutent pas, pour ceux qui ne veulent rien savoir de toi. Va les chercher un à un, s'il le faut. »

Je n'avais jamais eu à me battre pour quoi que ce soit dans la vie. Surtout pas pour attirer l'attention des autres. Au contraire. Mais à cause de René, parce qu'il le voulait, et qu'il le fallait, je me suis battue tous les soirs pendant ces cinq semaines. J'ai même failli me casser la voix, tellement j'en mettais. C'était violent, c'était dur, épuisant. Mais c'était chaque soir une victoire. Pas nécessairement sur la salle, mais sur moi, sur mes peurs.

Quand j'étais petite, mon père nous disait :

« Fais ce qui te fait peur. Commence par faire ce que t'as le moins envie de faire. »

Je fonçais donc sur mes peurs ; je chantais pour ceux et celles qui ne voulaient pas m'entendre, et qui me le signifiaient bien clairement en parlant haut et fort, jusqu'à ce que Patrick Sébastien vienne prendre ma place.

Mais il est arrivé certains soirs que je touche vraiment la salle. Ces revirements soudains restent parmi les plus belles expériences que j'aie vécues sur scène. Ça se passait en quelques secondes. Tout à coup, les gens se taisaient et écoutaient, immobiles, fascinés. C'était comme le calme après la tempête. Et quand ma chanson était finie, ils applaudissaient et criaient bravo. Parce qu'ils avaient été réellement charmés et émus par la petite chanteuse canadienne ? Ou impressionnés par sa volonté, son audace, son innocence ? Peu importe. Ils savaient désormais que j'existais. Et c'était ce qui comptait pour moi.

Ça n'allait jamais jusqu'au délire. Mais au moins je savais que, pendant une ou deux minutes, j'avais mis tout le monde sur la même longueur d'onde.

Je n'aurais probablement jamais réussi cela, jamais même je n'aurais essayé avec autant de force et de détermination, si René n'avait pas été dans la salle, là-bas, quelque part dans le noir. Il avait beau me répéter qu'on ne prêche pas à un converti, c'était d'abord et avant tout pour lui que je chantais et que je me battais avec cette salle et avec mes peurs.

Ce spectacle à l'Olympia en vedette américaine reste pour moi une expérience inoubliable. Je ne crois pas qu'il ait marqué un tournant important dans ma carrière. Mais pendant ces cinq semaines, j'ai changé profondément, j'ai appris et surtout j'ai réalisé que j'avais grandi...

Un an plus tôt, quand nous préparions *Les chemins de ma maison*, Eddy m'avait dit que c'était la dernière trace que je laissais de mon enfance. Et je sentais, cet automne-là, à Paris, quand je me bagarrais avec le public indifférent de l'Olympia, que mon enfance était en effet très loin de moi.

J'étais devenue une jeune femme capable de jouer dur, d'exercer un contrôle de plus en plus grand sur ses émotions, capable surtout de ne pas renoncer à la réussite, de ne pas tourner le dos à la gloire et au succès. Ce n'est pas si simple. Accepter le succès pour soi, c'est d'une certaine manière accepter de laisser derrière soi ceux qu'on aime, ses frères et ses sœurs qui n'ont pas la chance ou les moyens de monter.

Je n'avais que seize ans, je comprenais mal cette peur de peiner ou de trahir, ou encore de passer pour une tête enflée, mais je la ressentais. Et je savais, grâce à René, que je ne devais pas me laisser avoir par elle, que je devais vaincre cette peur-là, comme toutes les autres.

Je devais m'endurcir, d'une certaine façon. Comme un boxeur, comme n'importe quel athlète qui se fait des muscles, qui travaille à développer sa résistance. En même temps, je devais rester une artiste sensible, capable de ressentir et de rendre l'émotion d'une chanson. Je découvrais surtout qu'il fallait se battre non seulement sur scène, mais aussi dans la vie.

J'avais sous les yeux l'exemple de Karine que j'allais souvent voir lorsque j'étais à Montréal. Elle se battait, elle aussi. Tous les jours. Désespérément. Et malgré les soins dont l'entourait Liette, elle était de plus en plus malade et menacée, condamnée, tuée et retuée chaque jour par la maladie. C'est elle qui avait inspiré à Eddy la chanson-titre de mon plus récent album, à ce moment-là : *Mélanie*.

Je dois beaucoup à Karine. Bien malgré elle, elle m'a ouvert les yeux sur les plus tristes réalités de la vie. À cette époque, je ne lisais jamais les journaux, je ne regardais jamais les nouvelles à la télévision. Je vivais dans l'univers fermé du show-business. Karine m'a rappelé constamment, par sa seule présence, qu'il y a dans ce monde de la souffrance, de la misère, de l'injustice. Et un mystère insoluble qui, certains jours, me troublait infiniment et auquel je ne trouverai jamais de réponse :

« Pourquoi elle et pas moi ? Pourquoi faut-il que le monde et la vie soient si injustes ? »

Jamais je n'aurai de réponse.

Je travaillais fort. « On n'a rien pour rien », comme disait ma mère. J'étais d'accord avec cela, absolument. Mais je gagnais partout, tout le temps. Je ne connaissais peut-être pas l'amour, comme j'aurais tant voulu, mais j'avais la santé, la fortune, la gloire. Régulièrement, une de mes chansons grimpait au sommet des palmarès québécois. J'avais un début de carrière plus que prometteur en France. Des gens compétents s'occupaient de moi, me conseillaient. J'avais un fan-club, des vêtements de luxe remplissaient mes garde-robes, je voyageais, je chantais, je réalisais un à un mes rêves…

Karine, elle, menait une guerre perdue d'avance, elle le savait. Nous le savions tous. Quels que soient ses efforts et les nôtres, elle n'aurait rien. Ou presque rien. Qu'une vie trop courte remplie de souffrances constantes. Le seul espoir, bien mince, était dans la recherche que menaient les scientifiques.

Depuis quelques années, j'étais la marraine de la campagne de financement de l'Association de la fibrose kystique du Québec. Comme tous les membres de ma famille, je suivais de près les découvertes des chercheurs grâce aux fonds amassés par les associations d'un peu partout dans le monde. Mais l'espérance de vie d'un enfant atteint de fibrose kystique, aujourd'hui de trente ans, n'était alors, au milieu des années 1980, que de quinze ans environ.

Karine, à huit ans, était donc déjà rendue au milieu de sa vie, à mi-chemin de son passage sur cette terre. Et elle continuait de lutter de toutes ses forces. Liette aussi. Comme si elles croyaient réellement pouvoir vaincre la maladie.

Cet été-là, j'avais fait la connaissance d'une athlète professionnelle, Sylvie Bernier, qui venait à vingt ans de décrocher une médaille d'or en plongeon aux Jeux olympiques de Los Angeles. Nous ne nous sommes vues qu'une demi-douzaine de fois peut-être, et jamais bien longtemps, mais, entre nous, la connivence et la complicité étaient toujours très fortes. J'avais l'impression que nous nous connaissions depuis toujours. Je nous trouvais des ressemblances troublantes, je ne parle pas physiquement, mais dans l'âme, nous avions des atomes crochus, nous étions sœurs, et toujours sur la même longueur d'onde.

Elle avait des yeux du même bleu que ceux de Karine. Comme Karine, elle était très douce avec les autres. Et très dure avec elle-même, disciplinée, forte.

Sylvie était, pour son âge, une femme mûre et très sûre d'elle, très réfléchie. Elle connaissait ses moyens, ses pouvoirs, ses limites. Elle possédait, comme tous les athlètes d'élite, une force de caractère et une capacité de concentration hors du commun. Elle s'était battue, elle aussi, tous les jours, pendant des années. Sans jamais lâcher. Comme Karine. Mais elle, elle était montée sur le plus haut podium. Elle avait gagné. Et Karine rêvait de la rencontrer.

Ensemble, nous parlions de notre entraînement, des régimes alimentaires que nous suivions, des trucs que nous avions pour lutter contre le trac, pour nous préparer à un show, à une épreuve. Et je réalisais, elle aussi je crois, que nous faisions des métiers qui avaient beaucoup en commun. Je découvrais avec elle la vie terrible que mènent les grands athlètes, une vie faite de renoncement, de persévérance, de solitude.

Elle me racontait comment elle se préparait pour une compétition, en faisant son plongeon cent mille fois dans sa tête, après l'avoir fait cent mille fois dans les airs. Elle répétait chaque tonneau, chaque pirouette jusqu'à la perfection. Plus loin même que la perfection. Avant un concert ou un enregistrement, je faisais exactement la même chose... cent mille fois dans ma tête.

Karine voulait savoir, elle aussi, comment Sylvie s'entraînait, et surtout si elle était découragée certains jours. Si elle avait déjà eu envie de tout laisser tomber.

Je ne m'étais jamais intéressée aux sports. Je ne m'y intéresse toujours pas vraiment, à part le golf, bien sûr. Mais, depuis Sylvie, je me suis toujours sentie proche des athlètes. Et j'ai souvent eu l'impression que j'avais infiniment plus d'affinités avec eux qu'avec beaucoup de gens du show-business. J'aime leur mentalité, leur sensibilité, leur entêtement, leur besoin, leur désir de gagner, et quelque chose de difficilement définissable qui pourrait s'appeler la pureté, pureté du geste, de l'effort, de l'idéal...

René était aussi proche des milieux du sport et du monde des athlètes que du show-business. En fait, pour lui, il n'y avait pas réellement de frontière entre ces deux univers. Pendant deux semaines, il avait suivi du matin au soir toutes les compétitions des Jeux de Los Angeles. Il connaissait les noms de tous les champions. Il nous racontait leurs prouesses en détail, même si nous venions de les voir à la télé. Il avait toujours repéré des choses qui nous avaient échappé, un regard de connivence entre l'entraîneur et l'athlète, la peur dans le regard de celui-là, le pressentiment de la victoire dans l'œil d'un autre…

Aux journalistes que nous avons rencontrés à notre retour de Paris, il expliquait que je m'entraînais comme une athlète olympique. Il leur racontait comment je répétais mes chansons dans ma tête. Il disait qu'un chanteur, comme un athlète, doit s'entraîner tous les jours pour que ses cordes vocales soient en forme. Et il les faisait rire en prenant sa voix la plus rauque et la plus enrouée pour leur dire :

« Voyez ce qui arrive, quand on ne s'entraîne pas. »

Il n'avait pas chanté depuis l'époque des Baronnets, qui s'étaient séparés quinze ans plus tôt. Et sa voix, déjà feutrée, s'était voilée davantage.

Un peu après les fêtes, un mois à peine après mes cinq semaines à l'Olympia, je m'embarquais dans une grande tournée du Québec. René avait fait imprimer un programme qu'il avait préparé avec Mia et Eddy. On m'y voyait en compagnie de Sylvie, l'athlète rayonnante, et de Karine, l'enfant défaite. Deux âmes sœurs, deux combattantes, qui m'avaient marquée, qui m'avaient beaucoup appris.

J'ai fêté mes dix-sept ans sur la scène d'une école polyvalente, à Val-d'Or, en Abitibi. Nous étions au beau milieu d'une tournée, la première vraie grande tournée de ma vie, qui nous avait emmenés déjà d'un bout à l'autre du Québec, dans tout l'est et le nord de l'Ontario, et en Acadie. On n'en voyait plus la fin. Et on ne voulait plus qu'elle s'arrête, tellement on était lancés et excités.

Notre show grossissait de jour en jour et la tournée s'allongeait de ville en ville. Nous faisions des vagues qui nous précédaient, des vagues qui nous suivaient. Nous nous produisions partout à guichets fermés.

J'avais un tout nouvel orchestre dirigé par Paul Baillargeon qui avait composé la musique de *La colombe*, devenue au Québec un hit énorme. J'avais préparé le contenu de ce spectacle avec René, Paul et Eddy. Je chantais pêle-mêle des chansons que j'aimais, dans toutes sortes de genres.

« C'est ta première vraie tournée, avait dit René. Il faut que tu leur présentes le menu complet de ce que tu sais faire. »

Je faisais donc du rock, de la berceuse, de l'opéra, du blues... Je chantais le *Mamy Blue* de Giraud, *Le train du nord* de Félix Leclerc, des vieux classiques comme *Over the Rainbow*, mon inséparable *What a Feeling*. Je chantais aussi un air tiré de la *Carmen* de Bizet. Et *Up Where We Belong* en duo avec Paul qui avait une voix très proche de celle de Joe Cocker... Eddy m'avait fait découvrir la musique de Michel Legrand, un ami à lui, et il m'avait préparé un pot-pourri de ses chansons que j'adorais. Je reprenais évidemment mes succès les plus importants, comme *Ce n'était qu'un rêve*, *D'amour ou d'amitié*.

Mais ça, ce n'était pas toujours évident. Refaire la même chanson pour la centième fois, en y mettant de l'âme et du cœur, même une chanson qu'on aime d'amour, ça demande un pouvoir de concentration que je n'avais pas toujours.

Sans y penser, je me mettais alors sur le pilote automatique et je laissais ma chanson filer sur son erre d'aller. René s'en apercevait chaque fois. Dans les commentaires qu'il me faisait après le spectacle, il me rappelait que j'avais manqué de concentration et de présence dans mes chansons les plus connues. Elles étaient devenues les plus difficiles à chanter, à habiter.

« Tu dois lutter contre l'habitude et la routine... Ça fait partie de ton métier. »

René avait l'œil à tout, à la mise en scène et au décor, aux arrangements musicaux, aux éclairages, à l'ordre des chansons, même aux vêtements que je portais, à ma coiffure. Il avait travaillé mes textes d'enchaînement, parfois même les propos que je devais tenir aux journalistes rencontrés ou les poses à prendre devant les photographes. Très souvent, en tournée, il s'occupait lui-même de la régie et des éclairages, de l'affichage, de la promotion.

Et presque tous les soirs, il jouait aux cartes avec les musiciens et les techniciens qu'il avait convertis. Il avait mis au point un système de jeu, une combinaison qui, prétendait-il, devrait lui permettre de gagner tout le temps au black-jack. Il en parlait à tout le monde. Même à moi que le jeu n'intéressait pas du tout. Il avait un feutre vert, des jetons, une pleine boîte de jeux de cartes. Ils pouvaient jouer une partie de la nuit. René était émerveillé par ce système qu'il peaufinait avec ceux qui nous accompagnaient ou avec ses amis qui, parfois, se joignaient à nous.

Il nous parlait aussi de sa théorie des séquences.

« Dans le jeu, comme dans la vie, il y a des séquences, nous disait-il. Un malheur ne vient jamais seul ; une victoire non plus, ni une défaite. Il faut tenir compte des séquences. Miser gros quand on a des chances de gagner… Et se cacher, se retirer, quand on se sait menacé, malchanceux.

« Mais comment savoir qu'on est chanceux ?

– Ça se sent. Quand la chance est avec toi, tu la sens très bien. »

Ma carrière et le jeu l'accaparaient chaque jour davantage. À un moment donné, quelques semaines après notre départ en tournée, sa femme Anne-Renée en a eu assez et elle lui a signifié qu'elle avait l'intention de le quitter.

Nous étions alors en Gaspésie à près de mille kilomètres de Montréal. René est rentré en ville dans la nuit, tout seul. La tournée a été interrompue. Et pendant quelques semaines, je ne l'ai pratiquement pas vu. Il travaillait sans doute à réparer les pots cassés. Je me suis laissée tomber dans le désœuvrement le plus total. Sans lui pour me motiver et m'inspirer, je n'avais aucune envie de travailler mes vocalises, de m'entraîner, de garder la forme. On était dans le plus froid et le plus sombre de l'hiver. Je restais chez mes parents, sans sortir, je dormais, je regardais la télé, j'attendais…

Mes parents, ainsi qu'Eddy et Mia qui passaient me voir de temps en temps, allaient cependant me faire sur René des révélations troublantes. Depuis qu'il avait commencé à s'occuper de ma carrière, quatre ans plus tôt, il ne m'avait jamais laissé entendre d'aucune manière qu'il pouvait avoir des problèmes financiers, sentimentaux ou familiaux. Il m'avait toujours fait vivre dans une bulle, il avait écarté de moi tout danger, tout sujet d'angoisse autre que ceux que je pouvais connaître devant un micro ou devant une foule. Autrement dit, j'avais été une artiste gâtée et surprotégée, sans jamais le moindre souci d'ordre matériel, le moindre stress financier. J'avais dix-sept ans, quatre ans de carrière, et jamais je n'avais pensé que telle ou telle opération (un show, un enregistrement, un voyage) puisse être impossible, faute d'argent. Je vivais sans compter, jamais.

Depuis le temps, j'ai lu dans des magazines, on m'a raconté ou j'ai vu à la télé beaucoup de vie d'artistes, et je n'ai trouvé nulle part un exemple comparable. Je n'ai jamais entendu parler d'une artiste, je pense entre autres à Streisand et à Piaf ou à Tina Turner, qui aurait été ainsi abritée, protégée, à qui l'on aurait évité, à ses débuts, tout souci d'ordre matériel. René avait tout pris sur lui. Sans jamais laisser paraître la moindre inquiétude. Jamais de ma vie je ne me serais doutée, par exemple, qu'il avait dû emprunter de grosses sommes et qu'il avait déjà fait faillite. À cause de moi.

Pendant tout ce temps, j'avais vécu comme une princesse. J'avais acheté à Duvernay une grande maison où j'avais emménagé avec mes parents, j'avais une voiture, des fourrures, des bijoux, tout ce que je voulais. Et même plus.

Puis voilà que j'apprenais, deux ans après les faits, qu'il avait dû, lui, hypothéquer sa propre maison pour financer l'un de mes albums ; et plutôt que de rembourser cette hypothèque, il avait réinvesti tous les profits dans la production d'un autre album. L'année précédente, il avait préféré déposer son bilan, plutôt que d'accepter l'offre financièrement très intéressante d'un promoteur qui désirait produire une grosse tournée avec moi. Il estimait que je n'étais pas prête et que je n'avais pas encore développé un répertoire original assez étendu.

Je pouvais comprendre que l'épouse de René en ait eu assez. Il n'avait probablement pas été le mari le plus fidèle et le mieux attentionné de la terre. Et il jouait beaucoup. Ses nombreux voyages à Las Vegas ou à Atlantic City étaient parfois désastreux, parfois aussi très réussis. Il gagnait beaucoup d'argent. Et il le flambait comme s'il s'agissait d'une ressource inépuisable.

Eddy m'a fait remarquer plus tard que René s'était toujours comporté en millionnaire ; donc, quand il l'est réellement devenu, rien n'a changé dans ses habitudes de vie.

Pourtant, en dehors du jeu, j'étais certainement pour quelque chose dans les difficultés qu'il connaissait alors. En tout cas, j'espérais avoir là-dedans ma part de responsabilité.

Anne-Renée, qui avait été très proche de moi au début, s'était peu à peu éloignée. Elle n'assistait plus jamais à mes spectacles, même quand je me trouvais dans la région de Montréal. Au fond, j'en étais très heureuse. J'ignorais de moins en moins que j'étais amoureuse ; j'en avais tous les symptômes. Et les voir ensemble me déprimait. Malgré moi, sans m'en rendre compte, je boudais ; je crois que je donnais une moins bonne performance, lorsqu'elle était là.

Je ne doutais surtout pas, après les révélations de mes parents et d'Eddy, que j'étais désormais au centre de la vie de René Angélil. Il avait tout sacrifié, tout risqué pour moi. Même si c'était le gambler qui s'était d'abord intéressé à ma carrière, il fallait qu'il croie vraiment très fort en moi, qu'il soit persuadé que j'étais une valeur absolument sûre, pour ainsi investir tout ce qu'il avait, son temps comme son argent...

Quand nous avons repris notre tournée au Québec, je savais que nos relations ne seraient plus jamais les mêmes. Je ne pouvais m'empêcher de penser à tout ce qu'il avait fait pour moi, à tout ce que je représentais pour lui, à ce que j'avais changé dans sa vie et à l'importance énorme que j'y avais prise. Je portais sur lui un tout autre regard. J'étais intimidée comme je ne l'avais jamais été. J'attendais qu'il me parle de sa vie. Je croyais qu'il saurait établir des rapports différents entre nous, des rapports d'adultes.

Mais son attitude, à mon grand désarroi, n'avait pas changé. D'aucune manière. Il ne m'a jamais dit quelle sorte d'arrangement il avait fait avec Anne-Renée. Mais il me semblait évident qu'elle ne devait pas être heureuse de le voir repartir en tournée et passer ses jours et ses nuits en studio ou au téléphone avec des producteurs, des auteurs, des compositeurs, des musiciens, qu'il mobilisait dans un seul but : faire de moi une star, une grande star.

Il venait encore dans notre chambre, chaque soir, et il nous racontait, à maman et à moi, chanson par chanson, le spectacle que je venais de donner. Chaque soir, il me disait que j'avais bien travaillé, mais il avait toujours quelque chose à critiquer, ce n'était jamais parfait, je devais toujours faire mieux ou essayer de faire mieux la prochaine fois… Telle note, je pouvais la pousser plus, plus haut, plus longtemps ; tel geste, je devais le faire moins souvent ; je devais peut-être modifier la tonalité de telle ou telle chanson, etc.

Faire mieux, être meilleure. Chaque soir, il me persuadait que c'était possible. Il me donnait le goût, l'envie et le besoin de me surpasser. Puis, après avoir ainsi relevé la barre encore un peu plus haut, toujours un peu plus haut, il saluait maman, me disait : « Bonne nuit, dors bien. » Il me donnait deux becs sur les joues. Comme si j'avais encore treize ans. Et il s'en allait vivre sa vie. Sans moi.

Dans ma famille, tout le monde se doutait depuis longtemps que j'étais en amour avec René Angélil. Inconsciemment, j'avais tout fait pour que ce soit visible. Avant même que je réalise, moi, que j'étais amoureuse, bien des gens, dans les studios où nous allions enregistrer, sur les plateaux de télé ou dans les salles de spectacle où je me présentais, avaient compris qu'il se passait quelque chose entre René et moi. Je n'avais d'yeux, d'oreilles, de sourires, de pensées que pour lui. Tout ce qu'il disait était parole d'évangile. Je ne pouvais passer un quart d'heure sans prononcer son nom. S'il s'absentait, je le cherchais partout, je l'attendais...

Au début, ma mère ne s'inquiétait pas outre mesure. Elle se disait sans doute que ça me passerait, que je rencontrerais tôt ou tard un garçon de mon âge dont je tomberais amoureuse et que j'épouserais.

Nous n'en parlions jamais ouvertement. Je sentais ma mère aux aguets, prête à me protéger contre cet amour qu'elle jugeait certainement déraisonnable. Moi, je continuais à m'endormir avec une photo de René contre ma joue, contre mon cou. J'en ai usé plusieurs. J'avais certains jours le sentiment d'une solitude terrible. J'étais enfermée toute seule dans cet amour dont je ne pouvais parler à personne.

Et je savais fort bien que ça ne me passerait pas. J'étais une vraie femme, une femme faite, j'allais avoir dix-huit ans, je voulais que René me prenne dans ses bras, qu'il m'embrasse, qu'il me fasse l'amour. Pour vrai.

« Mais peut-être qu'il ne voit rien du tout, me disais-je. Peut-être qu'il ne s'intéresse tout simplement plus à moi. »

J'essayais de comprendre pourquoi je l'aimais tant. Je le trouvais beau. J'aimais ses yeux si doux, ses gestes, sa voix, la couleur de sa peau, ses mains, son parfum, la force tranquille qui se dégageait de lui, son calme, l'autorité qu'il exerçait sur tout le monde, même sur mes parents, même sur les patrons des compagnies de disques. J'aimais sa passion du jeu, son rire aussi, et cette façon qu'il avait d'analyser les situations, de prendre des décisions, de les imposer, et surtout, bien sûr, le regard qu'il posait sur moi, la confiance qu'il avait mise en moi, et ce qu'il imaginait pour moi dans l'avenir...

J'avais eu un sursaut d'espoir quand Anne-Renée, «qui en aimait un autre», annonçaient les journaux à potins, avait demandé le divorce, qu'il lui avait accordé, de même que la garde des enfants.

Mais j'ai vite compris qu'il était dévasté par ce qu'il considérait comme un échec majeur et irréparable.

Il avait toujours réussi à maintenir de bons contacts avec Denise, la mère de Patrick, son fils aîné qui avait mon âge à quelques semaines près. Mais avec Anne-Renée, de qui il avait eu deux enfants, Anne-Marie et Jean-Pierre, qui n'avaient alors que onze et huit ans, les choses ne semblaient pas devoir s'arranger aussi facilement. Il croyait que les enfants en souffriraient. J'ai compris plus tard que c'était presque exclusivement cela qui le peinait, savoir que ses enfants ne connaîtraient pas la stabilité d'un foyer uni. Il m'a fallu du temps pour le réaliser. Sur le coup, j'ai cru qu'il était peiné d'être abandonné par une femme qu'il aimait encore.

«Il l'aime toujours, me disais-je. Elle a le pouvoir de lui faire de la peine.»

J'aurais tant aimé, moi aussi, lui faire de la peine d'amour. Pour pouvoir le consoler. Pour l'entendre dire qu'il m'aimait, qu'il souffrait à cause de moi.

Je m'étais remise à mes petits films intérieurs dont je refaisais sans cesse le montage. Il m'aimait, mais je l'ignorais. Il était malheureux à cause de moi. Parfois même, j'en aimais un autre. Il faisait tout pour me séduire. Je lui résistais. Et puis dans une scène magnifique, je cédais. Je le consolais. Nous faisions l'amour, il m'emmenait au bout du monde.

Un grand classique cent fois repris !

Le plus extraordinaire dans tout ça, c'est que des rumeurs avaient commencé à circuler à notre sujet. Des amis ou des collègues de travail demandaient parfois à mes frères et à mes sœurs s'il y avait quelque chose entre René et moi. Et la rumeur a vite débordé dans la presse à scandale qui imaginait des choses et qui faisait des sondages d'opinion auprès des lecteurs. Beaucoup de gens se disaient choqués à cause de notre différence d'âge ou considéraient que René avait abusé de son autorité et de son pouvoir de manager...

Lui-même n'évoquait jamais ces rumeurs qui circulaient à propos de nous. Mais j'ai su plus tard qu'elles l'avaient troublé très profondément. À cause d'elles, nous avons perdu, lui et moi, du temps d'amour, beaucoup de temps d'amour.

Ces rumeurs ne m'ont certainement pas facilité les choses.

Elles étaient pourtant fondées. Du moins à moitié. Plus même. J'étais, moi, réellement et totalement en amour. Et lui aussi d'une certaine manière. Je le savais, je le sentais, je le voyais. Et surtout, je le voulais.

Quand nous étions ensemble, il était subjugué, fasciné par moi. Il n'avait d'yeux que pour moi. Lui aussi, il me regardait tout le temps. Et nous étions seuls au monde, même si vingt personnes nous entouraient.

Au studio, quand nous écoutions mes enregistrements, ou au restaurant, où nous mangions presque tous les jours, à Montréal ou à Paris, nous étions toujours assis côte à côte, très proches. Nous parlions ensemble, sans nous occuper des autres. Nous riions beaucoup. Très souvent, je m'appuyais tout contre lui, je laissais tomber ma tête sur son épaule. Je me disais que les autres devaient penser que c'était tout à fait innocent. Ça ne l'était pas du tout. Il me semblait que René se prêtait à ce jeu et qu'il y prenait beaucoup de plaisir lui aussi. Il aimait être avec moi, c'était évident. Il aimait me parler. Il m'aimait, j'en étais sûre.

Mais il luttait contre cet amour.

Un jour, à Paris, dans un restaurant où nous allions souvent, je m'étais assise au bout de la table et j'attendais que René vienne s'asseoir à côté de moi. Mais, quand il est entré avec les autres, il est passé près de moi, près de sa place habituelle, et il est allé s'asseoir à l'autre bout de la table. J'étais atterrée, détruite. Mes jambes se sont mises à trembler. Tout s'effondrait autour de moi.

Le repas a été sinistre. Je n'ai évidemment rien pu avaler. Je cherchais ses yeux, qui m'évitaient. Ma mère était quelque part entre nous deux, ainsi qu'Eddy, Mia, d'autres, des compositeurs et des producteurs venus à l'enregistrement.

Et puis tout le monde est parti, nous laissant seuls. Alors, il s'est levé, il est venu près de moi. Il semblait fatigué.

« Viens, m'a-t-il dit, on va rentrer à pied, toi et moi. »

Je devinais qu'il allait m'annoncer quelque chose de terrible. Je tremblais tellement que j'ai eu du mal à me lever. Dehors, il m'a dit tout de suite que nous ne devions plus nous voir de cette façon. Nous devions briser cette familiarité qu'il y avait entre nous. Je pense qu'il avait préparé ses mots et répété ses phrases. La tête me tournait. Je voulais m'asseoir sur le trottoir. Je voulais qu'il parte, qu'il me laisse seule. Je serais restée là jusqu'à la fin du monde ou j'aurais marché jusqu'à ce que je tombe…

« C'est maman qui t'a demandé de faire ça ? »

Il n'a pas répondu.

Alors je lui ai dit :

« Je sais que tu m'aimes, René Angélil. »

Il ne disait rien. J'ai cru qu'il allait pleurer.

« Si tu ne m'aimes pas, je veux que tu me le dises. Dis-moi : "Céline, je ne t'aime pas." Sinon, je ne te croirai jamais. Je ne peux pas te croire. Parce que je sais que tu m'aimes, tu m'entends. Essaie de me dire le contraire, si tu peux. »

Il n'a jamais été capable de me dire qu'il ne m'aimait pas. C'est ce qui fait, je crois, que je ne me suis pas tout à fait effondrée.

Je savais qu'il m'aimait. Il aurait dit le contraire que je ne l'aurais jamais cru. Et je ne parvenais pas à comprendre pourquoi il refusait l'amour que je lui offrais. Pourquoi il me refusait et nous refusait le bonheur.

Moi, je n'avais jamais eu la moindre hésitation. Jamais, pas une fraction de seconde, je n'ai pensé faire du mal à qui que ce soit. Je savais que son mariage avec Anne-Renée était fini, et pas à cause de moi. Il n'y avait plus d'amour ni d'un côté, ni de l'autre. J'avais fini par comprendre qu'il tenait à rafistoler son couple pour ses enfants. Et je lui ai dit :

« Tu crois faire le bonheur de tes enfants en te rendant malheureux ? »

Il n'a pas répondu.

« Ton bonheur est avec moi, tu le sais. Dis-moi le contraire, si tu peux. »

Il marchait à côté de moi. Mais il était loin, très loin.

À l'hôtel, maman m'attendait. Elle savait parfaitement ce qui s'était passé. Elle m'a fait couler un bain. Elle m'a aidée à me déshabiller. Elle me donnait des petites tapes dans le dos comme à un bébé qu'on veut consoler d'un gros chagrin, d'une grande peur. Nous ne disions rien. Je ne lui en voulais pas. Je ne lui en ai jamais voulu. Elle faisait ce qu'une mère doit faire. Elle veillait sur moi. Je pleurais à cause de René, mais aussi à cause de sa peine à elle, de l'inquiétude, de la peur qu'elle avait de voir ma vie brisée.

Ma mère tenait René pour responsable de cet amour qui me dévorait. Elle m'a bordée dans mon lit et, avant de me laisser dormir, elle a lâché :

« Il aurait pu s'arranger pour que ça n'arrive pas. »

J'ai eu envie de lui répondre :

« Il ne veut pas arranger ça, parce qu'il m'aime lui aussi. »

Mais elle m'aurait répliqué :

« Est-ce qu'il te l'a dit ? »

Et j'aurais bien été obligée de lui répondre que non. Mais, dans mon esprit, il n'y avait aucun doute.

Pour la première fois de ma vie, ma mère ne pouvait pas et ne voulait pas trouver une solution à mon problème. Pire, elle devenait, bien malgré elle, un obstacle à mon bonheur.

Loin de favoriser cet amour, elle voulait m'en guérir, elle voulait que j'oublie René. Elle se mettait même en colère quand je parlais de lui. J'ai dû lui faire beaucoup de peine en lui rappelant un jour que j'avais dix-huit ans.

« Je suis majeure. Nous sommes dans un pays libre. Personne n'a le droit de m'empêcher d'aimer qui je veux. »

Elle avait écrit à René une lettre terrible dans laquelle elle lui disait qu'il avait trahi sa confiance. Qu'elle voulait un prince pour sa princesse et non un homme deux fois divorcé et deux fois et demie plus âgé que sa fille.

Mais en même temps, ma mère, une femme de cœur, savait bien qu'on ne peut pas empêcher un cœur d'aimer. Elle me connaissait assez pour comprendre que je n'allais pas laisser tomber. J'avais voulu devenir une grande chanteuse, j'étais en train d'y arriver. Je voulais cet homme dans ma vie, j'allais y mettre autant d'obstination et de force que pour la chanson.

À l'automne, au gala de l'Adisq, nous avons récolté cinq Félix : meilleure chanson, meilleur spectacle, meilleure chanteuse, etc. Un triomphe. Je n'ai jamais autant pleuré de toute ma vie. Quelques larmes de joie, bien sûr. Mais surtout de vraies larmes de tristesse, une tristesse de fond que je sentais grossir en moi depuis plusieurs mois et dont je ne voyais pas la fin.

Professionnellement, j'avais toutes les raisons du monde de me réjouir. Tout ce que nous avions entrepris au cours de cette année avait connu un succès retentissant. La tournée s'était terminée en beauté, par trois spectacles dans la grande salle de la Place des Arts, devant un public conquis et une critique délirante.

Mais j'avais l'âme en peine. J'avais le cœur brisé. J'étais en amour avec un homme que je ne pouvais pas aimer, qui ne voulait pas que je l'aime, qui ne voulait pas m'aimer. Pire, il ne voulait pas voir ou croire que j'étais, moi, réellement amoureuse de lui, alors que je lui en avais donné toutes les preuves.

« Je t'aime et je vais t'aimer toute ma vie. Et rien que toi. »

En même temps, je savais qu'il m'aimait. Mais alors, pourquoi résistait-il ? Pourquoi prenait-il plaisir à me faire souffrir ?

J'avais des doutes épouvantables. Si je passais deux jours sans le voir, sans entendre sa voix ou sentir son regard sur moi, je commençais à croire que je m'étais illusionnée. Qu'il ne m'aimait pas, qu'il n'avait jamais cru que je l'aimais vraiment.

S'il m'avait aimée le moindrement, il aurait vu comme une délivrance le divorce que sa femme venait de lui proposer. Il semblait au contraire dévasté. Sa peine et son désarroi me tuaient. Je voyais ses efforts pour sauver son ménage comme autant de preuves qu'il ne m'aimait pas, que je me trompais.

Au début de l'été déjà, il s'était réconcilié avec Anne-Renée. Et ils avaient repris leur vie de couple. Moi, j'étais descendue toute seule en enfer.

Anne-Renée avait sans doute exigé qu'il soit plus souvent à la maison, parce qu'il a cessé, pratiquement du jour au lendemain, de venir passer ses soirées chez nous et de nous emmener au restaurant, mon père, ma mère et moi. On ne le voyait plus que lorsque nous avions un travail très précis à faire.

J'avais enregistré un nouvel album, cet été-là, *C'est pour toi*. René assistait bien sûr aux sessions, mais il ne semblait jamais tout à fait présent, ni aussi exigeant qu'avant. Il ne me disait plus « Tu peux faire mieux » ou « Fais-moi pleurer ».

J'en avais conclu qu'il se désintéressait de moi ou, pire, qu'il sentait que j'aurais été incapable de répondre à ses demandes parce qu'il me voyait trop triste. À partir de ce constat, j'avais échafaudé toutes sortes de théories plus tordues les unes que les autres.

« Il sent que j'ai de la peine, parce qu'il sait que je l'aime. Ou peut-être qu'il voit ma peine, mais qu'il ne veut pas en connaître la cause. Mais, s'il ne veut pas connaître la cause de ma peine, c'est qu'il ne m'aime vraiment pas. Peut-être aussi que tout ça l'ennuie, qu'il n'a surtout pas envie que je l'aime. Peut-être qu'il se dit qu'on ne pourra plus, à cause de cela, travailler ensemble. »

Cette fois encore, Eddy racontait ma vie dans les chansons qu'il écrivait pour moi. Il m'avait observée.

C'était évident… Il avait tout vu, tout compris, lui aussi. Les textes de ses chansons, il était venu les chercher au fond de moi. D'ailleurs, ils me semblaient si familiers que je n'avais qu'à les lire une fois ou deux pour les retenir par cœur.

Quelquefois je dis des mots bizarres
Quelquefois je parle trop
Et tu me regardes et mon cœur tombe à l'eau
Quelquefois je ris à contretemps
Tu n'y comprends rien du tout
Et tu me regardes étonné tout à coup
Ne te pose pas trop de questions
La réponse est dans mes yeux
Elle est quelque part au milieu de nous deux
Ne m'oblige pas à tout te dire
Puisque tu le sais déjà
Tout ce que je fais aujourd'hui c'est pour toi…

Je chantais en me disant : « Il ne peut pas ne pas comprendre. » Je passais mes jours et mes nuits à me demander ce qu'il pensait, où était son cœur, s'il savait que je l'aimais et comment il pouvait l'ignorer, et s'il aimait encore Anne-Renée, s'ils faisaient souvent l'amour ensemble…

Pour la première fois depuis cinq ans, nous n'avions aucun projet, pas de tournée en vue, pas de show, ni en France, ni au Québec, pas de télé. Nous avions fait cet album, *C'est pour toi*, presque machinalement, sans y mettre beaucoup de cœur, ni beaucoup de temps, et peu d'espoir au fond. En plus, René ne semblait pas pressé d'organiser la campagne de promotion, comme il l'avait toujours fait.

C'est qu'il élaborait pour moi des projets bien différents, auxquels il avait longuement réfléchi. Il me les a
dévoilés un soir, quelques jours avant ce gala de l'Adisq
où j'allais triompher dans le rôle de la pleureuse intaris-
sable.

Nous allions tout arrêter.

« Pendant combien de temps ?

– Le temps qu'il faudra.

– Qu'il faudra quoi ?

– Que la chance revienne.

– Mais c'est ta femme qui t'a quitté, pas la chance. »

Il a ri. J'aimais son rire, même quand il sonnait triste.

Il m'a rappelé sa théorie des séquences qui veut
qu'un malheur ne vienne jamais seul, ni une victoire, ni
une défaite. Et qu'il faut se cacher, se retirer, ne pas agir,
quand on se sait menacé, quand on sent qu'on peut faire
des bêtises.

« Présentement, comme tu peux voir, je suis dans une
mauvaise passe. Plutôt que de faire des erreurs, je me re-
tire. Et toi, tu vas t'arrêter aussi pendant quelques mois,
un an même, s'il le faut. Tu as fait tes preuves. Personne
ne va t'oublier. Tu vas continuer à apprendre. Quand on
repartira, ça sera *big*, ce sera pour aller loin, tu verras. »

Le lendemain du gala, il allait partir, malheureux en
amours, heureux en affaires, pour Las Vegas où il passerait la majeure partie de la prochaine année. J'avais cinq
Félix dans les bras, c'était formidable. Mais, sans lui,
mes bras étaient vides. Il m'avait quand même donné
des devoirs : apprendre l'anglais, suivre des cours de
danse et de chant.

Donc, il ne m'abandonnait pas. Au contraire. Il me
demandait de m'embellir et de grandir, de devenir plus
forte que jamais. Je voyais ça comme une promesse
d'avenir. S'il tenait tant à ce que j'apprenne l'anglais,

c'est qu'il avait décidé de me faire enregistrer un album aux États-Unis. S'il m'imposait cette éclipse, c'est qu'il avait de grands projets pour nous deux. Et je m'accrochais à cette idée.

« Pour commencer, on va te faire arranger les dents. Et tu vas changer de coiffure et de look. Puis tu vas écouter tout ce qui sort, toutes les musiques, tous les chanteurs et les chanteuses qui font quelque chose de neuf. »

Je savais que je serais séparée de lui pendant quelques mois. « Loin des yeux, loin du cœur. » Je savais que là-bas, à Las Vegas, il y aurait d'autres femmes, d'autres plaisirs qui l'accapareraient. Et qu'il penserait très peu à moi. Peut-être même pas du tout pendant des jours et des jours, et des nuits.

Je me tournais des petits films d'horreur. Je l'imaginais au casino, entouré de rousses explosives ou de blondes sexy au décolleté bouleversant. Blonde ou rousse ou brune, je pouvais toujours essayer. Mais pour le décolleté, je devrais me contenter de ce que la nature m'avait donné, et il n'y avait rien là de bouleversant.

Tant pis, j'arrangerais le reste, j'affinerais les muscles, j'apprendrais à onduler. Après tout, j'étais mince comme mes frères et sœurs, comme mon père, et grâce à cette minceur je pouvais jouer la carte du genre top model sexy.

Il voulait que je m'embellisse, j'allais le faire. J'allais quitter ma peau d'adolescente transie d'amour pour affronter ce séducteur à armes égales. À son retour, il découvrirait une autre femme. J'allais jouer, moi aussi, le tout pour le tout. Et, quand il reviendrait, je le jetterais par terre.

Mais j'allais faire un bon bout de chemin dans l'ombre, seule. Voilà pourquoi j'ai tant pleuré lors de ce gala. Je me préparais à entrer dans une période de ma vie qui me terrorisait et qui m'exaltait en même temps. Je briserais le contact si merveilleux que j'avais établi avec le public pendant la tournée. Et, surtout, je vivrais loin de l'homme que j'aimais...

Pour la première fois de ma vie, j'allais relever seule un défi important. J'allais entreprendre un projet d'envergure sans l'appui ni les conseils de mes frères et de mes sœurs, de ma mère ou de René Angélil. Il s'agissait en fait de mon premier vrai projet personnel de femme adulte et responsable : séduire un homme de vingt-six ans mon aîné.

Quand mon manager d'amour reviendrait pour de bon, je chanterais mieux que jamais. Je parlerais anglais. Je danserais et je bougerais sur scène avec grâce. Il serait content. Mais ce n'était pas seulement là-dessus que je misais. J'en voulais à l'homme d'abord et avant tout. C'est lui que je voulais impressionner, c'est à lui que j'allais m'en prendre avec mon nouveau look, mes dents impeccables, ma nouvelle coiffure, ma nouvelle allure. J'aurais un regard neuf et troublant, un sourire enjôleur, et du mystère en moi, beaucoup de force, de charme, de sex-appeal. Se donner un but et l'atteindre, c'est la seule chose à laquelle je crois. J'allais m'entraîner à la séduction, comme une athlète de haut niveau, et capturer définitivement René Angélil.

En attendant, je tournais dans ma tête des scènes de séduction plus torrides les unes que les autres. J'étais tour à tour la vamp et l'ingénue. Et il était, bien évidemment, amoureux fou de moi...

Je me suis donc inscrite dans une école de langue, neuf heures par jour, cinq jours par semaine, pendant deux mois. Parfois, c'était l'horreur. Je ne comprenais plus rien dans aucune langue humaine, je bafouillais, toutes mes idées s'embrouillaient. Et puis tout à coup, tout redevenait clair et intelligible. Je regardais à la télé un talk-show en anglais et pendant de longs moments je comprenais tout. Ou presque. Je découvrais un nouveau sens à des chansons que je connaissais depuis ma tendre enfance.

Je me suis vite habituée à l'ombre. Je travaillais tout autant. J'ai ressemblé pendant des mois à un gros chantier d'orthodontie : je portais des broches. Si on m'entendait encore régulièrement à la radio, on ne me voyait nulle part. D'ailleurs, je n'ai jamais vu par la suite des photos de moi datant de cette époque, jamais avec des broches en tout cas. J'étais réellement entrée dans l'ombre.

Toutes sortes de rumeurs circulaient dans les journaux à potins. Je séjournais chez les sœurs, j'étais missionnaire en Afrique, j'avais perdu la voix… Le lendemain, j'étais enceinte ; trois jours après, j'accouchais de jumeaux ; je les donnais en adoption, un en Suisse, l'autre en Californie.

Au cours de l'hiver, René est revenu régulièrement au Québec. Pour voir ses enfants surtout. Mais il avait lui aussi des devoirs à faire. Il avait décidé de réaménager notre entreprise. Il voulait tout changer, notre compagnie de disques, la maison de distribution, les musiciens. Il parlait encore une fois d'élargir mon répertoire pour rejoindre un plus vaste public. Il voulait surtout me faire enregistrer un disque en anglais avec de gros moyens. René allait donc s'associer à une multinationale du disque. Il rencontrait des gens à Toronto, à New York, à Los Angeles. Et il faisait des plans.

Chaque fois qu'on se voyait, il me racontait des histoires ; il l'avait toujours fait. Je connaissais par cœur les aventures d'Elvis et du colonel Parker, de Streisand et d'Erlichman, etc. Mais, désormais, ses histoires se passaient dans le futur et nous en étions, lui et moi, les héros. Il me voyait dans deux ans au *Johnny Carson Show*, à Las Vegas, à Broadway. Il parlait moins de la France, à cette époque. On aurait dit qu'il ne s'intéressait plus qu'au marché américain.

Moi, je l'aurais suivi au bout du monde.

Ça tombait bien, c'était là, je le savais au fond, qu'il avait l'intention d'aller.

Un jour, enfin, j'ai vu que je l'avais réellement troublé. C'était presque l'été, il était venu me chercher chez moi à Duvernay pour m'emmener voir un spectacle à la Place des Arts ou rencontrer des gens de CBS, notre nouvelle compagnie de disques.

Pendant son absence, j'avais changé de coiffure et d'allure. Je n'avais plus à l'époque ces canines démesurées qui m'avaient valu le surnom de Dracula. Je portais des shorts et une camisole, j'avais les épaules et les cuisses nues et bronzées. J'adore être bronzée. J'étais musclée aussi, parce que, depuis plusieurs mois, je suivais des cours de danse. Et avec ça, j'affichais un sourire que j'avais pratiqué longuement, un sourire de femme très sûre d'elle...

Il est resté debout sur le pas de la porte à me regarder, sans dire un mot... Je l'ai pratiquement vu chanceler. Pour la première fois, j'ai senti qu'il posait sur moi le regard d'un homme qui désire une femme, et non plus seulement le regard de l'imprésario sur son artiste. Je l'avais troublé, et c'était encore plus beau et plus intense que dans mes petits scénarios d'amoureuse délaissée. Un frisson invisible m'a envahie de la tête aux pieds, la sensation de mon pouvoir sur l'homme. Le séducteur était séduit.

Je me suis dit que nos rapports venaient enfin de changer. René Angélil serait désormais non plus seulement mon imprésario, mais aussi mon inspiration.

168

À partir de ce jour, il allait jouer sur deux plans dans ma vie. Il orientait et gérait ma carrière, il prenait toutes les décisions d'affaires, il choisissait mes chansons. Des chansons qui racontaient une histoire très simple, celle d'une fille très déterminée qui a soif d'amour, qui aime un homme qu'elle veut séduire. Il était devenu l'objet de cet amour que je chantais, il était l'homme de mes chansons. Comment pouvait-il l'ignorer ?

Pendant longtemps encore, par pudeur, par peur aussi de l'opinion publique qui lui semblait défavorable, il a refusé d'assumer pleinement ce rôle.

J'étais sûre d'une chose au moins : je pouvais le troubler. Je le sentais dans son regard. Quelquefois aussi, pendant qu'il me parlait, il se perdait dans ses pensées et il ne parvenait plus à en retrouver le fil.

« Qu'est-ce que je disais déjà ? »

À partir de ce moment-là, j'ai travaillé à le troubler chaque fois que j'en avais l'occasion. J'ai cherché à l'étonner, à le déstabiliser. J'ai pris confiance en moi. Je me tenais souvent très proche de lui et toujours de manière qu'il me voie, mes épaules nues ou mes jambes, tout mon arsenal de séduction... Et j'étais heureuse, ce qui est un élément de séduction pratiquement aussi puissant que le sex-appeal.

Nous n'étions pas encore des amants. Mais nous devions nous cacher, puisqu'on ne devait pas nous voir ensemble. Il ne fallait pas.

J'ai adoré la clandestinité et cette espèce d'ambiguïté qui se créait autour de nous. Je trouvais ça excitant et infiniment romantique. Les regards des gens, les sous-entendus, les questions que tout le monde se posait autour de nous. Nous avions enfin, René et moi, une vie secrète. Et je n'avais plus de doute qu'un jour ou l'autre nous serions des amants.

Je savais aussi que ce serait pour la vie.

Je ne sais pas d'où me venait ce besoin ou ce désir de vivre un amour total et absolu. Ce n'était plus beaucoup dans l'air du temps, je le savais bien. Mais je n'avais jamais imaginé l'amour autrement que grand et exclusif. Je voulais n'avoir qu'un seul homme dans toute ma vie. J'ai su un jour que ce serait René. Et je n'ai plus jamais hésité. Cet amour est devenu mon projet majeur.

Mon seul chagrin, c'est que je devais encore mentir à ma mère. Je me consolais en me disant qu'un jour elle finirait bien par comprendre que j'étais sérieuse. Elle accepterait notre amour. Je lui avouerais alors tous mes petits mensonges.

Je ne sais jamais quoi répondre quand on me demande aujourd'hui comment j'aurais réagi si ma mère avait exigé que je rompe tout à fait avec René. Ou plutôt que je renonce à le séduire. En fait, je n'ai jamais réellement envisagé cette éventualité. Je me doutais bien qu'elle tenterait de me dissuader, que son opinion serait défavorable. Comme celle de mon père. Mais pas une fraction de seconde je n'ai pensé qu'ils pouvaient poser un geste ou exiger quoi que ce soit qui aurait pu me rendre malheureuse.

René était pour mes parents, pour tous mes frères et mes sœurs, quelqu'un de très imposant et d'impressionnant. Il avait compris très vite que pour travailler avec moi, pour établir entre nous des rapports professionnels, il devait avoir l'accord total de ma famille. À commencer par ma mère. Et il avait développé avec elle de véritables liens d'amitié. Il la consultait sur tout, il l'écoutait… Je crois qu'il ne voulait pas briser cette complicité, sans laquelle il lui aurait été pratiquement impossible de gérer ma carrière.

Ma mère se retrouvait dans une situation intenable. Elle était à la fois son alliée dans l'organisation et le déroulement de mes activités professionnelles et son adversaire dans l'évolution de notre histoire d'amour. Stratégiquement, pour pouvoir achever mon entreprise de séduction, je devais donc convaincre ma mère que tout cela n'était pas qu'un caprice de jeune fille.

Je me souviens d'un moment crucial où j'ai su trouver les mots et les larmes qui l'ont réellement touchée.

Nous étions chez nous, dans la cuisine. Maman était occupée à préparer le repas. Il y avait quelqu'un d'autre avec nous, papa peut-être, ou l'un de mes frères. J'ai dit :

« Ce que vous ne comprenez pas, c'est que je l'aime, je l'aime. »

Et j'ai éclaté en sanglots.

« C'est vrai. Je l'aime pour vrai. Pour la vie. »

Maman s'est essuyé les mains sur son tablier, elle s'est approchée de moi et m'a prise dans ses bras très doucement. J'ai posé ma tête sur son épaule, elle a dit :

« Je te crois, mon bébé, je te crois. »

J'ai compris alors qu'elle ne s'opposerait plus à mon projet. Elle n'irait peut-être pas jusqu'à m'encourager, mais elle avait admis que ma passion pour René Angélil n'était pas une passade. À partir de ce jour, tout a changé. Même ma voix, mon âme, toute ma vie.

René voulait que je tourne mon prochain clip, *Fais ce que tu voudras*, avec François Girard, déjà reconnu au Québec et au Canada anglais comme l'un des plus brillants réalisateurs de vidéo.

Il était à peine plus âgé que moi, vingt ans peut-être. Mais il avait une détermination du tonnerre. Il a exigé et obtenu de René une liberté totale. Pas seulement celle de cadrer et de monter ses images comme il voulait, mais également celle de travailler ma propre image, mon propre look.

« Je veux que tu sois une fille sensuelle et sexy », me disait-il.

Je ne demandais pas mieux.

René avait compris que François faisait des choses neuves et différentes. C'était pour ça qu'il était allé le chercher. Et qu'il lui avait donné toute cette liberté qu'il voulait. Désormais, René allait toujours procéder ainsi. Il irait chercher les gens créateurs, leur proposerait de travailler avec moi et il leur donnerait tous les moyens techniques et financiers, ainsi que toute la latitude dont ils auraient besoin.

Quelques jours avant le tournage, François m'a emmenée magasiner pendant des heures dans des friperies et des boutiques où je n'avais jamais mis les pieds. Il me faisait essayer toutes sortes de choses qu'il ne me serait jamais venu à l'esprit de me mettre sur le dos.

J'étais allée quelques fois chez les grands couturiers parisiens avec Mia. Elle m'avait guidée dans l'univers fascinant de la mode. Avec François, je découvrais qu'un look se crée comme une toile, comme une chanson… Et que c'est un outil aussi. Le look qu'on se donne tient compte des humeurs du jour, de l'humeur générale du monde, de nos états d'âme. Et du but qu'on vise, bien sûr.

François avait bien compris que je voulais séduire à tout prix. C'était d'ailleurs ce que disait cette chanson, *Fais ce que tu voudras.* Eddy, encore une fois, avait vu en moi avec une netteté sidérante. Il était entré dans ma tête, dans mon cœur.

S'il faut se battre
Je me battrai aussi

Je jouerai ma vie
Ma dernière carte pour te garder...

Dans les changements et les réaménagements que faisait René, une chose le troublait profondément. Il craignait de peiner Eddy en faisant appel à de jeunes auteurs plus rock, plus pop. Eddy, je crois, me voyait définitivement dans la lignée de Mireille Mathieu, de Nana Mouskouri, mais pas en chanteuse pop, encore moins en rockeuse. Or, René voulait justement me faire entrer dans l'univers pop rock.

Il tenait surtout à travailler avec Luc Plamondon, déjà le parolier le plus en vue et le plus novateur de la francophonie. Il avait fait des succès avec des dizaines d'interprètes québécois et français, dont Robert Charlebois, Diane Dufresne, Julien Clerc, Barbara, etc. Il avait signé avec Michel Berger un opéra rock fabuleux, *Starmania*, qui depuis plusieurs années déjà tenait presque constamment l'affiche des deux côtés de l'Atlantique.

Un jour d'automne, Luc Plamondon nous a invités chez lui, à Paris. Je l'avais déjà rencontré rapidement dans les coulisses de la Place des Arts après une représentation de *Starmania*. Un grand garçon rieur et brusque, très élégant, et en même temps négligé. Il portait déjà à l'époque ses fameuses lunettes noires.

Les fenêtres de son appartement s'ouvraient directement sur la tour Eiffel, avec la Seine en arrière-plan, le palais de Chaillot, les arbres du Champ-de-Mars. Il avait invité quelques personnes importantes du show-business parisien, dont Gilbert Coullier, qui serait plus tard le producteur de tous mes shows en France et en Belgique, et Nicole, sa femme, ma future complice des virées dans les boutiques du faubourg Saint-Honoré.

173

Dans la journée, en pensant à ces gens que j'allais rencontrer, je me sentais terriblement intimidée, très peu sûre de moi. Mais le soir venu, en leur présence, je ne sais quel diable s'est emparé de moi, mais j'étais déchaînée, sûre de mon charme, de mon maquillage, de tout ce que je portais, de tout ce que je disais... J'étais en confiance, entourée de ces gens qui semblaient s'intéresser à moi, réellement. J'ai parlé beaucoup. Et je leur ai donné, je crois, un puissant show. À table, d'abord, puis dans le grand salon encombré de bibelots, de livres, de toiles de maîtres et de sculptures...

Pour les faire rire, j'ai raconté toutes sortes d'histoires de famille, j'ai imité Streisand, Joplin, Piaf. Luc Plamondon était emballé. Surtout quand j'ai repris les chansons de *Starmania*, en imitant l'une après l'autre les interprètes des principaux personnages féminins de l'opéra. Je voyais René, un peu à l'écart, qui me regardait fièrement. Je savais à ce moment-là que je le rendais heureux, et qu'il ne pouvait plus se passer de moi. Je savais aussi qu'il était amoureux de moi ou qu'il le serait très bientôt, puisque je le rendais heureux.

Nous étions entrés dans cette période de notre vie que j'appelle notre amour silencieux, notre amour platonique, chaste, purement idéal. Et pratiquement inavoué. Depuis notre scène dans la rue, à Paris, le soir où il voulait prendre ses distances, je ne lui avais jamais rappelé que je l'aimais. C'était à la fois douloureux et voluptueux.

Nous étions toujours ensemble. Il était prévenant et galant, il me tendait la main, il m'ouvrait portes et portières. Nous marchions dans Paris. Nous étions souvent seuls, même quand il y avait une foule de gens autour de nous, même si maman était encore souvent là. Nous avions des moments où nous nous croyions seuls au monde. Il me parlait de ses projets, des ententes que nous allions signer avec CBS, de l'album en anglais que nous ferions dans un an, deux au plus, tout de suite après celui que nous préparions et qui serait une bombe.

« Il faut que ce soit une bombe, disait-il. J'ai fait mettre une clause au nouveau contrat. Dès qu'on aura vendu cent mille exemplaires du prochain album en français, CBS va nous donner les moyens de produire un disque en anglais. »

Il était si fier de sa clause ! Il m'en a parlé pendant des heures. Et des musiciens et des paroliers qu'il était allé chercher pour fabriquer sa bombe.

Quelques semaines plus tard, nous retrouvions Plamondon dans sa maison de Montréal qui donne sur un très beau parc. Il y avait de la neige. Sous les arbres, une patinoire où des jeunes jouaient au hockey. Luc nous avait écrit deux chansons, *Lolita* et *Incognito*. Des paroles écrites à la main sur des papiers chiffonnés qu'il a donnés à René.

René a bien pris son temps. Je sentais Luc nerveux. Il m'offrait du champagne et des canapés, il se levait pour ranger un livre, pour éteindre, allumer une lampe, déplacer un bibelot. Puis René m'a tendu les feuilles sans un mot. Mais je voyais à son regard qu'il était très content.

Moi, j'ai été bouleversée. Comme Eddy, Luc avait exploré mes états d'âme. Ce qu'il avait écrit était si proche de moi que je ne pouvais pas ne pas être profondément troublée.

Luc s'était mis au piano et, tant bien que mal, il a esquissé la mélodie composée par Jean-Alain Roussel.

J'ai chanté pour la première fois les paroles de *Lolita*, devant René, pour le provoquer. Je ne le regardais pas, mais j'étais certaine que chaque mot pénétrait en lui et le troublait :

Toutes ces nuits que j'ai passées, seule à me caresser,
il faut que tu me les rendes une à une,
toutes ces nuits toute seule dans le noir de ma chambre,
à rêver que tu viens me prendre !
Me feras-tu encore attendre des jours, des mois ?
Si tu ne viens pas, ce sera un autre.
Et ce sera ta faute, si je regrette toute ma vie
ma première nuit d'amour...

En chantant, j'entendais René répéter à Luc que c'était exactement ce qu'il recherchait. Et en moi-même, je me demandais :

« Mais à quoi joue-t-il ? S'il trouve que cette chanson colle à moi, c'est qu'il sait à quel point je l'aime, à quel point j'ai besoin de lui. »

Le refrain, je l'ai lu tout bas. Je crois que j'étais en colère. René l'avait lu, lui, avant moi. Il devait bien savoir à quoi je pensais. C'était étrange, une sorte de déclaration d'amour publique et impudique...

Lolita n'est pas trop jeune pour aimer,
n'est pas trop jeune pour se donner.
Quand le désir dévore son corps
jusqu'au bout de ses doigts...

Nous sommes restés silencieux un long moment. Le message était direct. Je n'avais plus l'âge des contes de fées, mais celui de me jeter dans le lit de l'homme que j'aimais.

Quelques jours après mon dix-neuvième anniversaire, nous lancions l'album *Incognito,* en très grande pompe, dans la discothèque la plus branchée de Montréal où je faisais ma première vraie sortie médiatisée depuis près d'un an et demi. Nouveau look, nouveau son, nouvelle équipe, nouvelle compagnie de disques, nouvelle Céline Dion…

« Je recommence ma vie à zéro », disait justement la chanson *Incognito*.

Très vite, le registre des rumeurs s'est mis à changer. Un jour, on nous fiançait. Le lendemain, nous nous étions mariés à Las Vegas, après avoir vécu dans le péché pendant des mois. On laissait cependant entendre que je n'aurais jamais d'enfant parce que René était vasectomisé ; puis, ô miracle, on annonçait que j'étais enceinte de lui, que nous attendions des jumeaux.

J'espère comprendre un jour cet entêtement, tout de même très stimulant, qu'ont les potineurs, depuis plus de dix ans, à vouloir me donner à tout prix des jumeaux.

Au Québec, plus personne ne doutait que nous étions amoureux, René Angélil et moi. Des tas de gens prétendaient nous avoir vus en train de nous embrasser à bord d'un avion, dans une rue de Paris, dans un restaurant de Montréal.

Pour mon plus grand bonheur, la vie finit parfois par donner raison aux rumeurs et aux potins. Comme si elle se plaisait à les imiter, ou à imiter nos rêves les plus chers.

L'album *Incognito* est allé chercher tous les publics. Comme disaient les responsables du marketing chez CBS, « on n'avait jamais fauché aussi large ». Les stations de radio rock, qui m'avaient toujours boudée, comme les plus familiales et les plus sages, restées fidèles, se sont partagé les chansons, si bien que pendant des mois on en a eu constamment deux, parfois trois, en tête des palmarès, simultanément. Je parle du Québec. Ailleurs, les choses allaient se faire beaucoup plus lentement.

En France, les programmateurs et les spécialistes de la mise en marché considéraient que deux des chansons ne passeraient pas. Question d'image et de son... Étrangement, il s'agissait des chansons qui allaient connaître le plus de succès au Québec, *Incognito* et *Lolita*, les deux écrites par Luc Plamondon.

René m'avait toujours tenue à l'écart des critiques et des soucis ; il ne m'aurait sans doute jamais parlé de ces difficultés en France si je n'étais pas venue à Paris enregistrer des chansons de remplacement pour cet album. À cette époque, les chanteuses à voix étaient mal perçues des Français. Depuis Mireille Mathieu, alors reléguée aux oubliettes du show-business, la mode était passée aux susurreuses. Le filet de voix à la Bardot, à la Zazou, faisait en effet fureur.

D'ailleurs, lorsque je suis entrée en studio pour enregistrer l'une des chansons qu'Eddy avait écrites, Romano Musumarra, qui avait composé la musique, m'a dit que je chantais trop. Je l'entends encore :

« Retiens ta voix, n'en donne pas tant. »

Ironiquement, la chanson que j'enregistrais était intitulée *Je ne veux pas.* J'étais déçue, frustrée, choquée.

On n'acceptait pas en France la chanteuse pop que j'avais envie d'être. On n'acceptait pas que j'aie changé. On aurait souhaité que je reste l'ingénue, la petite fille un peu fleur bleue et rêveuse que je n'étais plus et que je ne voulais plus être.

Je découvrirai plus tard que c'était le milieu artistique qui se trompait. Ce sont les industriels du disque, avec qui nous travaillions à cette époque, qui, selon moi, ont manqué de jugement, d'audace et d'imagination.

Au Canada anglais, la situation n'était pas meilleure : c'était l'indifférence totale. Ça n'avait rien d'étonnant. Dans ce pays, il y a toujours eu deux industries du disque, deux star-systems, « deux solitudes », comme on disait, qui, alors beaucoup plus qu'aujourd'hui, s'ignoraient totalement. Pour un artiste québécois, se faire entendre du public canadien relevait du hasard et du miracle.

Or, j'en ai eu deux, des miracles. Il s'agissait d'événements auxquels j'ai eu la chance de participer et qui m'ont permis, très rapidement, de me faire connaître du milieu et du public canadiens-anglais. Puis de quelques décideurs américains qui m'ouvriront des portes là-bas, de grandes portes.

Au début de l'été, CBS-Canada tenait sa convention annuelle à l'Estérel, un grand hôtel des Laurentides, au nord de Montréal. En tant qu'artiste maison, j'avais droit à une courte présentation, ce qu'on appelle un showcase. Dans l'après-midi, je leur ai donc interprété deux ou trois chansons qu'ils ont accueillies poliment. Tout le monde savait que ça ne pouvait pas aller plus loin. La très grande majorité des professionnels du disque venus de l'Ontario et des provinces de l'Ouest canadien ne comprenait rien aux paroles. Et même s'ils avaient compris, même s'ils m'avaient trouvée intéressante, il n'y avait pas de place pour mes chansons sur leur marché ou sur les ondes de leurs radios. Il n'entrait là à peu près jamais de chansons françaises.

La grande vedette de cette convention était Dan Hill avec son gros hit de l'été, *Can't We Try*, qu'il chantait en duo avec Ronda Sheppard. Pour des raisons que j'ignore, Ronda n'était pas venue à l'Estérel. Dès qu'il avait appris la chose, quelques jours plus tôt, René avait contacté Hill, l'agent de Hill et le président de CBS, et il leur avait proposé que je fasse la chanson, à la place de Ronda, avec Dan. Il avait demandé qu'on n'en parle pas. Pour faire une surprise.

« Ça ajoute de l'effet », disait-il.

La veille, j'avais donc répété avec Dan. Nos deux voix se mariaient bien. Et la chanson se trouvait dans des tonalités où je me sentais parfaitement à l'aise.

René était revenu à sa politique de la barre haute. Pendant les deux ou trois jours qui ont précédé la convention, il n'avait cessé de me répéter que ce serait un moment crucial, que je n'aurais probablement pas d'autre occasion de me faire valoir avant longtemps. Peut-être plus jamais.

« Si tu ne fais pas lever la salle, on retourne à la case départ et on y restera un joli bout de temps. »

La case départ, c'était le territoire québécois, où tout était gagné et acquis. J'étais une vedette établie, j'avais vendu plusieurs centaines de milliers d'albums. Jour et nuit, mes chansons tournaient à la radio.

Mais j'étais intoxiquée moi aussi par l'idée d'aller ailleurs, voir d'autres publics, connaître d'autres défis. Nous voulions sortir du Québec, René et moi. Puis en France, je n'étais plus aussi bien accueillie qu'à l'époque de mes premières chansons, comme *D'amour ou d'amitié…* Mes derniers albums ne s'étaient sans doute pas très bien vendus. René ne m'en parlait pas. Mais je n'étais plus invitée de façon régulière aux gros shows télévisés, ni l'objet de longs reportages dans les magazines parisiens.

Nous préparions cet été-là une émission de télé très importante pour Radio-Canada en même temps qu'une super-tournée du Québec. Mais, sans la perspective de sortir de chez nous, ces projets m'apparaissaient presque dérisoires, même si on disposait, pour les réaliser, d'énormes moyens techniques et financiers.

Certains considèrent l'ambition comme un défaut grave. Pas moi. Dans toutes les entrevues que j'accordais alors, je ne cachais jamais mon grand désir de réussir. Je disais carrément que mon but était d'être un jour la plus grande chanteuse au monde. Et ça choquait quelques bonnes âmes.

Aux yeux de plusieurs, cette ambition avait quelque chose d'immoral et de vulgaire. Les journalistes des médias dits « culturels » ou intellectuels me regardaient avec un petit sourire en coin. Je ne lisais pas ce qu'ils écrivaient, mais je devinais à leur attitude ce qu'ils pensaient de moi...

Mon ambition me semblait vitale et nécessaire, tout à fait légitime. Je me sentais comme un animal en cage. J'aimais le Québec profondément. J'y aurai toujours mes racines, je ne les renierai jamais. Mais je voulais en sortir, connaître autre chose. Ce qu'ils appelaient de l'ambition n'était pour moi qu'un besoin d'air et de liberté, de grands espaces, le besoin aussi de pouvoir faire des choix...

Le soir venu, à l'Estérel, j'ai donc chanté ce duo comme si ma vie en dépendait. Avec de la rage en moi. Et la salle entière a explosé. Ils se sont tous levés pour nous applaudir, Dan Hill et moi. Cette fois, ce n'était pas seulement pour être polis, comme la veille après-midi. C'était un tout petit public, cent cinquante personnes peut-être, mais tous étaient des décideurs et des professionnels de la chanson de partout au Canada, quelques-uns des États-Unis. Ils savaient désormais, chez CBS, qui j'étais...

René m'attendait à ma sortie de scène. Il m'a prise dans ses bras, très doucement. Nous sommes restés enlacés un long moment : du pur bonheur. Avec tous ces gens qui nous entouraient. Nous étions si excités tous les deux que nous sommes restés dans la salle longtemps après que tout le monde ait été parti. Comme si nous ne voulions pas quitter ce lieu où venait de se jouer, c'était vraiment l'impression que nous avions alors, notre avenir. René ne parlait pas. Il ne tenait plus en place, il marchait de long en large devant la petite scène où j'avais chanté. Il riait. J'attendais… mais il ne m'a plus embrassée.

Nous savions que CBS devait plus que jamais respecter son engagement de me faire enregistrer un disque en anglais. Les projets que nous avions, le show de télé de Radio-Canada et la tournée au Québec, me passionnaient de nouveau.

Au cours des semaines suivantes, à Radio-Canada, j'ai travaillé avec les recherchistes et le réalisateur à la conception de l'émission. J'ai découvert, en tournant cette émission de variétés, le très grand plaisir de jouer la comédie et de me mettre dans la peau de personnages différents. Lors des premières réunions, pendant des heures, ils me demandaient ce que j'avais envie de faire et d'être. Je répondais que je voulais tout faire. Ils étaient un peu affolés. Je leur disais :

« Je veux faire rire, je veux faire pleurer, je veux danser, je veux chanter du rock et de l'opéra, des chansons neuves et des vieux hits, en français et en anglais. »

Je voulais avoir plein de costumes et jouer une vamp à la Garbo, une Lolita, une sainte Nitouche, une madame de banlieue, un garçon manqué, une ingénue, une rockeuse.

En fait, ce que je voulais, d'abord et avant tout, c'était séduire René Angélil. La façon la plus sûre, c'était d'être toutes les femmes en même temps. Je ne me le disais peut-être pas, à l'époque, mais ça me semble tout à fait évident aujourd'hui.

René voyait toujours à tout. Il tenait évidemment à approuver chacune de mes tenues. J'en avais préparé une demi-douzaine avec les recherchistes, le réalisateur, les habilleuses. Un jour, je lui ai fait une sorte de parade de mode dans un local sans âme, éclairé au néon, au deuxième ou troisième sous-sol de la maison de Radio-Canada. J'avais deux costumes très osés que j'aimais beaucoup, mais qu'il a tout de suite refusés. D'après lui, ça risquait de choquer. L'émission que nous préparions était en effet destinée au grand public familial du dimanche soir.

« Choquer, quand on a une voix comme la tienne, c'est pas nécessaire. »

J'étais déçue. J'aurais bien aimé choquer un peu. Ce qui me consolait, c'était qu'il m'avait vue, lui. Je ne l'avais pas laissé indifférent. Une fille sait voir ces choses-là.

L'album *Incognito* ne se vendait toujours pas au Canada anglais. Mais il marchait tellement fort au Québec qu'il figurait au sommet des ventes canadiennes et, en tant que tel, il méritait le prix Juno de l'album le plus vendu au pays. Même si pratiquement personne ne l'avait acheté hors du Québec, de l'Ontario francophone et de l'Acadie. J'avais donc droit à une apparition au gala télévisé des Juno, l'événement médiatique le plus important pour l'industrie canadienne du disque et du spectacle. Je serais donc cet automne-là, à Toronto, la *French Canadian* de service.

La tradition voulait que j'interprète mon plus gros succès. J'avais le choix entre *Incognito, Lolita, Jour de fièvre* ou *On traverse un miroir*, qui s'étaient tous maintenus pendant des mois en tête des palmarès. Chaque année, un chanteur ou une chanteuse du Québec allait ainsi interpréter sa petite chanson de trois minutes en français au gala des Juno. C'était immanquablement un coup d'épée dans l'eau. Tout le monde le savait. Les Québécois ne regardent pas le gala télévisé des Juno. Les Canadiens anglais n'écoutent pas les deux ou trois chansons en français au programme.

Dès que l'invitation nous est parvenue, René a informé les organisateurs du gala que je chanterais une chanson en anglais. Ou rien. Il a bien fallu qu'ils acceptent.

Nous avons d'abord pensé à un vieux classique. Il est plus facile d'émouvoir le grand public avec un air qu'il connaît déjà. Je pensais à *The Way We Were* ou à *Over the Rainbow* ou même à *Boogie Woogie Chatanooga choo choo*, que je comptais mettre dans le spectacle que je préparais pour ma tournée.

Mais René s'était mis dans la tête que je devais faire une chanson originale que personne ne connaissait.

« Souviens-toi, quand Eddy t'a entendue pour la première fois… C'était parce que tu avais créé toi-même tes chansons qu'il a pu réellement voir tes capacités… Ça te prend une chanson neuve. Et une chanson qui va te permettre de leur montrer ce que tu sais faire. »

Deux jours à peine avant l'événement, Vito Luprano, directeur artistique chez CBS, nous a proposé de faire *Have a Heart*, la version originale de *Partout je te vois* de mon album *Incognito*. La musique, signée Aldo Nova, très physique, très spectaculaire, très exigeante aussi, présentait le grand avantage d'exploiter tout le registre de ma voix…

Nous sommes partis pour Toronto dans un état de surexcitation presque insupportable. Encore une fois, on allait jouer le tout pour le tout. Là, c'était non seulement l'industrie que je devais affronter, comme à l'Estérel six mois plus tôt, mais le grand public canadien et, surtout, les médias canadiens qui accordent toujours une très grande attention au gala des Juno. De leur réaction dépendait notre avenir.

J'étais dans un état second quand je suis sortie de scène. Comme toujours. Je continue de chanter quand je file dans les coulisses, quand j'entre dans ma loge, quand je monte dans la limousine, comme si le feu en moi ne pouvait s'éteindre…

Le lendemain, René s'est levé à l'aube pour aller chercher les journaux. Il a attendu patiemment que je sorte de ma chambre pour me dire que j'avais fait un triomphe. Il avait eu le temps d'apprendre par cœur tous les articles parus dans tous les journaux qu'il avait pu trouver. Il avait même téléphoné à Halifax, à Montréal, à Vancouver, pour connaître les réactions qu'on avait eues là-bas.

« C'est toi qui as volé le show », répétait-il.

Dans l'après-midi, il rencontrait les grands patrons de CBS. À eux aussi, il a mis la barre haute. Il leur a demandé d'investir dix fois plus que prévu pour l'album anglais qu'ils devaient produire. Et il a exigé en plus d'avoir comme réalisateur David Foster, le *wonder boy* de l'industrie du disque aux États-Unis.

« Pour l'argent, pas de problème, ont dit les patrons de CBS. Pour Foster, il faudra que vous trouviez, Céline et toi, une façon de l'approcher et de l'intéresser. »

Foster n'était peut-être pas très connu du grand public, mais dans le milieu du show-business c'était une grande star. Originaire de Colombie-Britannique, il s'était établi à Los Angeles où déjà, dans les années 1980, il travaillait avec les plus grands : Barbra Streisand, Natalie Cole, Frank Sinatra, Neil Diamond, Paul McCartney. Il leur composait des paroles, des musiques, il arrangeait, produisait, réalisait avec eux des albums de très grande qualité.

« C'est lui le meilleur, disait René, c'est lui qu'il nous faut. »

Mais ce n'était pas du tout évident. Comment approche-t-on un artiste de l'envergure de David Foster qui vit déjà sur la planète Hollywood ?

« On trouvera bien une façon. »

En attendant David Foster et la bénédiction des grands patrons de CBS-International, on continuait de préparer notre show *Incognito*. Je dirais que de tous les spectacles que j'ai présentés au cours de ma carrière, celui-ci a été le plus longuement et le plus minutieusement préparé. Nous disposions d'une puissante machine : une quinzaine de musiciens, une dizaine de techniciens, éclairagistes, sonorisateurs, etc., un metteur en scène, un décorateur, un parolier pour les textes d'enchaînement, plein de costumes... et l'incomparable Mégo comme chef d'orchestre.

Nous nous étions rencontrés une première fois, lui et moi, dans un local de répétition de la Place des Arts. Après dix minutes, nous savions tous les deux que nous étions faits pour nous entendre. Je retrouvais avec lui le plaisir que j'avais autrefois à faire de la musique avec mes frères et mes sœurs. Même qu'il a fallu que René nous retienne un peu au début. À chaque répétition, on se lançait dans des improvisations complètement démentes, boogie-woogie, rock and roll... En plus de son côté artiste et fou, Mégo a beaucoup de rigueur, le sens de l'organisation et du leadership. Il est aussi un bon showman, très drôle, plein d'humour. Être sur scène avec lui a toujours été pour moi un très grand plaisir.

Depuis ce jour (c'était un peu avant les fêtes de 1987) et jusqu'à ce que j'entre en sabbatique en janvier 2000, Mégo a été de tous les shows que j'ai donnés, sans exception, beau temps, mauvais temps.

Suzanne Gingue, la blonde de Mégo à l'époque, a fait aussi tout ce chemin avec nous, en tant que directrice de tournée. Elle veillait à tout, depuis les réservations de nos chambres d'hôtel jusqu'à l'aménagement de ma loge, le montage des décors, le réaménagement de mes états d'âme...

Pendant plus de dix ans, comme habilleuse, confidente, amie, elle allait faire partie de mon entourage immédiat. Suzanne est un bourreau de travail. On se disait entre nous qu'elle ne dormait jamais, qu'elle ne mangeait jamais. Un pur esprit.

Les souvenirs qui me viennent d'abord en tête quand je pense à la tournée *Incognito* sont remplis de fous rires. Dès le départ, en Abitibi, comme pour la tournée précédente, nous savions tous que nous avions un bon produit, et un public conquis d'avance.

Quand je parle de fous rires, ce n'était pas seulement entre nous, mais avec ce public aussi. Je faisais des imitations (Fabienne Thibault, Julien Clerc, Michael Jackson, Mireille Mathieu) qui passaient plus que bien. On m'avait aussi écrit des monologues hilarants et plusieurs numéros que je faisais avec Mégo. La plupart du temps, c'était à mes propres dépens qu'on faisait rire la foule.

Quelques années auparavant, par exemple, nous avions été reçus par le pape, René et moi. Nous nous étions rendus à Castel Gandolfo où se trouve la résidence d'été et la ferme du Saint-Père. Devant les journalistes qui nous accompagnaient, j'avais eu l'idée de traire les vaches du pape et de boire quelques gorgées de lait cru. Le récit de cet événement dans les médias québécois avait déclenché une tempête de rires. Ce n'était pourtant pas le but de l'opération, je dois bien l'avouer. Il vaut mieux, dans ces situations, faire face à la musique. Dans mon show *Incognito*, je rappelais donc «ma dégustation de lait papal », ce qui déclenchait encore de beaux gros rires. Sans mépris, cette fois.

Je racontais aussi que je faisais partie des Pleureuses anonymes. Les PA, comme les Alcooliques anonymes, se réunissaient régulièrement pour « apprendre à se retenir ».

« La semaine prochaine, ça va faire un an que j'ai pas pleuré, disais-je d'une voix remplie d'émotion. Je vais beaucoup mieux, je me contrôle, je crois être sur la voie de la guérison. La preuve : je vais maintenant vous interpréter sans problème une des chansons les plus tristes de mon répertoire, *Mon ami m'a quittée*, qui m'a tant fait pleurer autrefois. »

Tout était écrit, non seulement la musique et les paroles des chansons, mais tous les enchaînements, les pas de danse, chaque geste, chaque sourire, etc. C'était à la fois rassurant et contraignant, presque étouffant. Je me sentais, certains jours, prise dans un carcan. C'est cependant avec *Incognito* que j'ai vraiment appris à maîtriser une scène et que j'ai compris que c'était un lieu de pouvoir. J'ai appris, soir après soir, à réagir avec la foule, à maîtriser mes émotions... et les siennes.

C'est pendant cette tournée que j'ai commencé à pratiquer sérieusement ce que j'appelle mes « petits rituels ». Depuis ce temps, je m'en suis monté une véritable collection. Je ne sais pas vraiment comment ça commençait. Mais tous semblaient s'y prêter bien naturellement, même si c'était complètement irrationnel. Souvent, nous ajoutions à notre routine un geste ou un regard, un détail parfois à peine visible. Une fois ajoutés, ces petits riens prenaient une importance absolue. Plus question de s'en passer. À la fin, nos cérémonies duraient plusieurs minutes.

Avant chaque lever de rideau, par exemple, nous avions un petit jeu, Mégo, Suzanne et moi. Quand tout était prêt, juste avant que le régisseur nous donne le signal et que la salle soit plongée dans le noir, nous faisions ensemble une sorte de danse incantatoire. Puis j'accompagnais Mégo à ses claviers ; je faisais semblant de plaquer un accord ou de débrancher un des fils qui reliaient ses claviers aux amplis. Mégo prenait un air catastrophé, imitant la colère, et il me faisait signe de disparaître. Puis je faisais le tour du plateau en appuyant mon pouce droit sur le pouce droit de chacun des musiciens et des choristes.

Je retrouvais Suzanne en bas de la scène. Elle me tendait mon micro. Avant de le prendre, je pressais son bras à trois reprises. Puis je me tournais vers René. Il s'approchait de moi. Il me posait un baiser sur chaque joue, la gauche d'abord, toujours. Il me mettait ensuite les mains sur les épaules, il me secouait très doucement en me regardant droit dans les yeux avec un air très sérieux ; puis il me faisait pivoter, il me plaçait face à l'escalier qui menait à la scène et il me poussait doucement.

« OK, vas-y. Tu y es. *Go.* »

Avec le temps, ces rituels ont évolué. Mais ils sont restés incontournables. Ce sont des jeux mais, en même temps, c'est du sérieux, de l'essentiel. J'ai besoin, surtout en tournée, quand chaque jour tout change – la loge, la chambre d'hôtel, la scène, la foule – d'avoir quelque chose de permanent. Dans ces rituels et dans ces gestes répétés rigoureusement, je trouvais de quoi me rassurer.

J'ai très longtemps gardé avec moi, dans une petite enveloppe de plastique transparent traînant au fond de mon sac, une pièce trouvée il y a des années sur une scène, à Trois-Rivières. Comme toujours après ma deuxième chanson, je m'apprêtais à parler aux gens, à les remercier d'être venus, à leur dire que je les aimais, que j'étais heureuse, quand je l'ai aperçue qui brillait sur son côté pile, bien en vue, juste sur le bord de la scène. C'était le castor, l'emblème du Canada, qui orne les pièces de cinq cents.

À l'entracte, quand le rideau est tombé, je me suis penchée pour la ramasser. Mais René m'avait mis dans la tête qu'il ne fallait jamais ramasser une pièce présentant son côté pile. Seulement face.

« Pile, tu touches pas à ça. C'est du malheur. »

Je l'ai quand même ramassée et je l'ai lancée un peu plus loin, deux fois, jusqu'à ce qu'elle me montre, en retombant, son côté face, l'effigie de la reine d'Angleterre. Alors, je l'ai ramassée et je l'ai gardée.

Je crois qu'il faut faire sa chance. Et dans ce domaine, comme dans beaucoup d'autres, on n'est jamais mieux servi que par soi-même.

Je sais aujourd'hui que les rituels, les porte-bonheur, les fétiches, même les prières ne peuvent pas toujours nous protéger et protéger ceux qu'on aime. Le malheur frappe là où il veut. Et, quand il débarque, le rituel se tasse. Il faut agir, il faut se battre.

Un soir, en arrivant chez moi, j'ai trouvé ma mère pâle à faire peur. Elle avait le souffle court, les traits tirés et, ce qui m'inquiétait le plus, elle restait assise, elle qui est toujours debout à courir à gauche et à droite. Mon père était désemparé. Contrairement à ma mère et à moi, il est, dans ce genre de situation, incapable de prendre une décision. Il ne parvenait pas à raisonner ma mère, une femme plutôt autoritaire, une hyperactive, qui se charge généralement de toutes les décisions et qui ne prend jamais d'ordre de personne. Elle continuait à dire que ce n'était que de la fatigue, que ça passerait. Je savais, moi, rien qu'à la voir et à entendre sa voix faible et blanche, que son état était sérieux.

190

Dans les petits films que je tournais dans ma tête, j'avais souvent imaginé que ma mère mourait. Je me voyais à son chevet, complètement paralysée par la peine, écrasée, effondrée, évidemment incapable de réagir.

Mais devant la réalité, j'ai agi tout autrement, sans réfléchir, et avec un sang-froid et une autorité qui m'ont étonnée.

J'ai téléphoné au docteur Gaston Choquette que René connaissait. J'ai pris rendez-vous pour ma mère le lendemain après-midi à l'Institut de cardiologie de Montréal. Le plus dur a été de la convaincre.

« J'ai passé soixante ans, je sais ce que j'ai à faire. Si j'ai pas envie d'aller voir le docteur, j'irai pas. »

À part le docteur Émile McDuff qui l'a accouchée de ses dix derniers enfants et qui est pratiquement devenu un membre de notre famille, ma mère n'a jamais eu beaucoup de respect pour les médecins. Elle ne les considère pas comme des savants infaillibles devant qui il faut se prosterner. Ma mère ne se prosterne devant personne.

Je ne comprenais quand même pas ses réticences, jusqu'à ce que mon père me dise qu'elle devait garder le garçon de ma sœur Linda le lendemain matin.

Cinq minutes plus tard, j'avais trouvé une gardienne d'enfants. J'avais convaincu René de reporter d'un jour notre départ pour Chicoutimi où je devais chanter le surlendemain soir. Et je suis allée avec ma mère rencontrer le médecin, qui a diagnostiqué une insuffisance cardiaque. Il l'a hospitalisée d'urgence et l'a fait opérer dès le lendemain matin : quatre pontages.

Quelques heures plus tard, je montais sur scène à Chicoutimi. Je savais que maman était hors de danger. Et nous avons repris la tournée.

Quand nous sommes rentrés à Montréal, après avoir fait le tour du Québec, notre show, paroles, musiques et rituels, baignait dans l'huile. Il régnait dans le groupe une formidable complicité. La force était avec nous. C'était le bonheur, le triomphe. Nous le sentions tous.

« Parles-en, me disait René quand j'ai commencé à faire de la promotion à Montréal. Y a pas de honte à dire qu'on a un bon show. »

Je ne m'en suis pas privée. Je déteste les gens qui se vantent, mais je n'aime pas non plus ceux qui font de la fausse modestie. J'étais contente de mon show, et je le disais, à la télé, à la radio, dans les journaux. C'était dans la manière de René, c'était relever la barre. Il fallait être sûr de soi, de sa chance.

J'imagine que les intellectuels devaient me bouder encore un peu. Je crois me souvenir qu'ils m'ont reproché de faire un peu trop commercial, autrement dit d'avoir du succès et d'en tirer du plaisir. Mais je voyais dans la salle, toujours remplie à craquer, des gens de tous âges. Chaque soir, après le spectacle, je recevais dans ma loge des personnalités du monde du show-business, mais aussi du sport, de la politique, des affaires.

Un soir, Carol Reynolds, la responsable des émissions de variétés pour le réseau anglais de Radio-Canada, était parmi eux, accueillante et souriante. Elle a attendu que tout le monde soit sorti pour venir me saluer et me dire à quel point elle avait aimé mon show. Nous sommes allés au restaurant tous les trois, René, elle et moi. Un italien, rue Saint-Denis. Carol souhaitait produire un show télé avec moi pour le public du Canada anglais. Je lui ai parlé de mon projet d'album en anglais et du désir que nous avions de travailler avec David Foster.

«David ? Je le connais bien, nous a-t-elle dit. Je dois d'ailleurs le rencontrer la semaine prochaine à Los Angeles. Si tu veux, je lui parle de toi. »

Si je voulais ? Et comment !

Carol est partie avec l'album *Incognito* et une cassette vidéo de mon interprétation de *Have a Heart* au gala des Juno.

«Je suis sûre qu'il va adorer ce que tu fais, m'a-t-elle dit. Mais il est très occupé. Il ne sera peut-être pas disponible avant des mois. »

Peu après, à quelques jours de mon vingtième anniversaire, nous étions en train de faire un test de son au théâtre Saint-Denis, quand j'ai vu entrer René presque en courant. Il s'est approché de moi et m'a chuchoté dans le creux de l'oreille :

«Je viens de parler à David Foster. Il a écouté *Incognito*. Tu sais ce qu'il m'a dit ? Que tu avais tout pour percer aux États-Unis. Écoute ! Il a dit que tu avais *that little something extra* qui fait les grandes stars. Et qu'il voulait travailler avec nous.

— Quand ?

— Pas avant l'automne.

— Mais l'automne, c'est dans six mois.

— Six mois, c'est vite passé, tu verras. »

Puis il est parti murmurer son secret à Mégo et à Suzanne. Au téléphone, ensuite, à ses amis, à Ben, à Marc...

Moi, je voulais bien m'armer de patience. Mais je considérais que j'avais déjà beaucoup donné. Dans le feu de l'action, mes amours n'avaient pas vraiment progressé. René était toujours très tendre avec moi, très doux. Mais je pense qu'il me voyait venir. Il évitait de se trouver seul trop longtemps avec moi. Il savait qu'il ne m'échapperait pas. Moi aussi, je le savais. Ce n'était qu'une question de temps, quelques semaines, quelques jours. C'était presque intolérable. Et merveilleux en même temps.

Quand nous nous sommes avoué notre amour, René et moi, nous avons beaucoup parlé de cette période de notre vie, où nous nous aimions si fort sans nous le dire.

« Rappelle-toi le jour où tu es venu me chercher à Duvernay. Et le choc que tu as eu en me voyant.

– Tu te souviens de ce moment si doux que nous avons passé, dans les bras l'un de l'autre, à l'Estérel où tu avais chanté avec Dan Hill devant les gens de CBS ?

– Tu sais que je n'ai pas oublié cette soirée déprimante au restaurant, à Paris, quand tu avais décidé de t'éloigner de moi.

– Tu sais que je n'oublierai jamais ton défilé de mode dans les locaux de Radio-Canada ? Je pourrais décrire chacun des costumes que tu portais.

– Même ceux que tu jugeais trop osés pour la télévision ?

– Jamais je n'oublierai la fois où tu t'étais endormie sur mon épaule dans l'avion qui nous ramenait de Paris.

– Mais je ne m'étais pas endormie sur ton épaule, mon amour. Je faisais semblant de dormir. »

J'avais laissé ma tête glisser contre son épaule, parce que j'étais bien et parce que j'espérais peut-être le séduire. Je regardais ses mains qui me troublaient infiniment, des mains fortes aux ongles toujours bien taillés. Et il sentait si bon, si frais. J'avais une furieuse envie de prendre sa main, d'y poser mes lèvres…

« Si j'avais su, me disait-il.

– Tu n'aurais rien fait. Tu savais que je t'aimais depuis longtemps et tu ne faisais rien. »

Moi, contrairement à lui, je n'ai jamais eu l'ombre d'une hésitation. Ce jour-là, dans l'avion qui nous ramenait de Paris, je savais que j'étais à jamais amoureuse de lui et qu'il faudrait bien qu'il se passe quelque chose tôt ou tard… Je n'avais aucune expérience (autre que théorique) des choses de l'amour, mais j'étais très déterminée.

René, lui, avait beaucoup d'expérience, mais il se comportait avec moi comme un adolescent effrayé, cent fois plus intimidé que s'il s'était trouvé devant une femme de son âge. Il avait peur de ce que les gens diraient, peur de me faire du mal, peur que je me retrouve à trente ans avec un homme de cinquante-six ans.

Mais je savais, moi, qu'il était pris. Et j'attendais mon heure. Elle est finalement venue.

C'était à Dublin, en cet inoubliable 30 avril 1988, la soirée du concours de l'Eurovision, où, comme Canadienne française, je représentais la Suisse! Avec une chanson écrite par une Italienne et un Turc.

Ma mère avait été opérée à cœur ouvert quelques semaines plus tôt. Je savais qu'elle avait besoin de repos. Et je n'avais pas voulu qu'elle m'accompagne en tournée, encore moins pour un aller et retour outre-mer.

Nous avions vécu ce jour-là un suspense incroyable. Jusqu'à la dernière minute, nous avions cru que le premier prix irait au représentant de l'Angleterre. Je me souviens que sa chanson s'intitulait *Go*, mon chiffre chanceux en japonais. Et j'y voyais un mauvais présage. En plus, je n'aimais pas beaucoup la chanson que j'avais à interpréter. Je la trouvais trop pompeuse.

Après mon passage, j'étais restée dans les coulisses avec les autres concurrents. Nous regardions le réalisateur télé et le metteur en scène du spectacle expliquer au jeune Anglais comment entrer en scène quand on annoncerait le nom du vainqueur. Il semblait désormais assuré de la victoire. Moi, j'étais résignée. Et je n'avais qu'une hâte : retrouver René qui devait être dévasté. Nous allions vivre ensemble notre première défaite. Mais j'en ferais une victoire personnelle. Je ravalerais mes larmes et je le consolerais, je serais sa maman...

Mais les juges de deux ou trois pays ne s'étaient pas encore prononcés. Ils m'ont finalement donné la victoire par un seul point.

En allant chercher mon prix, j'ai fondu en larmes devant le public du Simmonscourt et les centaines de millions d'Européens qui regardaient le gala à la télévision. J'ai prononcé des remerciements plus ou moins cohérents et je suis sortie de scène presque en courant. Quand j'ai retrouvé René, je me suis jetée dans ses bras et, tout en pleurant, je le serrais très fort et je l'embrassais dans le cou. J'étais au comble du bonheur.

Lui, il se laissait faire. Il riait.

Comme d'habitude, il m'a raccompagnée à ma chambre et il a entrepris de me raconter la journée que nous avions passée ensemble. La peur bleue qu'il avait eue. Il m'a rappelé l'importance de cette victoire qui m'assurerait, selon lui, un bon rayonnement en Europe. Il m'a répété pour la centième fois au moins depuis deux semaines que le show de l'Eurovision était un des événements les plus regardés au monde après les Olympiques et la remise des Oscars. Il m'a parlé aussi des autres participants, de ceux qui avaient bien chanté, de ceux qui n'iraient pas loin. Et puis je ne sais plus. Je n'écoutais pas vraiment. Je me laissais simplement bercer par sa voix.

J'étais assise à la tête du lit, jambes repliées, sous les couvertures. J'étais heureuse d'être seule avec l'homme que j'aimais. Et j'avais un projet bien précis.

J'ai réalisé qu'il s'était tu, que le silence nous enveloppait. Il restait là, assis sur le bras du fauteuil, tout près de mon lit, sans dire un mot. Je l'ai regardé avec mon sourire de femme. Je pense qu'il a réalisé à ce moment-là que je ne l'écoutais plus depuis un bon moment et que je pensais à autre chose. Il a baissé les yeux. J'ai senti que je l'avais touché. Un direct au cœur. Il s'est levé, il a reculé vers la porte de deux ou trois pas, comme pour échapper à mon emprise, et il m'a dit bonsoir.

Je ne pouvais pas laisser passer ça.

Chaque soir, depuis notre première tournée trois ans plus tôt, il me souhaitait toujours bonne nuit en m'embrassant sur les deux joues. Depuis quelques mois, surtout pendant la tournée *Incognito*, j'avais eu l'impression que ses baisers glissaient chaque jour de quelques millimètres vers mes lèvres, jusqu'à ce que nos bouches parfois se touchent.

Et voilà qu'en ce soir de gloire et de victoire il allait partir sans m'avoir embrassée du tout !

Il avait déjà ouvert la porte. Je suis sortie du lit, je me suis approchée de lui, je me suis collée contre lui.

« Tu m'as pas embrassée, René Angélil. »

J'ai pris sa tête dans mes mains et je l'ai embrassé sur les lèvres. Je me suis pendue à son cou... Il m'a serrée très fort dans ses bras, la porte toujours entrouverte derrière lui. Puis il a défait mes bras. Il s'est enfui dans sa chambre. Je suis restée un moment toute seule, le cœur battant, tremblante, soufflée.

Je savais que j'avais gagné. Cette fuite était un aveu.

J'ai attrapé le téléphone, j'ai appelé à sa chambre pour lui dire :

« Si tu ne reviens pas ici tout de suite, je vais aller frapper à ta porte. »

Mais il n'y avait pas de réponse.

C'est lui qui m'a rappelée quelques minutes plus tard du hall de l'hôtel. Pour me demander si j'étais bien. Et alors il m'a dit :

« Si tu veux vraiment, c'est moi qui serai le premier. »

Et je lui ai répondu :

« Tu seras le premier. Et le seul. »

5

Deux jours plus tard, nous étions accueillis à l'aéroport de Mirabel par une meute de journalistes, de photographes, de cameramen, de gens du métier. René leur avait apporté les journaux irlandais et anglais. Il leur a fait la lecture. Il leur montrait ma photo, les gros titres. Puis il rappelait aux journalistes l'importance qu'avait l'Eurovision, une institution pratiquement inconnue au Canada.

Il n'a pu s'empêcher de raconter que j'avais pleuré comme une Madeleine. Et il a fait rire tout le monde en disant que ça ne m'était pas arrivé depuis très longtemps.

René a raconté en long et en large la conférence de presse qui avait suivi les compétitions, comment j'avais été extraordinaire. Et tous les journalistes de partout dans le monde, «six ou sept cents», disait-il, ce qui me semblait très exagéré, avait été émerveillés quand je leur avais dit que j'étais la petite dernière d'une famille de quatorze enfants et que je venais d'un patelin appelé Charlemagne.

«Après, continuait René en parlant évidemment de moi, on lui faisait signer des autographes, partout, à l'hôtel, à l'aéroport de Dublin, dans l'avion qui nous ramenait à Londres. Le commandant a même signalé que Céline était présente à bord et tout le monde a applaudi. »

Les journalistes l'écoutaient, ébahis eux aussi, et fascinés.

Mais moi, je pensais que la vraie grosse nouvelle qu'il aurait pu leur apprendre et qui leur aurait fait infiniment plaisir, c'était que nous étions en amour tous les deux. Ils me voyaient radieuse et épanouie, et ils croyaient tous que c'était à cause de la victoire de Dublin. Ça n'avait en fait pas grand-chose à voir.

René a rappelé lors de cette conférence de presse que CBS nous avait promis un disque en anglais et qu'on commencerait à y travailler sérieusement dès l'automne, quand on aurait terminé la tournée *Incognito*.

« Avec le meilleur réalisateur, les meilleurs paroliers et les meilleurs compositeurs, et dans les meilleures conditions que vous pouvez imaginer, disait-il. Vous allez tomber par terre. »

Une journaliste nous a demandé si on était heureux ensemble, si on s'entendait toujours bien. J'ai cru qu'elle avait tout deviné. C'est d'ailleurs ce qu'elle m'avouera beaucoup plus tard. René a répondu le premier :

« Je ne donnerais pas ma place pour tout l'or du monde, disait-il. Céline non plus, j'en suis sûr. On partage le même rêve, elle et moi.

— Et le même lit », étais-je tentée de dire.

Mais je n'avais pas le droit. La veille encore, il m'avait convaincue de garder le silence sur nos amours.

« Combien de temps ?

— Le temps nécessaire.

— Nécessaire à quoi ?

— Il faut en parler autour de nous, à tes parents d'abord. »

Il avait raison. Il a toujours raison, il avait toujours pensé à tout. Sauf que j'ignorais alors que « le temps nécessaire » serait si épouvantablement long.

J'ai sagement répondu aux journalistes que j'étais heureuse de mon association professionnelle avec René. Depuis sept ans, il avait pris toutes les décisions concernant ma carrière. Il ne s'était jamais trompé.

« Je lui fais confiance, absolument. »

Mais une journaliste est revenue à la charge.

« Tu viens d'avoir vingt ans, Céline. As-tu un amoureux ? À ton âge, beaucoup de filles en ont un. »

Les images de l'avant-veille ont défilé dans ma tête. Je me revoyais debout contre le mur de ma chambre, après le départ de René ; mes jambes tremblaient si fort que j'ai failli tomber. J'entendais sa voix, comme en rêve : « Si tu veux vraiment, c'est moi qui serai le premier. » Je m'entendais lui répondre, au bord des larmes : « Bien sûr que je veux… Tu seras le premier et le seul… »

Devant mon silence, la journaliste a insisté :

« As-tu un amoureux, Céline ? »

Alors j'ai ravalé mon émotion avant de répondre calmement et avec le sourire, sous l'œil attentif de René :

« Non, je n'ai pas le temps, ma carrière passe en priorité, je lui consacre tout. »

C'était le premier d'une très longue et très douloureuse série de mensonges. J'entrais dans une période à la fois très heureuse et très troublée de ma vie, celle de mes amours clandestines. J'y connaîtrais de grands bonheurs ; mais à plusieurs reprises, malgré les succès professionnels, le carcan de mensonges dans lequel je m'étais bien malgré moi enfermée a failli gâcher tout mon bonheur.

Dans ma famille, par contre, les choses se sont tassées assez vite. J'avais quand même vingt ans. Mes parents ont compris que je ne renoncerais pas à cet amour qui, de toute manière, me rendait heureuse. On connaissait d'autres couples très unis formés par des hommes et des femmes, comme Eddy et Mia, que séparaient quinze, vingt, même trente ans d'âge. Et il y avait l'exemple de Charlie Chaplin et d'Oona O'Neill qui avaient su être heureux ensemble pendant plus de trente ans. Ils avaient même fondé une famille forte et unie.

René m'a raconté que, en se rendant compte qu'il devenait amoureux de moi, il avait tenté de m'oublier. Il partait pour Las Vegas chaque fois qu'il pouvait. Il s'était même rendu à Paris où il avait rencontré Eddy Marnay qu'il a toujours considéré comme son père et à qui il pouvait se confier.

« Tu connais Eddy. Il m'a fait faire des kilomètres à pied dans Paris pendant que je lui parlais de toi.

– Qu'est-ce qu'il te disait ?

– Il me disait : " L'aimes-tu vraiment " ?

– Et toi ?

– Je répondais : " Comme un fou. Je la vois partout, je pense toujours à elle. "

– Et lui ?

– Lui, il me disait : " Si tu l'aimes, tu n'as rien à craindre. Tu ne pourras pas lui faire de mal. "

– C'est ce que je t'avais dit, moi aussi. »

Mais René pensait également à ma carrière. Je dirais même qu'il y pensait à l'époque plus qu'à notre bonheur, ce qui, par moments, me brisait le cœur. Il était persuadé que si les gens apprenaient que nous étions en amour, lui et moi, tout ce que nous avions construit serait détruit.

Nous avons donc vécu très longtemps nos amours dans le secret et l'intimité de nos familles. Il s'en accommodait assez bien, je crois. Pas moi. J'ai souffert, j'ai pleuré. Parce que j'étais plus jeune peut-être. Et que c'était mon premier amour aussi. J'aurais voulu, dès le premier jour, le crier sur tous les toits. Être aimée de René Angélil, je n'avais rien connu de plus beau de toute ma vie.

Mais, par amour justement, parce qu'il me le demandait, pour lui plaire, j'ai accepté de me taire. Beaucoup trop longtemps, cependant.

Au tout début de l'été, David Foster prévenait René qu'il serait bientôt prêt à travailler avec nous, mais qu'il voulait d'abord me voir en spectacle.

Une semaine après l'Eurovision, j'étais retournée en Europe pour une tournée éclair. Dix villes en dix jours. La folie. Conférences de presse, entrevues, télés, radios, quelques rencontres super, par exemple Elton John à Munich, et un gros show dans le cadre du festival de Cannes avec Julia Migenes-Johnson et Michel Legrand. Rentrée au Québec, j'avais repris la tournée *Incognito*. Notre spectacle était parfaitement rodé. David Foster ne pouvait mieux tomber. Les musiciens étaient en forme. J'étais en voix.

Mais le hasard, ce petit joueur de tours, a voulu qu'au moment où David serait de passage au Québec je ne donne qu'un seul show, sous un chapiteau, à Sainte-Agathe dans les Laurentides, devant un public de vacanciers. René a bien tenté de lui faire remettre son voyage.

«Dans deux semaines, Céline fait le plus important théâtre de Montréal, disait-il. Et dans des conditions idéales.»

David n'a pas voulu ou pas pu remettre son voyage. Il nous est arrivé en compagnie de l'ex-femme du King, Linda Thompson, qu'il venait d'épouser. Il faisait très chaud ce jour-là. Et il pleuvait à boire debout. Sous le chapiteau, qui sentait l'humidité, on suffoquait. Le son était horrible. Par moments, la pluie tambourinait si fort sur le toit qu'on avait de la misère à s'entendre.

Pourtant, je me sentais bien, confiante et cool malgré l'écrasante chaleur. Les chansons passaient parfaitement. Au milieu du spectacle, j'ai présenté David Foster en disant qu'il était le plus grand réalisateur d'albums au monde et qu'il travaillait avec les plus brillantes stars de la chanson américaine. Le public de Sainte-Agathe, qui n'avait sans doute jamais entendu parler de lui, s'est poliment levé pour lui faire une ovation, chose à laquelle ce cher David n'est pas insensible.

Après le spectacle, on s'est retrouvés à quatre dans un restaurant des Laurentides. David ne m'a pas fait de compliments, ce n'est pas son genre. Il manifeste autrement son enthousiasme ou son approbation.

« Je suis avec vous, nous a-t-il dit. Trouvez-vous des chansons et faites-moi signe. »

René et Vito Luprano, directeur artistique chez CBS, devenu Sony, ont alors entrepris de faire un tri parmi les dizaines de chansons que nous avions amassées au cours des derniers mois.

Après les fêtes, la tournée *Incognito* terminée, nous sommes partis en Californie, René et moi. Nous nous sommes installés dans une petite auberge de Malibu Beach, non loin de chez David Foster. Nous ne connaissions alors que lui, à Los Angeles.

David m'a raconté des années plus tard que ce qui, à ce moment-là, l'avait surtout charmé en nous, c'était notre bonheur, notre joie. Quand il passait à l'auberge avec Linda, ils nous trouvaient dans le stationnement en train de jouer au basket-ball ou sur la plage voisine, où nous prenions de longues marches. Parfois, ils jouaient ou marchaient avec nous.

Des parents et des amis du Québec venaient aussi nous voir. Mégo et Suzanne nous ont rendu visite. Parfois des gens de chez Sony, Vito le plus souvent, qui nous faisait entendre des musiques que nous écoutions religieusement. René faisait un tri, une sorte de palmarès. Peu à peu, ce qui allait devenir mon premier album anglais prenait forme. Il serait fait de chansons d'amour exclusivement. La grande majorité des quelque deux cents chansons que j'ai enregistrées dans ma vie parle d'amour. Des joies et des peines qu'apporte l'amour.

Nous étions souvent seuls, loin de toutes les rumeurs qui circulaient à notre sujet. Je vivais enfin dans l'intimité de l'homme que j'aimais. Nous formions ensemble un couple, un vrai couple.

Pour la première fois de ma vie, je pouvais jouer à l'amante et à l'épouse, je pouvais filer dans la cuisine de l'auberge, préparer des pâtes, faire un gâteau. Je ne suis pas une très bonne cuisinière. À la maison, ma mère faisait tout et savait tout faire. En dehors des spaghettis à la bolognaise, mes talents sont limités. René est gourmand. Il était plus fin cuisinier que moi. C'est lui qui ajoutait dans ma sauce les épices qui changent tout.

Il me laissait dormir très tard. Je suis de la nuit et lui du matin... Il partait sur la pointe des pieds vers six heures acheter ses magazines et ses journaux, qu'il lisait sur la terrasse. Il veut toujours connaître toutes les nouvelles et tous les résultats sportifs, où qu'il soit : hockey, baseball, football, boxe. Il veut toujours savoir qui a gagné, qui a perdu, dans tous les jeux, dans toutes les guerres.

Quand je me levais, vers midi, il me branchait sur le monde. Il me préparait du jus de fruits. Parfois, nous ne faisions rien, juste marcher sur la plage et profiter du soleil.

Nous avons passé, cet hiver-là, à Malibu Beach, des jours tranquilles. Les derniers, je dirais, avant que le grand tourbillon ne nous emporte de nouveau.

En Californie, personne ne nous connaissait. Tout le monde pouvait voir notre amour et notre bonheur. Tout était nouveau. L'amour, le paysage, les mots, même ma voix me semblait neuve. Je savais qu'en anglais elle sonnerait différemment. Quand on passe d'une langue à une autre, la texture même de la voix change, son registre aussi.

Mais il y avait autre chose. Moi aussi, j'avais changé. J'étais consciente de ce changement. Je l'observais en moi, dans mes gestes, dans mes pensées, dans toute ma vie. J'étais une femme épanouie, rassurée sur sa féminité, sur elle-même, sur son pouvoir auprès de l'homme qu'elle aimait.

Je me sentais libre comme jamais. Au studio Chartmaker où nous passions nos soirées, parfois nos nuits, tout le monde savait que nous étions ensemble, René et moi. Nous n'avions rien à cacher. Nous pouvions nous embrasser, nous tenir la main, nous appeler l'un l'autre « mon amour » ou « *my love* » sans que personne ne s'étonne ou ne s'offusque. Je crois que cette liberté et le bonheur que je vivais ont agi eux aussi sur ma voix. Je la sentais plus souple, plus proche de moi, plus libre, elle aussi, plus éclatante.

Comme toujours, René considérait que les opérations en cours étaient de la plus haute importance.

« Avec cet album, tu vas faire ton entrée dans le show-business international. Si tu passes à côté…

— Mais oui, je sais, mon amour, si je passe à côté, nous retournons à la case départ tous les deux. Et nous y resterons probablement jusqu'à la fin de nos jours. »

Je le faisais rire. Beaucoup. Je l'ai toujours fait beaucoup rire. Cependant, tout le temps qu'a duré l'enregistrement de *Unison*, presque un an, il est resté inquiet et préoccupé, toujours prêt à tout remettre en question. Certains jours, il voulait tout changer, recommencer, essayer autre chose, un changement de tempo, des cuivres au lieu des cordes, deux pianos ici, pas de guitare là, ou carrément une nouvelle chanson…

Il s'entendait à merveille avec David Foster. Il était lui aussi minutieux, maniaque, jamais tout à fait satisfait. Ni de lui, ni des musiciens, ni de moi. À l'entendre, on pouvait toujours faire mieux. On pouvait toujours tout recommencer. Et c'est souvent ce qu'on faisait.

Les stratèges de Sony étaient très excités de nous voir travailler avec David, mais ils voulaient, pour élargir le public acheteur, que je travaille avec d'autres réalisateurs et d'autres compositeurs, dans d'autres studios, d'autres villes. Ce n'était pas pour me déplaire. À René non plus qui était, depuis toujours, obsédé par cette idée d'élargir mon public et de varier mon répertoire. Même David trouvait que c'était une bonne idée. J'allais donc enregistrer d'autres chansons. À New York d'abord, avec Andy Goldmark, puis à Londres avec Christopher Neil.

C'est ainsi que nous sommes entrés dans ce tourbillon qui, pendant plus de dix ans, ne nous laisserait jamais de répit et nous ferait vivre des moments si extraordinaires. Nous n'étions peut-être pas encore très riches, mais nous disposions, pour faire ce prochain album, de moyens techniques et financiers énormes. Nous avions la confiance des grands patrons de Sony, des contacts privilégiés dans les hautes sphères de l'industrie du disque, et des liens d'amitié très forts parmi les musiciens et les techniciens des grands studios d'enregistrement.

Quand nous avons quitté Malibu pour New York au printemps de 1989, nous savions tous les deux que nous allions mener désormais une vie de gitans, de nomades, que nous ne ferions plus que passer à Montréal, passer à Paris, passer à Los Angeles et à Las Vegas. Passer partout, ne jamais rester plus que quelques semaines au même endroit. Puis partir en tournée.

J'imagine que les pilotes de formule Un au volant de leur bolide n'ont pas le temps d'admirer le paysage parce que tout passe et file trop vite. Mais ils vivent intensément, j'en suis certaine. En fait, ils voient le paysage autrement que nous. Ils voient un autre paysage. Comme eux, j'allais traverser ma jeunesse sur un train d'enfer. Les arrêts seraient rares et courts. Mais je verrais autre chose que la majorité des gens ; j'allais mener une autre vie, très intense, très remplie. Celle que j'avais toujours rêvé de vivre. À tel point que j'avais souvent l'impression d'avoir déjà connu tout cela. J'étais entrée dans ces studios, j'avais entendu ces musiques, j'avais travaillé avec ces musiciens. Dans une autre vie peut-être. Parfois, tout me semblait déjà vu, toujours su.

J'étais chez moi, à Los Angeles. Aussi à l'aise au Chartmaker que dans le studio Saint-Charles de Longueuil ou encore au Family Song de Paris, où j'avais fait mes premiers enregistrements. Je chantais souvent devant de purs inconnus, des gens de l'industrie, des musiciens curieux d'entendre ma voix, tout un public de connaisseurs, de professionnels. Et à deux reprises, on m'a demandé de faire des duos sur d'autres albums, un avec Billy Newton-Davis, l'autre avec Dan Hill, avec qui j'avais l'impression d'avoir chanté des milliers d'années auparavant.

À Los Angeles, une chanteuse est en vue plus que partout ailleurs. C'est dans cette ville, avec le célèbre *Tonight Show*, que j'allais très bientôt faire mon entrée dans le monde du show-business international, le *big time* comme disait René. Je chanterais aux Oscars devant le parterre le plus glamour qu'on puisse imaginer. Et celui qui se faisait encore appeler Prince me verrait et aurait envie d'écrire une chanson pour moi, *With This Tear*.

À New York aussi, je me suis sentie tout de suite chez moi. C'est une ville rude, simple, attachante. Pas du tout cool comme Los Angeles, mais vibrante, énergisante. Tout le monde parle à tout le monde, tout le monde touche à tout le monde, comme si l'on se connaissait depuis toujours.

Andy Goldmark, de même que les techniciens et les musiciens qu'il dirigeait, « les meilleurs au monde », selon René, m'ont d'ailleurs accueillie comme si j'étais une des leurs. Ni plus, ni moins. Nous avons fait ensemble la chanson *Unison*, une chanson de scène, très dance, très musclée, physiquement exigeante.

Certains artistes font carrière sur disque seulement, presque jamais sur scène. Moi, je voulais les deux. Enregistrer un album, c'était un peu me préparer des provisions, des vivres et des munitions à apporter en tournée. Lorsque nous faisions le choix des chansons, nous tenions compte du potentiel qu'elles pouvaient avoir sur scène, devant une foule.

Andy me dirigeait avec beaucoup de rigueur et de fermeté. Il avait au départ une idée très précise du son et des rythmes qu'il recherchait. Et, pour chaque chanson, nous avons travaillé avec lui jusqu'à ce qu'il trouve.

Le Britannique Chris Neil avait une autre manière de faire. Plutôt que de m'imposer sa vision des choses, comme Foster et Goldmark, il m'a amenée à trouver moi-même le son que je voulais, les rythmes, les couleurs qui me convenaient et m'inspiraient. C'était très nouveau pour moi. J'ai été assez déstabilisée au début. Savoir ce qu'on veut et ce qu'on aime n'est pas toujours simple. Surtout quand, pendant des années, on a toujours laissé les autres choisir à sa place. La tentation est grande, souvent, de se fier encore à eux. Mais Chris voulait me consulter sur tout. J'ai finalement beaucoup appris à ses côtés, sur moi-même, sur mes goûts.

Il avait tenu à me rencontrer plusieurs semaines avant l'enregistrement pour préparer les pistes d'orchestre et les arrangements de *Where Does My Heart Beat Now*. Il voulait savoir bien sûr dans quelle tonalité j'allais chanter, mais aussi comment je voulais travailler.

Au début, je ne savais pas trop quoi lui répondre. J'étais tentée de lui dire que j'aimais travailler quand tout allait bien, simplement, quand je sentais autour de moi que les autres étaient impliqués, et qu'ils avaient tous le désir de bien faire. Mais il voulait en savoir plus :

« Dis-moi où, quand, comment tu aimes travailler. Le matin ? Le soir ? La nuit ? Tu aimerais un éclairage aux chandelles ? Tu préfères chanter derrière un paravent ? Tu veux un tas de gens autour de toi ? »

René lui avait dit que je n'aimais ni chanter, ni même parler avant midi. Et que je n'étais tout à fait moi-même qu'après trois ou quatre heures de l'après-midi. Chris a donc réservé studios et ingénieurs pour la soirée.

Pour ce qui était de l'ambiance, je lui ai dit de ne pas s'inquiéter. J'ai toujours adoré les studios, je m'y sens bien. On est en dehors du monde en fait, hors du temps aussi. Paris ou Los Angeles, midi ou minuit, c'est pareil.

Quand j'ai entendu une fois ou deux une chanson que j'aime, je la retiens sans difficulté, paroles et musique. Je n'ai jamais à me préparer bien longtemps pour un enregistrement. Quand j'entre en studio, j'ai la chanson en tête et dans le cœur. Et généralement tout se passe vite et bien.

Le soir de l'enregistrement, tout s'est passé très vite. J'ai fait une prise. Pour me réchauffer, en attendant René et Vito qui jouaient au billard dans la pièce voisine.

« C'est parfait », a dit Chris.

Et il a couru dire aux joueurs de billard que c'était fait. Nous avons écouté l'enregistrement. Par acquit de conscience, on a quand même fait une autre prise. Mais c'est la première qui se trouve sur l'album.

René et Vito étaient au comble de la joie. Ils m'ont laissée à l'hôtel et sont partis jouer au casino. Pas vraiment pour faire de l'argent, mais pour s'assurer que la chance était vraiment avec nous. La fameuse théorie des séquences de René… Plus tard dans la nuit, quand il est rentré à l'hôtel, il m'a réveillée pour me dire qu'il avait gagné beaucoup et qu'il était plus que certain que cette chanson irait très loin. Et nous aussi.

« Tu vas faire le *Tonight Show* avec ça, me répétait-il, c'est moi qui te le dis. »

Il avait raison. *Where Does My Heart Beat Now* allait jouer un grand rôle dans ma vie. C'est cette chanson que j'ai chantée l'automne suivant devant les grands stratèges de Sony International réunis en congrès à Québec, au château Frontenac. Ils ont demandé qui j'étais et ils ont décidé ce jour-là, à cause de cette chanson, de miser gros sur moi. C'est elle que j'ai chantée aussi, exactement comme avait prédit René, la première fois que je suis passée au *Tonight Show*, animé par Jay Leno, et au *Late Show* de David Letterman, les deux plus importants talk-shows de la télé américaine.

De toutes les chansons que j'ai enregistrées, c'est la première qui a vraiment décollé aux États-Unis, puis ailleurs dans le monde. C'est aussi grâce à elle que James Horner et Will Jennings, compositeur et auteur de

My Heart Will Go On, la chanson du film *Titanic*, m'ont connue et qu'ils ont voulu travailler avec moi.

Après l'opération à cœur ouvert que ma mère avait subie, j'avais acheté une maison à Sainte-Anne-des-Lacs pour qu'elle puisse s'y reposer. C'était une grande maison toute blanche, murs, plafonds, planchers, mobiliers, avec d'immenses fenêtres. Elle était très lumineuse donc, presque trop, surtout l'hiver quand la neige couvrait le lac et la forêt. Il fallait presque porter des verres fumés à longueur de journée. Mais mes parents adoraient cette maison. Moi aussi. À l'automne, une fois terminé l'enregistrement de l'album *Unison*, je suis allée y passer quelques semaines.

Depuis plus d'un an, j'avais vécu presque continuellement dans des hôtels situés au cœur de très grandes villes, Los Angeles, New York, Paris, Londres. J'avais besoin d'air pur, d'espace. Je voulais réfléchir, penser à moi.

Quand nous étions au Québec, René et moi, nous devions faire semblant de ne pas être ensemble. Aux journalistes qui me demandaient si j'étais en amour, je répondais encore et toujours que je n'avais pas le temps et pas de place dans mon cœur, dans ma vie, dans ma carrière, pour un homme.

Ces mensonges répétés, vécus au jour le jour, me faisaient parfois beaucoup de peine. J'étais confuse, déchirée.

Je venais d'enregistrer mon premier album en anglais. Douze chansons qui parlaient toutes d'amour, de grandes passions. Je me préparais à tourner, à la Nouvelle-Orléans, un clip dans lequel j'apparaissais comme une jeune fille très sexy, provocante, affichant une grande expérience des choses de l'amour. Pour les photos de presse en prévision du lancement de *Unison*, on m'avait coiffée, maquillée et habillée pour que j'aie l'air encore plus sexy. Je portais des jeans moulants, une camisole blanche laissant à découvert mes épaules et mon ventre.

Dans la vraie vie, je devais continuer à dire que j'étais une jeune fille qui ne connaissait rien à l'amour. Par contre, sur scène, à l'écran et dans mes chansons, je devais me comporter comme une femme épanouie, comblée, aimée. C'était un jeu, bien sûr. Du show-business, du faire-semblant. Mais c'était aussi le monde à l'envers.

Étrangement, dans l'univers du show-business, pourtant celui de l'illusion et de la fiction, dans les chansons, les clips, les photos, où tous les mensonges et les maquillages sont permis, je disais la vérité. Dans la vraie vie, où je voulais être transparente, je devais me forcer tous les jours pour mentir, pour dire que je vivais sans amour. Mon plus grand rêve était pourtant que le monde entier sache combien j'aimais René Angélil et qu'il m'aimait, que nous faisions l'amour, que nous voulions avoir des enfants un jour, que nous ferions notre vie ensemble. Mais René ne voulait pas.

« C'est trop tôt. Attendons encore. »

Pourtant, de plus en plus de gens savaient très bien ce qui se passait.

Paul Burger, qui venait de prendre la présidence de Sony-Canada, me l'a rappelé quelques années plus tard.

« Dès que je vous ai vus, j'ai su que vous étiez ensemble. C'était évident. Je n'ai jamais compris d'ailleurs pourquoi vous avez mis tant de temps à le dire.

– C'est à René qu'il faut demander ça. »

Paul était venu me voir, à Sainte-Anne-des-Lacs justement. La maison était remplie de monde, comme d'habitude, mes parents, mes frères, mes sœurs, René, ses enfants. Nous étions devenus déjà le centre d'attraction de nos familles.

Paul est un Américain, mais il avait vécu en Israël, en France, en Angleterre. Il parlait plusieurs langues, dont le français avec ma mère et mes sœurs qui le trouvaient beau et charmant « bonhomme ». Il allait devenir un ami proche et précieux. Il jouerait, pendant des années, un rôle très important dans ma carrière.

Il était venu nous dire, entre autres choses, qu'il n'était pas tout à fait satisfait des chansons que nous avions enregistrées pour l'album *Unison*.

« À mon avis, il y manque une ou deux chansons plus rythmées qui mettraient ta voix encore plus en valeur. Si tu es d'accord, on retourne en studio, où tu veux, avec qui tu veux. »

J'ai choisi Londres avec Chris Neil.

René était ravi. Il était très satisfait de plusieurs des chansons enregistrées, mais il trouvait lui aussi qu'il manquait quelque chose à l'ensemble… Il craignait que Sony ne refuse d'investir davantage dans un album qui avait déjà coûté très cher.

Ce jour-là, à Sainte-Anne-des-Lacs, Paul s'est mis à me parler de mon look, pour m'informer carrément qu'il le trouvait vieux jeu, pour ne pas dire carrément out. Il me répétait que, pour mettre un disque sur le marché, il fallait qu'une chanteuse ait un look… et que je n'avais pas de look à moi.

« Je suis sûr que tu ne t'habilles pas comme tu en aurais envie. »

C'était vrai. J'avais des chansons qui me ressemblaient. Mais les vêtements que je portais ne voulaient rien dire. Bien souvent, ils n'avaient pratiquement rien à voir avec moi. J'avais pourtant une garde-robe bien garnie, au moins cent paires de souliers, une centaine de robes, trois ou quatre manteaux de fourrure, des tonnes de dessous, de fine lingerie. À New York, à Paris, je courais les boutiques. Je suivais la mode sagement. Je suivais les autres, en fait.

« C'est pas du tout ce qu'il faut faire, disait Paul. Il faut que tu crées la mode. »

Je voulais bien. Mais, en même temps, je n'étais pas vraiment du genre provocateur capable de jouer un personnage, comme Madonna, qui avait déjà tout un théâtre et une légende bien établis, très personnels.

J'adorais me faire des looks, j'avais déjà une passion pour la mode. Mais ce que j'aimais par-dessus tout, c'était chanter, le plaisir physique de chanter devant une foule. Plus la foule et la scène étaient grandes, plus mon plaisir était grand.

Je savais bien que ce n'était pas avec mon look que je touchais les gens, mais avec ma voix. Paul avait pourtant raison : le show-business est pour beaucoup une affaire de look. Les observations qu'il m'a faites ce jour-là, à Sainte-Anne-des-Lac, m'ont convaincue que je devais travailler également de ce côté, avoir plus d'audace, être moins sage.

« Tu n'as qu'à te laisser aller, me disait-il. Va au bout de ta folie. Je sais que tu aimes la mode. Ça se voit. »

Ce qui me touchait le plus dans son intervention, c'était de voir que le grand patron de Sony-Canada avait mon avenir à cœur.

J'avais l'appui d'une très puissante multinationale. Près de moi, un manager attentif et expérimenté, passionné, connaissant de mieux en mieux les rouages du show-business américain.

Tous les espoirs m'étaient permis. Ma vie commençait à ressembler à un véritable conte de fées.

Peu après le lancement de *Unison*, trois ans jour pour jour après celui d'*Incognito*, j'ai accepté de jouer dans une minisérie télévisée : *Des fleurs sur la neige.* Je tenais le rôle d'une jeune femme, Élisa, abandonnée toute jeune par sa mère, battue par un père alcoolique, violée par son beau-père, abusée par un mari brutal et méchant... Une histoire vraie, insupportable.

Pendant quelques semaines, j'ai donc vécu à l'opposé de mon conte de fées, tous les jours au fin fond des enfers. Je n'étais plus la chanteuse qui se préparait à conquérir le marché américain ; j'étais une pauvre fille défaite et malheureuse, sans ressources, sans avenir, sans autre projet que celui d'échapper à un milieu épouvantable.

Le tournage a été pénible. D'abord, il y avait la peur d'entrer dans la peau d'un personnage aussi pitoyable, aussi menacé et blessé. J'ai dû apprendre à marcher le dos courbé, à garder les yeux baissés, à parler tout bas, à me comporter en victime.

Il y avait aussi, surtout au début, une certaine animosité de la part des comédiens sortis des écoles de théâtre, qui me considéraient comme une intruse et qui, jusqu'à la fin, ont refusé de me considérer comme l'une des leurs. Ça m'aidait, d'une certaine façon, à entrer dans la peau d'Élisa, elle aussi rejetée et méprisée par son entourage, et à jouer jusqu'au bout. À vivre réellement son enfer.

J'ai tourné beaucoup de scènes très violentes, moralement et physiquement. Quand il fallait pleurer, je pleurais vraiment ; quand il fallait souffrir, je souffrais. Après quelques jours, j'étais réellement couverte de bleus, j'avais le cœur brisé, j'avais peur de tout le monde. C'était terrible. Mais j'ai adoré l'expérience. Et, depuis ce jour, je rêve de faire du cinéma. Interpréter un personnage, entrer dans sa peau et lui donner une âme, est une expérience unique et merveilleuse.

Un vendredi soir, en rentrant à Sainte-Anne-des-Lacs après une longue journée de tournage, j'ai aperçu sur l'autoroute la voiture du neveu de René, Martin. Il amenait Karine passer la fin de semaine à la maison. Le grand air des Laurentides lui ferait du bien. Elle était de plus en plus affaiblie par la maladie, de plus en plus pâle et défaite, elle aussi, comme le personnage d'Élisa. Mais elle gardait sa bonne humeur, elle luttait toujours.

En doublant la voiture de Martin, je lui ai fait un grand sourire et un signe de la main. Puis j'ai perdu le contrôle de mon véhicule, qui a exécuté un violent tête-à-queue et une sortie de route à reculons.

Je n'ai pas été blessée, mais la voiture a été lourdement endommagée. Dans mon souvenir, je n'ai pas eu vraiment peur. Au contraire, on aurait dit que le choc m'avait réveillée, qu'il m'avait sortie de la peau d'Élisa pour me replacer dans la mienne.

Je croyais, à cette époque, que rien de fâcheux ne pouvait m'arriver, à moi, Céline Dion. J'avais trop de projets, trop d'espoirs, trop de rêves qui, dans mon esprit, ne pouvaient pas ne pas se réaliser.

Je découvrirais bientôt que les choses ne sont pas si simples. Il ne suffit pas toujours de vouloir ou de rêver. N'empêche qu'il y a des périodes dans la vie où l'on se sent invulnérable. Et j'étais dans une de ces périodes.

Prévenu par ma mère, René est rentré de Las Vegas, affolé. Il me jurait qu'il ne me quitterait plus jamais quand j'aurais du travail.

Je savais, moi, que c'était une promesse impossible. Je savais que nous formerions toujours, lui et moi, un couple pas comme les autres. Il avait ses passions,

Las Vegas, le jeu, le golf, ses amis, son travail, tout ce réseau de contacts qu'il était en train d'établir dans le grand show-business américain. Je croyais, je crois toujours, qu'une femme ne peut pas empêcher celui qu'elle aime de mener la vie de ses rêves et d'avoir son monde à lui. Et vice-versa. Sinon, une sorte d'esclavage s'installe. Chacun se diminue de son côté ou diminue sa portion de bonheur, son stock de rêves. Et tout ça finit fatalement par diminuer le couple…

J'étais heureuse, bien sûr, lorsque René était auprès de moi. Quand il me parlait de nos projets ou qu'il me racontait les fabuleuses aventures des Beatles ou du King. Mais je l'aimais aussi pour son amour du jeu, de tous les jeux, pour ce besoin qu'il avait d'être toujours entouré de ses amis. Je l'aimais parce qu'il était libre et imprévisible. Je l'aimais même pour ses absences, ses vraies absences physiques, quand il partait pour Las Vegas ou Los Angeles. Alors je rêvais à lui, on se parlait souvent et longtemps au téléphone, sa voix me ravissait toujours.

Je l'aimais aussi pour ces moments qu'il passait dans la lune, même quand il était auprès de moi, plongé dans ses rêveries, réfléchissant à ce qu'on devrait faire, à ce qu'il dirait aux patrons de Sony ou à tel journaliste. Je savais qu'il travaillait à élargir ma carrière, qu'il y mettait tout son talent, son temps, son amour. Il m'aimait, entre autres choses, pour cette confiance que j'avais en lui, et parce que je savais être autonome et indépendante. Je ne jouais pas la femme-enfant. Je jouais les femmes mûres et fortes. J'étais devenue le genre de femme qu'il aimait. Une femme libre qui lui faisait confiance et le laissait libre.

« Je sais que tu es sincère, je lui disais, je te crois, mais je ne t'en voudrai jamais, je te jure, si tu ne tiens pas tes promesses. »

Puis, je lui faisais à mon tour des serments.

«Je ne vais jamais t'empêcher de voyager, de jouer au black-jack ou au golf à l'autre bout du monde, avec Marc, Jacques, Ben, Rosaire et les autres. Je t'aime comme tu es. Ne change pas. Il faudra toujours tout se dire.»

J'acceptais même de garder nos amours secrètes, puisque c'était ce qu'il voulait. Surtout quand nous étions, comme cet été-là, plongés tous les deux dans l'action, avec toujours mille choses à faire et toute notre vie qui changeait constamment. Par moments, j'étais vraiment très heureuse, comblée.

Nous avons passé la fin de semaine ensemble. Le lundi matin, il m'a emmenée à Montréal où nous devions reprendre le tournage des *Fleurs sur la neige*. Je lui ai montré au passage l'endroit où j'avais eu mon accident le vendredi précédent.

«Il ne faut plus prendre de risques, me disait-il. À partir de maintenant, si je ne peux pas être là, je vais m'arranger pour que tu aies quelqu'un près de toi qui te servira de chauffeur…

— Mais je ne veux pas de chauffeur. J'aime conduire, tu le sais. Et j'aime être seule. Ou avec toi. Si j'ai un chauffeur, tu me connais, je vais me sentir obligée de lui parler.

— Faudra que tu t'habitues, Céline. Un jour, tu auras un garde du corps avec toi, une habilleuse, une styliste, un secrétaire, tout ce qui compose l'entourage des grandes stars.»

Il me disait, très calmement, sans l'ombre d'un doute dans la voix, que je chanterais bientôt, dans deux ou trois ans, à travers le monde entier. Mais, du même souffle, il m'informait que l'album *Unison* ne décollait pas aussi vite qu'il l'avait espéré. Il avait été conçu sur mesure pour le marché américain, mais en fait il n'était pratiquement pas sorti du Québec. Malgré la grosse campagne de promotion que j'avais faite au Canada anglais, aucune radio ne jouait mes chansons, ni à Toronto, ni à Vancouver, ni à Halifax. Et les patrons de Sony-USA avaient décidé d'attendre pour le sortir là-bas.

Voilà pour les mauvaises nouvelles. Il ne m'en aurait probablement jamais parlé s'il n'avait pas eu, pour finir, une bonne nouvelle ou, plutôt, une solution à nos problèmes.

À Las Vegas, il avait appris que Sony-International tenait cet été-là sa convention annuelle au château Frontenac, à Québec. Il avait mobilisé Paul Burger et tout l'état-major de Sony-Canada pour qu'ils persuadent les grands patrons de me laisser chanter deux petites chansons lors de cette convention.

Si quelqu'un dans le monde était sensible au charme de René Angélil, c'était bien moi. J'étais quand même fascinée et émerveillée par la façon dont il parvenait toujours à créer des liens, à installer des ponts partout où nous passions, à convaincre.

J'aime parler aux gens, moi aussi, mais je n'ai pas comme lui le sens de l'organisation. Je ne vais pas demander aux gens que je rencontre d'embarquer dans mon bateau, même si je les trouve archi-sympathiques. Lui, il le faisait toujours. Lorsqu'il considérait que la personne en question pouvait nous apporter quelque chose, aider à la manœuvre, faire avancer le bateau, ou nous faire rire, tout simplement, il l'invitait à bord.

Lorsque nous avions commencé à préparer *Unison*, à Malibu, il a vite connu une foule de gens dans le milieu du show-business. Si, pour l'enregistrement d'une chanson, nous cherchions un trompettiste, par exemple, ou un joueur de triangle, il savait qui était le meilleur et où il se trouvait. Il le contactait lui-même, et le trompettiste ou le joueur de triangle arrivait débordant d'idées, tout heureux de travailler avec nous. *Unison* était donc un album de grande qualité, techniquement impeccable.

« Tu le sais, Céline, que c'est un grand album ?

— Mais oui, je le sais.

— Il s'agit maintenant de le faire entendre et de le mettre en marché. Pour ça, ça prend l'appui de la grosse machine Sony. Quand ils t'auront vue chanter à Québec, ils vont mettre le paquet, tu vas voir. »

À Québec, je devais chanter à neuf heures et demie du matin, pendant que les congressistes et les journalistes prenaient leur petit-déjeuner. Je crois que jamais de ma vie je n'avais chanté avant le milieu de l'après-midi, même pas quand j'habitais à Charlemagne et que la maison était pleine de musique. Je détestais les matins, sauf s'ils étaient d'un calme absolu, et autant que possible silencieux.

En plus, je savais que beaucoup de congressistes ne seraient qu'à moitié réveillés. La plupart d'entre eux auraient sans doute fêté un peu fort la veille au soir — Québec est une ville où l'on fête beaucoup. Plusieurs auraient certainement mal aux cheveux. Donc aucune envie d'entendre une fille qu'ils connaissaient plus ou moins chanter sur des pistes d'orchestre.

Je me suis levée à l'aube, pour avoir le temps de me réveiller comme il faut, de déjeuner, de faire mes vocalises et mes exercices d'assouplissement. Histoire de me mettre en forme, René me répétait que tous les grands patrons de Sony seraient là. Et les journalistes les plus sérieux du show-business américain. Et que c'était l'occasion ou jamais de me faire entendre... ou de retourner à la case départ.

René avait fait installer dans la grande salle de bal du château Frontenac un puissant système de son, de quoi faire trembler le cap Diamant et réveiller les morts.

Je leur ai chanté *Where Does My Heart Beat Now*. À neuf heures et demie du matin, alors qu'ils prenaient leur deuxième café. Pendant un long moment, ils ont eu l'air paralysé. Au point où j'ai failli pouffer de rire.

Ma chanson terminée, je suis restée plantée devant eux. J'entendais le grésillement des amplis, mes yeux ont croisé ceux de René qui se trouvait tout au fond de la salle. Je me suis dit qu'il devait se demander lui aussi ce qui se passait. Rien, pendant quelques secondes. Puis ils ont explosé. Ils se sont levés comme une masse et m'ont fait une ovation du tonnerre, les grands patrons de Sony, les journalistes de Hollywood et de Broadway, de Québec, de Trois-Rivières, de Val-d'Or et de Sept-Îles.

Le lendemain, le grand patron de Sony rencontrait René. Il avait pris la décision de devancer la sortie de *Unison* aux États-Unis. Il ferait organiser une vaste campagne de promotion par les meilleurs stratèges de la compagnie. C'était gagné.

Deux mois plus tard, la prédiction que René m'avait faite à Londres, devant Vito et Chris Neil, le jour de l'enregistrement de *Where Does My Heart Beat Now*, se réalisait. Je partais chanter cette même chanson au *Tonight Show* devant je ne sais plus combien de dizaines de millions de téléspectateurs.

J'étais souvent allée à Los Angeles, j'avais déjà beaucoup voyagé en Amérique et en Europe, même au Japon, et souvent en première classe... Mais c'est lors de ce voyage de trois ou quatre jours à Los Angeles que j'ai eu pour la première fois l'impression d'entrer vraiment dans le fameux *big time* de René.

À bord de la limousine qui nous emmenait à notre hôtel de Beverly Hills, j'ai entendu, pour la première fois de ma vie, une chanson de moi à la radio américaine. L'animateur a prononcé mon nom, « *Celeeenn Dionn* »…, et a dit deux mots sur l'album *Unison* qui serait en vente dans quelques jours. René jubilait. Il a demandé au chauffeur s'il connaissait la fille qui venait de chanter.

« Pas la moindre idée. »

Alors, René lui a répété mon nom deux ou trois fois.

Devant notre hôtel, il a demandé son nom au chauffeur, qui s'appelait Brian, si ma mémoire est bonne.

« *Brian, meet Celeen Dionn.* »

J'ai serré la main que me tendait Brian et j'ai traité René de « grand bébé ». Mais j'étais au comble du bonheur, moi aussi.

Le lendemain après-midi, toujours avec Brian, nous sommes allés sur le Sunset Boulevard voir les vitrines du plus fameux magasin de disques au monde, le Tower Record.

Il y avait trois étalages géants, des milliers de disques de George Michael, des New Kids on the Block et de Céline Dion. Une immense affiche avec ma binette. Au-dessus, une banderole avec ces mots : *Remember the name, because you will never forget the voice.*

J'ai tout de suite pensé à cette première émission de télé que j'avais faite en France, *Champs-Élysées*, quand j'avais chanté *D'amour ou d'amitié*. Plus tard, chez Guy et Dodo, René ne cessait de répéter la présentation que Michel Drucker avait faite, quand il avait dit aux téléspectateurs : « Vous n'oublierez jamais la voix que vous allez entendre. Alors, retenez bien ce nom : Céline Dion. »

Il me semblait qu'il y avait une éternité de cela ; et que c'était la veille en même temps.

L'air de Los Angeles était très doux. Nous avons marché main dans la main un long moment sans parler. Je suis sûre que nous pensions la même chose. Nous venions de boucler la boucle. Et nous étions sur le point de réaliser nos rêves les plus fous. Les grandes portes du show-business américain s'ouvraient toutes grandes devant nous. Dans quelques mois, nous pourrions y entrer avec le spectacle que nous avions préparé et que nous allions roder à l'automne à travers le Québec et le Canada anglais. Tout semblait écrit dans le ciel, une belle partition que nous allions interpréter dans la joie...

Mais auparavant, j'allais devoir affronter l'une des plus terribles épreuves de toute ma carrière. Pendant des jours, des semaines, nous avons pensé, tous les deux, que tout était définitivement compromis.

Cette fois, la barre était plus haute qu'elle n'avait jamais été. Et ce n'était ni moi ni René qui l'avions remontée.

Je devais commencer la tournée *Unison* en présentant devant mon très cher public québécois quatre shows d'affilée. Deux à Drummondville, deux à Sherbrooke.

Le drame s'est produit le troisième soir.

Ma voix s'est cassée tout d'un coup. Elle s'est déchirée comme un papier mouillé.

C'était le vide, le noir total. J'avais l'impression de souffler dans un ballon crevé. J'ai cru sur le coup que ma voix ne me reviendrait jamais. Ou qu'elle me reviendrait toute défaite, changée, méconnaissable.

Je suis sortie de scène, pendant un solo de guitare, et j'ai fait comprendre au régisseur que je ne pouvais plus continuer. René est allé sur scène informer le public de ce qui se passait et l'assurer qu'il serait remboursé et que nous allions reprendre ce spectacle plus tard, dans quelques jours, dans quelques semaines, dès que je le pourrais. Alors, les gens se sont mis à m'applaudir. Ils se sont levés pour me marquer leur sympathie et leur soutien. Puis j'ai fondu en larmes. Dans les coulisses, j'ai retrouvé Suzanne qui pleurait elle aussi. Et Mégo. Tout le monde pleurait ou se taisait.

René est arrivé de la salle, il a pris ma tête dans ses mains. Devant les musiciens et les techniciens, mais comme si nous étions seuls au monde, il m'a embrassée, il m'a serrée dans ses bras, très tendrement, il m'a bercée. Nous étions debout tous les deux au pied de l'escalier qui montait vers la scène. Il ne pleurait pas, lui. Il me disait :

« Pleure pas, pleure pas. Ça va s'arranger, tu vas voir. »

Il avait raison. Tout allait s'arranger. Mais en fait, cette expérience allait chambarder toute ma vie, changer toutes mes habitudes, mon corps ainsi que mon âme. Et par conséquent, ma voix. Je n'exagère pas. On dit qu'à toute chose malheur est bon. Dans ce cas précis, ça s'est révélé plus que vrai. J'allais apprendre énormément de ce malheur qui m'est tombé dessus un soir d'automne, à Sherbrooke.

Nous sommes rentrés à Montréal dans la nuit, tous les deux silencieux, terrorisés, mais en même temps *together*, comme disait René, ensemble dans le même bateau, vivant le même drame.

Nous étions à moins de deux semaines de la grande première montréalaise où René espérait attirer les grands patrons de Sony-USA, les producteurs et les tourneurs américains, pour qu'ils me voient, me trouvent merveilleuse et acceptent de monter une grosse tournée à travers toute l'Amérique du Nord, puis en Europe. Et, pourquoi pas, dans le monde entier.

Si près du but, tout semblait s'effondrer.

Le lendemain matin, René a appelé celui que tout le milieu considérait comme le meilleur oto-rhino-laryngologiste au Québec. Il a pris rendez-vous avec lui, le docteur Marcel Belzile. Jamais je n'oublierai son nom, sa gentillesse inquiète, ni la terrible leçon qu'il m'a donnée.

Sa clinique, où il nous attendait en fin d'après-midi, se trouvait à Longueuil, sur la Rive-Sud. J'avais passé la nuit chez moi, à Duvernay, dans la banlieue nord. Il fallait donc traverser toute la ville, en pleine heure de pointe, et franchir deux ponts très achalandés. Après avoir tricoté pendant une grosse demi-heure dans le trafic, il était devenu évident qu'on ne pourrait jamais arriver à temps et qu'il vaudrait mieux prendre le métro. Avec ma mère ou mes sœurs, j'en avais souvent fait l'expérience à Montréal. Et aussi à Tokyo et à Paris.

Mais ce jour-là, je n'en avais vraiment pas envie. Tous les couloirs et tous les escaliers que nous avons empruntés pour descendre dans le métro étaient traversés par de violents courants d'air. Un drôle d'air pas très catholique, du froid mal mélangé à du chaud, rien de pire pour la gorge et les bronches.

J'étais triste, angoissée, pressée et fâchée. Je n'avais surtout pas besoin de prendre un bain de foule. Il venait des gens de partout. Tous les wagons étaient remplis à craquer. Mais je n'avais pas le choix. Si je voulais terminer ma tournée et faire ma rentrée à Montréal, je devais passer chez le docteur Belzile... et prendre le métro.

Je portais un manteau à capuchon (j'ai toujours beaucoup aimé les capuchons) que j'avais rabattu sur mon visage. Les gens semblaient intrigués, mais personne ne m'a reconnue. En fait, personne n'a voulu me reconnaître, par respect pour René, je crois. Parce que lui, aussi connu au Québec que moi, et depuis beaucoup plus longtemps, tout le monde devait certainement l'avoir reconnu. Par conséquent, tout le monde devait savoir qui se cachait sous le capuchon qui l'accompagnait. Mais personne n'est intervenu. Personne n'est venu me demander de signer des autographes, ni même me dire qu'il aimait mes chansons. Les gens avaient compris, je pense, que quelque chose d'inhabituel ou de grave se passait. Chacun devait voir à l'air sombre de René qu'il n'avait pas du tout envie de rire ou de jaser.

Voilà une chose que j'aimerai toujours des Québécois, cette politesse, cette gentillesse, cette intelligence qu'ils ont les uns des autres. Ils ont respecté notre incognito. Toute cette complicité qu'ils nous ont manifestée m'a beaucoup émue.

Je me suis rendu compte ce jour-là, en regardant autour de moi, que je ne menais vraiment pas la vie de monsieur, de madame ou de mademoiselle tout-le-monde. Je me suis mise à observer les gens discrètement. C'était mon monde, c'étaient les visages que je voyais chaque soir dans les salles où je chantais. Je les regardais, je les écoutais. Je me disais que c'était pour eux que je travaillais. C'étaient eux qui m'applaudissaient, qui m'écoutaient, qui m'aimaient. C'était pour eux que, dans quelques jours, je chanterais sur la scène du théâtre Saint-Denis.

À une station, probablement Berri-de-Montigny, on a dû descendre pour une correspondance. René, qui n'avait sans doute jamais pris le métro, s'est informé auprès des passagers. Un jeune garçon, un étudiant, s'est offert pour nous guider, sans rien demander, pas même de nous serrer la main. Il n'a pas cherché à voir qui se cachait sous le capuchon. Il savait certainement que j'étais là. Quand il nous a laissés, il a dit : « Bonne chance, monsieur Angélil. »

Cinq minutes plus tard, nous étions à Longueuil, dans la clinique du docteur Belzile qui se trouvait juste au-dessus de la station de métro. Dans mon esprit, ce serait l'affaire de quelques minutes. Il m'examinerait, il me prescrirait un médicament ou il me ferait une piqûre. Il me dirait de me reposer, de boire beaucoup de liquide. Et je pourrais chanter le lendemain.

C'est un peu ce qu'il a fait. Mais il m'a servi en même temps tout un sermon qui allait me forcer à repenser ma carrière de fond en comble. Il m'a fait la peur de ma vie.

« Tes cordes vocales sont fatiguées et irritées, parce que tu les a mal entretenues, mal traitées. Tu peux continuer à chanter pendant quelque temps, mais tu devras tôt ou tard laisser ta voix se reposer pendant plusieurs jours, des semaines peut-être. Sinon, tu devras être opérée. Cette opération changera peut-être, probablement même, le timbre de ta voix. »

Ainsi, je risquais de devenir une sorte de Joe Cocker ou de Serge Gainsbourg féminin !

« Les cordes vocales sont des petites bêtes fragiles qui ont des ennemis partout, poursuivait le docteur, aussi bien au-dedans de toi que dans l'air ambiant. »

Contrairement à ce que j'avais toujours cru, ce ne sont pas les refroidissements ni les coups de chaleur qu'il faut craindre le plus. Une voix en bonne condition peut résister à ce genre d'agression. La fumée de cigarette, la poussière, la pollution sont des irritants beaucoup plus dangereux… Mais pire que tout, il y a le stress, la fatigue et le mauvais usage.

La fumée, on peut toujours la bannir de son environnement. La poussière aussi. On peut se tenir loin des gens grippés ou enrhumés. Mais vivre sans stress et sans fatigue, quand son rêve est de chanter devant les plus grandes foules et partout dans le monde, c'est une autre paire de manches. Je savais bien que, dans mon cas, le problème était là. Le problème, c'était la fatigue, le surmenage, la pression, le stress constant.

« Et aussi, et beaucoup, le mauvais usage que tu fais depuis trop longtemps de tes cordes vocales », me répétait le docteur Belzile.

Il nous a expliqué que les nodules ou les polypes qui se développent sur les cordes vocales et finissent par leur enlever beaucoup de souplesse et d'élasticité ne proviennent pas, ou alors très rarement, d'une infection, mais plutôt d'un défaut de technique. Une chanteuse inexpérimentée qui force sa voix, en chantant en dehors de son registre naturel par exemple, ou en poussant au-delà de ses limites, peut abîmer dangereusement ses cordes vocales. Il faut savoir forcer, apprendre à placer sa voix.

« Je peux te guérir momentanément. Il y a des mélanges de cortisone et de xylocaïne que je peux appliquer directement sur tes cordes vocales. Ça aura des effets à court terme qui vont te sembler miraculeux. Même si tu es presque totalement aphone à l'heure actuelle, tu serais capable de donner le meilleur de ta voix dans quelques heures. Mais il y a de très gros risques. Si tu as recours régulièrement à ce genre de médicament, tu peux provoquer des ruptures, des déchirures. Tu pourrais ensuite être incapable de chanter pendant des semaines, des mois. Tu pourrais aussi te briser la voix pour toujours. Alors, il n'y aurait plus de recours. Même l'opération serait inutile. »

Il me regardait droit dans les yeux, très intensément. Je sentais que son plus cher désir était de me guérir. Sa compassion me touchait.

« Je suis très sérieux, tu sais, me disait-il. Une fois, deux fois peut-être tu peux avoir recours à des médicaments de ce genre. Et à condition de ne pas trop forcer ta voix. Ensuite, il faudra que tu réapprennes à chanter. »

Je buvais ses paroles. Je comprenais tout, les dangers que j'avais courus, les erreurs que j'avais faites. Je prenais sur-le-champ toutes les résolutions. Je guérirais, je changerais. Je fuirais tout environnement enfumé, empoussiéré ou pollué. J'éviterais les bains de foule et les visites de groupe dans ma loge. Je cesserais d'embrasser tout le monde comme j'avais l'habitude de le faire.

Et je ne serais plus jamais fatiguée. Je me ferais désormais un devoir de dormir bien et longtemps, de me détendre, de me défaire autant que possible de tout stress, de bien manger aussi, pas trop, et que de bonnes choses. J'allais aussi rire beaucoup et être heureuse, puisque le rire et le bonheur, c'est bien connu, sont bons pour la santé et ennemis du stress.

D'abord et avant tout, j'allais me défaire de ce que le docteur appelait « mes mauvaises habitudes de chanteuse ». J'allais réapprendre à chanter. Retourner à la case départ, s'il le fallait, refaire mes gammes les plus élémentaires.

Je suis sortie de la clinique du docteur Belzile avec ces résolutions en tête, inébranlables, je le savais. Je me sentais comme un soldat qui part en guerre. J'étais certaine de guérir. Je savais que ma guérison ne dépendait que de moi. Le docteur Belzile me l'avait dit et répété.

« Tu peux guérir, si tu veux, disait-il. C'est toi qui décides. »

Nous allions partir quand il a ajouté :

« Je serais plus rassuré si tu consultais le docteur William Gould, à New York. C'est le meilleur ORL au monde. Tout ce que je sais, c'est de lui que je le tiens. Il te dirait, lui, si tu dois être opérée ou s'il y a une autre solution. »

Nous avions prévu un arrêt de plus d'un mois aux fêtes. J'en profiterais pour rencontrer le docteur Gould. En espérant qu'il ne soit pas trop tard, et en faisant tout mon possible d'ici là pour ménager et protéger ma voix.

J'ai repris la tournée après deux jours de silence. Avant mes shows, je faisais des exercices de réchauffement, des vocalises. Entre mes shows, je faisais silence. Je savais que ma vie de chanteuse venait de prendre un virage important.

Je me sentais un peu comme ces femmes qui autrefois entraient au couvent. Je les imaginais exaltées, et en même temps effrayées par la perspective de vivre toute leur vie, jusqu'au bout, en présence de Dieu, dans le silence et la prière, seules. Pendant des années, ma vie allait ressembler à la leur, faite de discipline et de privation, de silence, de méditation, de visualisation... Et, bien sûr, de joies très intenses.

Mais, avant de me plonger dans cette nouvelle vie, je devais terminer la tournée québécoise, puis présenter mon show au théâtre Saint-Denis.

Je crois que je n'ai jamais vécu une première aussi survoltée. À cause de ce qui m'était arrivé, le show avait été reporté d'une semaine. J'étais reposée, ma voix avait repris sa forme. Mais, pour diverses raisons, je n'avais su éviter de vivre ces moments dans un stress effrayant.

D'abord, la rumeur courait que j'étais épuisée. On disait dans le milieu et dans les journaux que des spécialistes avaient prédit que ma voix serait finie. Cette première au Saint-Denis serait donc une dernière, mon chant du cygne, mes adieux définitifs au show-business. Voilà ce qu'on écrivait à pleines pages dans les journaux à potins, ce qu'on disait à la radio, ce que beaucoup de gens croyaient finalement.

Nous savions bien que c'était faux. Mais René craignait que les producteurs canadiens et américains ne s'arrêtent à ces rumeurs et ne refusent de s'impliquer davantage dans nos projets. Il faudrait donc que je fasse, ce soir-là, la preuve éclatante que ma voix était en parfaite condition. Gros contrat.

Comme pour mettre encore plus de pression, j'avais créé, deux jours plus tôt, tout un scandale au gala de l'Adisq en refusant le Félix destiné à l'interprète anglophone de l'année.

Les choses n'ont jamais été simples entre le Canada anglais et le Québec francophone. Monter un spectacle en anglais, pour un artiste québécois, était considéré, encore plus à cette époque qu'aujourd'hui, comme une opération extrêmement délicate.

Je l'avais appris à mes propres dépens deux ans plus tôt, lorsque la communauté francophone de Toronto m'avait invitée à chanter au spectacle de la Saint-Jean présenté sur une scène extérieure du Harbour Front, face au lac Ontario.

J'avais prévu quelques chansons en anglais, dont ce bon vieux *What a Feeling*, et quelques classiques comme *Over the Rainbow* et *Summertime*... Dès que j'ai commencé à chanter en anglais, des gens se sont mis à me huer. La majorité des francophones de Toronto parlent anglais à leur travail et dans la rue. Mais la Saint-Jean est un moment sacré, où ils réaffirment leur appartenance. Je n'avais pas l'habitude des huées. Je commençais à paniquer sérieusement quand une grosse pluie s'est abattue sur le Harbour Front et qu'il a fallu interrompre le spectacle. Ouf!

Plus tard, peu après la sortie de *Unison*, j'avais présenté un spectacle en anglais, un soir à Montréal, un soir à Toronto. Les journaux, d'un côté comme de l'autre, s'étaient alors demandé si le grand public québécois accepterait que je chante en anglais. Dans le milieu, on allait même jusqu'à dire que je risquais de détruire ma carrière au Québec.

Mais rien ni personne n'aurait pu me faire renoncer à ce rêve de chanter en anglais. C'était la seule façon pour une chanteuse, qu'elle soit de Charlemagne, de Bobigny, de Barcelone ou de Kyoto, de faire le tour du monde. Nous étions persuadés, René et moi, que le grand public québécois voyait d'un bon œil cette entreprise et qu'il me donnait sa bénédiction. C'étaient les médias qui entretenaient cette polémique inutile.

En refusant le Félix destiné à l'interprète anglophone de l'année, je voulais cependant faire une mise au point. J'avoue avoir été un peu maladroite dans ma déclaration.

« Je ne suis pas une anglophone. Partout où je vais dans le monde, je dis que je suis québécoise. »

Du coup, c'étaient les anglophones de Montréal qui étaient furieux. Ma déclaration laissait entendre qu'ils n'étaient pas québécois, eux, même s'ils habitaient au Québec.

C'est très compliqué, chez nous, cette histoire-là. Ma première au Saint-Denis était ainsi en train de devenir un événement politique. On craignait des manifestations, des huées…

Mais ce soir-là, nous avons eu droit, René et moi, à des ovations monstres. La soirée a été, pour nous deux, un triomphe absolu. Quand René est descendu dans la salle quelques minutes avant le lever de rideau, les gens l'ont applaudi très fort.

Au Québec, déjà, il y avait une sorte d'aura autour de lui, à cause de ce qu'il avait réussi auprès des grands patrons du show-business. À cause de tous ces contacts qu'il avait réussi à établir avec eux et pour la manière dont il avait géré ma carrière. Pour son charme personnel en plus, bien sûr. Peut-être aussi parce que les gens étaient touchés par notre histoire d'amour. Mais ça, René ne voulait pas le savoir, il n'y croyait pas, pas encore.

Dès que la tournée a été terminée, je me suis rendue à New York pour rencontrer le docteur Gould, un homme adorable, très délicat, plein d'humour.

Accrochées aux murs de la petite antichambre où nous avons attendu quelques minutes, il y avait des photos de lui avec ses patients, parmi lesquels John Kennedy, Frank Sinatra, Walter Kronkite. Ainsi que beaucoup d'autres qu'il avait soignés au cours de près d'un demi-siècle de pratique.

Il m'a répété en gros ce que m'avait dit le docteur Belzile : que mes cordes vocales étaient très mal en point. Et que c'était dû principalement à de mauvaises habitudes.

« Il faudra probablement t'opérer », m'a-t-il dit.

Des larmes ont roulé sur mes joues. Je pensais à ce que m'avait dit le docteur Belzile, que ma voix serait probablement altérée, changée peut-être au point d'être méconnaissable, voilée, rocailleuse, finie.

« Il y a bien une autre solution, a ajouté le docteur Gould.

— C'est celle-là que je prends, lui ai-je dit.

— Si tu gardais le silence pendant trois semaines, on pourrait peut-être envisager un traitement infiniment moins risqué, et sans aucun effet secondaire. »

Je lui ai fait signe que mes trois semaines de silence étaient déjà commencées.

« Quand je parle de silence, c'est le silence absolu, a-t-il ajouté. Même dans tes rêves tu ne dois pas parler. Ni rire, jamais. C'est très dur, tu sais. Et n'essaie pas de tricher. Si tu parles, ne serait-ce qu'une fois, je le verrai au moment de t'examiner. »

J'ai levé mes pouces et je lui ai fait un clin d'œil.

Quand je suis partie, il m'a embrassée très tendrement sur le front.

J'ai passé les fêtes les plus étranges de toute ma vie. Presque chaque soir, mes frères et mes sœurs chantaient ensemble, comme nous avions toujours fait, depuis aussi loin que je pouvais me souvenir. Mais pour une fois, je ne pouvais mêler ma voix aux leurs. Je faisais des percussions, maracas ou tambourins. Mais j'étais par moments terriblement seule dans mon silence.

Quand le docteur Gould m'a examinée à la mi-janvier, il m'a dit qu'il était fier de moi.

« Honnêtement, je ne pensais pas que tu en serais capable », m'a-t-il confié.

Il semblait vraiment heureux, comme si je lui avais fait un cadeau.

« Tu peux maintenant commencer à t'entraîner. »

Son associé, le docteur William Riley, allait me prendre en charge et entreprendre de restaurer ma voix, ce qui a été un très long travail, à la fois pénible et merveilleux.

Il me faisait travailler debout, le plus souvent. On parlait un peu, on faisait quelques exercices de réchauffement, puis il se jetait littéralement sur moi, il me plaquait de tout son poids contre le mur, et il me faisait faire des gammes. Ou il me plaçait dans des positions vraiment inconfortables pour une chanteuse, les bras en croix, par exemple, et la tête inclinée. Et je devais chanter avec naturel…

Avec lui, autant qu'avec Eddy Marnay autrefois, j'ai découvert le grand plaisir de l'étude, du travail, de l'exercice et de l'effort. Eddy avait changé mon rapport avec les mots. Il m'avait appris à donner des couleurs, un sens et un poids à chacun des mots que je chantais. Avec le docteur Riley, j'avais l'impression de retrouver l'enseignement d'Eddy, la même passion, la même intensité, le même plaisir.

Un jour, pendant que nous faisions nos exercices, on a frappé à la porte. Le docteur Gould est entré, suivi d'un homme terriblement imposant dont la seule vue m'a bouleversée. C'était Luciano Pavarotti. Après les présentations d'usage, le docteur m'a demandé de chanter quelque chose.

« Juste pour que Luciano entende ta voix », me dit-il.

J'étais si intimidée que je n'ai même pas pensé refuser.

« Que voulez-vous que je chante ? ai-je demandé.

– N'importe quoi, ce que tu voudras. »

J'ai chanté ce qui me passait par la tête, quelques bribes d'une chanson que je n'avais pourtant pas entendue depuis longtemps, *You Bring Me Joy*. Luciano Pavarotti m'a fait toutes sortes de beaux compliments et m'a dit que j'avais une voix qui allait droit au cœur. J'étais très émue, au bord des larmes. Le docteur Gould me regardait, tout fier et ému lui aussi, comme si j'avais été sa propre petite-fille. Par la suite, dans mes exercices, sur la scène et en studio, j'ai souvent repensé à la petite phrase de Pavarotti : *une voix qui va droit au cœur*. Et le docteur Riley me l'a rappelée lui aussi.

William Riley est lui-même musicien. Il a une très jolie voix. Il m'a éveillée aux sonorités infinies qu'on peut donner aux mots, aux sons, en changeant la position de sa langue, de ses lèvres et de ses joues. Il m'a montré comment appuyer ma voix dans le masque, comment la placer en tête, comment utiliser les résonateurs de la

236

poitrine, de la face. Il tirait de moi des sons que je n'avais jamais entendus de ma vie, que je n'avais jamais pensé pouvoir produire. Grâce à lui, je découvrais un nouvel univers musical, vaste, fascinant...

Je chantais moins du nez qu'à mes débuts, mais il y avait toujours quelque chose de nasillard dans ma voix. Pour me corriger, j'avais développé des techniques vocales que le docteur trouvait inefficaces. Il allait m'aider à m'en débarrasser. Il m'a proposé, à la place, des exercices de réchauffement et d'assouplissement qui devaient durer au moins une demi-heure avant chaque show. En plus des longues séances de vocalises.

Il était en train de me faire une démonstration du genre d'exercices auxquels je devrais me soumettre désormais tous les jours, quand René l'a interrompu pour lui demander dans combien de temps on verrait les résultats de ce travail.

« Il n'y aura pas grand-chose de perceptible avant trois ans. Dans cinq ans, Céline aura sa meilleure voix. »

René est resté stupéfait. Il n'a plus ouvert la bouche de tout le temps qu'a duré l'entretien avec le docteur. Pendant que nous attendions l'ascenseur à la sortie de la clinique, il s'est tourné vers moi pour me dire qu'il comprendrait très bien si je refusais de vivre une telle épreuve.

« Je ne peux pas te demander de gâcher ta vie pendant cinq ans pour des résultats qu'on n'est même pas certains de voir. »

Une fois dans l'ascenseur, il a ajouté :

« Moi, si on me proposait un régime qui me ferait maigrir dans cinq ans, tu peux être sûre que je refuserais de le suivre. »

Moi, j'avais tout de suite tout accepté. Je ne reculerais jamais et je ne remettrais pas une fraction de seconde en question cette décision. Je n'avais aucun doute là-dessus. Ce serait extrêmement exigeant. Mais il aurait été plus difficile de renoncer : quand on désire très fort conquérir quelque chose (ou quelqu'un), il faut prendre les bons moyens pour y arriver.

Quelques jours plus tard, je suis retournée seule chez le docteur Riley. Il m'avait préparé une batterie d'exercices à faire tous les jours. Sauf la veille d'un show ou d'un enregistrement, où je devais faire silence.

Puis il m'a fait deux recommandations. En bon artiste qu'il était, il m'a d'abord conseillé d'oublier toutes ces techniques dès que je monterais sur scène.

« Il ne faut jamais que ça paraisse, sinon, ça casse le feeling. Et puis n'en fais pas trop. Même si tu t'entraînes douze heures par jour, ça n'ira pas plus vite. Il faut laisser à ta voix le temps de se défaire de ses mauvaises habitudes et d'en assimiler de nouvelles. Trop, c'est pire que pas assez. »

Juste à côté se trouvait le bureau d'une oto-rhino-laryngologiste qui allait, elle aussi, devenir une grande amie, Gwen Korovin. J'ai passé des heures avec elle à étudier tous les organes de la voix. Elle me montrait des images dans des livres : le larynx avec les cordes vocales de chaque côté, la trachée, le pharynx. Elle glissait une petite caméra dans ma gorge et je voyais, sur un moniteur, la source de ma voix, les cordes vocales qui palpitaient... Elle m'expliquait que la tension et les mouvements que je leur imposais allaient donner un son, un bruit plus ou moins informe. Ma bouche et ma langue allaient moduler ce son et créer des mots, des notes.

Mais tout ça, ça ressemble au golf : au début, on est paralysé. Quand on commence à suivre des cours, on découvre qu'il y a un million de choses auxquelles penser : position des épaules, de la tête, mouvement des bras, stratégie du regard, etc. Avec Gwen, je découvrais à quel point chanter, parler, proférer un son tout simple, même respirer étaient des opérations complexes.

C'était comme si je repartais à zéro, comme si je réapprenais non seulement à chanter, mais aussi à parler, à respirer, à bouger, à marcher, à me tenir assise ou debout. J'ai pris l'habitude de ne pas m'appuyer sur le dossier de ma chaise, par exemple, ni de mettre mes coudes sur la table ou de poser ma tête dans mes mains. Je n'aimais plus les fauteuils trop profonds et trop mous. J'étais dure : un vrai *Marine* à l'entraînement.

Heureusement, j'arrivais à oublier toute cette technique quand je montais sur scène. Je chantais pour le plaisir, sans tenir compte de ce que j'étais en train d'apprendre.

J'ai suivi mon régime vocal comme une maniaque. Tous les jours, sauf bien sûr quand je devais garder le silence. J'ai adoré ça. J'y ai trouvé un réel plaisir, presque sportif. D'ailleurs, c'était un entraînement très proche de celui des athlètes.

Je commençais par des inspirations et des élongations, des torsions de cou. Puis je réchauffais ma voix, je prenais une note que je tenais le plus longtemps possible, sans forcer, jusqu'au bout de mon souffle. Je faisais voyager ma voix dans mon corps, voix de tête, voix du nez, voix de gorge, voix du ventre.

Je pensais dans ma tête à des textures et à des couleurs, que j'essayais de traduire, de passer dans ma voix. Je poussais en crescendo des séries de sons, en appuyant de plus en plus fort sur chaque note, en changeant de rythme et de tonalité. Et je recommençais, je recommençais, je recommençais... C'est beaucoup ça, le secret : être capable de recommencer en continuant d'y mettre du cœur, de la passion.

C'était un jeu. Une sorte de test aussi. Si je n'étais pas bien, si j'étais distraite ou préoccupée, ça paraissait tout de suite, ça s'entendait. Alors je devais recommencer, me calmer, me contrôler, jusqu'à ce que ma voix retrouve la vibration, la couleur, la texture désirées.

La voix a ses habitudes et ses caprices. Elle a des cycles, elle aussi. Certains jours, quand je suis menstruée par exemple, elle me paraît plus terne. Il n'y a rien à faire. Parfois aussi, elle est moins docile. Je veux dire que je la contrôle plus difficilement. Alors, c'est comme si nous nous disputions, elle et moi. On dirait qu'elle me boude, qu'elle s'éloigne de moi.

Mais, avec ces exercices du docteur Riley, j'arrivais toujours à la retrouver. On a passé ensemble, toutes seules, ma voix et moi, dans ma loge ou dans ma chambre, de bien bons moments.

Le plus difficile au début, c'était le silence, les grandes plongées en solitaire au fin fond du silence. La première fois surtout. Trois semaines, ma grande traversée du désert. J'ai cru que ça ne cesserait jamais.

Je me tournais alors dans ma tête des petits films très noirs, de véritables cauchemars. Il y en a un, entre autres, qui me revient souvent en mémoire. J'étais devenue muette pour toujours. J'étais terrorisée, brisée. Mais j'allais quand même chaque fois jusqu'au bout.

Ma mère entrait dans ma chambre et me trouvait en larmes. J'interrompais mon tournage pour lui faire comprendre par signe que c'était un jeu, qu'il ne fallait pas s'inquiéter. Dès qu'elle me laissait, je retournais à mon histoire inventée. Je la poussais jusqu'au bout, jusqu'à ce qu'elle finisse bien. Je ne chantais plus, mais je donnais quand même des interviews. Manon était là. Ou Suzanne. Elles lisaient sur mes lèvres et traduisaient mes réponses aux journalistes. J'avais des choses à dire et je travaillais. J'étais devenue une grande pianiste, j'écrivais des paroles et des musiques de chansons, des romans, des scénarios de films et de vidéoclips, j'avais des idées… Ce que j'avais dans le cœur, et qui passait autrefois par ma voix, prenait maintenant un autre chemin, tout simplement. Ça me consolait, la vie continuait.

Peu à peu, j'allais m'habituer à ces périodes de silence, des moments de repos, qui me permettaient de décrocher vraiment. C'est un monde à part, un pays. J'y retournerai toujours. Comme je retournerai toujours au Québec.

Avec ma sœur Manon, avec Suzanne Gingue et quelques autres, j'ai développé un langage de signes qui fonctionne très bien. Elles peuvent lire facilement et rapidement sur mes lèvres aussi. Les filles de mon entourage sont pas mal plus habiles dans cet exercice que les hommes. René, il faut que je lui fasse un dessin ou que j'appelle Manon pour l'aider. Quelquefois, en pensant me faciliter les choses, il fait semblant qu'il a compris. Mais il fait mal semblant. Je le sais, je le vois. Mon frère Michel aussi. Les hommes ont le réflexe, quand je parle sans voix, de parler plus fort que d'habitude et plus lentement. Ils articulent soigneusement, comme si j'étais sourde ou retardée. Les filles au contraire font comme moi, elles parlent tout bas, le plus souvent presque sans voix. Et ça crée entre nous une atmosphère de grande paix.

Nous avions un code, ma mère et moi, lorsque nous parlions au téléphone.

« T'as bien dormi, mon bébé ? »

Un coup d'ongle pour oui, sur le micro de l'appareil.

« As-tu finalement fait couper tes cheveux ? »

Deux coups d'ongle pour répondre non…

« Ton père t'embrasse… et moi aussi… »

Petite série de coups d'ongle pour les embrasser à mon tour.

Le silence est peu à peu devenu pour moi une sorte de refuge. J'avais l'impression certains jours d'être invisible, comme si les autres ne me voyaient pas, ne me parlaient pas. Comme si je n'avais rien à leur dire. J'observais le monde sans être vue.

C'est à cette époque aussi que j'ai commencé à entendre une petite voix au-dedans de moi, une petite voix très souple qui me venait en tête et chantonnait des airs, des mélodies qui parfois me ravissaient. Je les travaillais pendant quelque temps, puis je les oubliais. Il m'est arrivé d'en mettre en réserve et de penser en faire de vraies chansons. Mais je n'ai jamais mené ces projets à bout. Je le ferai peut-être bien un jour.

Je sentais que je sortais toujours plus forte de mes périodes de silence. Si bien que je ne pourrais sans doute plus jamais m'en passer. Aujourd'hui, même quand je n'ai pas à chanter et à protéger ma voix, je passe de longues heures silencieuse. Les religieuses et les moines cloîtrés font ça depuis toujours. Ce n'est certainement pas pour rien. Ça donne une vision du monde différente, très claire et nette.

Je ne suis pas religieuse, mais j'ai beaucoup de respect pour ceux qui pratiquent sérieusement une religion. Pour la discipline qu'ils s'imposent. Il y a une sagesse là-dedans. Et le silence, pour moi, c'est un point de départ. C'est très vaste. Comme la solitude. Comme la musique.

Après plusieurs mois de vocalises et de plongées dans le silence, je ne voyais toujours pas de changement dans ma voix. Mais je n'ai pas lâché. Je n'ai jamais douté. Et je découvrais chaque jour que chanter était un plaisir de plus en plus grand.

René cherchait toujours à créer des événements. Chaque fois qu'il voyait une scène quelque part, il voulait toujours que j'y monte. Partout où se trouvait réunie une grande foule, il voulait que je chante, qu'on m'écoute, qu'on m'applaudisse. Et il s'arrangeait pour que ça arrive. Il travaillait tout le temps. Partout.

Il n'avait pas vraiment de bureau. En fait, son bureau était où il se trouvait, au restaurant, en auto, chez lui, chez moi. Il avait toujours des gens à rencontrer, mille et un téléphones à passer... Mais il n'avait pas d'agenda, pas de papiers, pas de répertoire téléphonique. Je n'ai jamais connu personne d'autre qui travaille de cette façon. Il a une mémoire phénoménale pour les chiffres et les dates, les numéros de téléphone.

Il se réveille en disant que c'est l'anniversaire de quelqu'un qu'il connaît ou d'un événement important de sa vie, de ma carrière. Il dira, par exemple : « Il y a deux ans, jour pour jour, tu enregistrais *Unison* à New York. » Ou « Mon père aurait eu quatre-vingt-un ans aujourd'hui. » Ou encore : « La première fois que tu as fait le *Tonight Show*, c'était un 21 septembre, mais c'était un vendredi, pas un dimanche comme cette année. »

Il avait décidé un jour que ma carrière avait commencé le 19 juin 1981, le jour où j'avais fait cette émission de télévision de Michel Jasmin. Dix ans plus tard, jour pour jour, il avait donc un prétexte rêvé pour qu'on célèbre, au Forum de Montréal, mes dix ans de carrière.

Je venais de terminer ma première vraie grosse tournée pancanadienne qui avait duré tout l'hiver. Cette tournée avait démarré plutôt lentement. Je faisais des petites salles dans l'Ouest canadien, Edmonton, Calgary, Vancouver. Mais après avoir remporté deux Juno (meilleure chanteuse et meilleur album de l'année), quand *Where Does My Heart Beat Now* s'est mis à grimper presque au sommet des palmarès américains et que David Letterman m'a invitée à son *Late Show*, j'étais devenue du jour au lendemain une grosse star d'un bout à l'autre du pays. En un rien de temps, tous les billets s'étaient envolés. J'avais chanté à guichets fermés dans les grandes salles de la majorité des villes canadiennes.

Je craignais donc que cette soirée anniversaire au Forum ne prenne des allures trop triomphalistes. Je n'aime pas les gens suffisants qui proclament partout leur succès et leurs bons coups. Je ne voulais pas avoir l'air de la fille qui crie victoire.

« Pourquoi pas ? me disait René. Tu as réussi ce que jamais aucun autre artiste canadien n'a réussi, Tu as fait un triomphe partout au Canada. Tu rentres chez toi. Tu dois fêter. Tu as le droit d'être fière de ce que tu as réussi. C'est pas de l'arrogance, c'est de la joie. Ta joie que tu dois montrer au monde. »

Comme toujours, il avait raison. Comme d'habitude, il m'a emballée, impliquée dans son projet. C'est sa force, son génie, il embarque toujours tout le monde dans ses projets, moi la première.

Il voulait que ce concert au Forum rappelle les grands moments de ma carrière. En chansons, bien sûr, mais aussi en images projetées sur un écran géant. J'ai donc passé deux longues soirées à visionner avec lui des émissions de télé et des shows que j'avais donnés au cours de ces dix années et qu'il avait fait monter en ordre chronologique. Parfois, je ne pouvais croire à ce que je voyais, à ce que j'entendais.

Quoi! J'avais porté cette robe ridicule! Je m'étais présentée à la télé avec ces dents-là! avec ces cheveux-là! avec cette voix nasillarde!

René, lui, était ému, émerveillé.

« Tu te rends compte du chemin que tu as parcouru, me disait-il. Tu as bougé sans arrêt, tu as changé, tu as appris sans cesse. »

Grâce à lui, je me suis réconciliée avec certaines images de moi que je n'avais jamais vraiment aimées. À commencer par celle de la petite fille de treize ans qui, dix ans plus tôt, avait chanté *Ce n'était qu'un rêve* à l'émission de Michel Jasmin et qui lui avait dit par la suite qu'elle n'avait aucun besoin de suivre des cours de chant, rien à apprendre de qui que ce soit.

Cette petite fille m'a touchée par sa naïveté. Je retrouvais dans sa voix, dans ses yeux, même dans la maladresse de ses paroles, la ferveur et la fraîcheur de son rêve, de mon rêve.

J'ai ainsi revécu des moments très émouvants : comme ce jour où j'ai chanté *Une colombe* devant le pape au Stade olympique. J'ai beaucoup ri en me voyant si souvent pleurer aux galas de l'Adisq. Je me suis revue dans les rues de Paris avec Mia et Eddy, puis au théâtre Budokan de Tokyo quand j'ai remporté le grand prix du festival Yamaha. Sur le plateau du *Tonight Show*, aussi, assise entre Jay Leno et Phil Collins, qui m'avait dit, après m'avoir entendue chanter : « On va se revoir. » Je lui avais répondu : « *You bet!* » Et ils avaient beaucoup ri tous les deux.

Je me suis revue aussi sur la scène de l'Olympia. Puis sous l'immense chapiteau flottant du Vieux-Port de Québec avec, autour de moi, des tonnes d'éphémères. À Los Angeles, avec René bras dessus, bras dessous devant le Tower Record...

Au cours des jours suivants, nous avons fait ensemble une sélection d'images et de chansons. J'étais heureuse et fière.

Le show du 19 juin a été, du début à la fin, un délire total. J'étais accompagnée par l'Orchestre symphonique métropolitain, soixante-cinq musiciens. Et, la moitié du temps, par les milliers de spectateurs qui remplissaient le Forum et qui connaissaient par cœur presque toutes mes chansons. J'ai beaucoup parlé. J'ai salué les auteurs et les compositeurs qui avaient travaillé avec moi. Avant de chanter *Ce n'était qu'un rêve*, j'ai rendu un hommage mérité à ma mère, celle par qui toute cette aventure avait commencé. Les gens se sont alors levés pour l'applaudir.

Au rappel, je suis revenue sur scène avec, sur le dos, le chandail du club de hockey Canadien et dans la main un drapeau du Québec. C'était une idée de René, une sorte de clin d'œil et en même temps une façon de réconcilier indépendantistes et fédéralistes, intellectuels et sportifs... Jamais, je pense, je n'avais entendu une telle clameur. Pendant plusieurs minutes, j'ai été incapable de parler. Puis les gens ont fait « la vague » et se sont mis à chanter la si belle chanson de Gilles Vigneault que les Québécois ont adoptée à la place de *Happy Birthday* :

Ma chère Céline, c'est à ton tour
de te laisser parler d'amour...

J'avais repris, au Forum, le pot-pourri de chansons de l'opéra rock *Starmania* que j'interprétais du temps de la tournée *Incognito*. Séduit, Vito Luprano m'a proposé de faire un album des grands succès de Luc Plamondon. L'idée m'a plu tout de suite. Parce que j'aimais beaucoup travailler avec Luc. Mais aussi parce qu'il y avait là un défi de taille, celui de reprendre des chansons très connues que d'autres chanteuses avaient popularisées et d'en proposer de nouvelles interprétations. Refaire du neuf avec du vieux, autrement dit. En plus, Luc allait m'écrire quatre nouvelles chansons.

Je me suis impliquée plus que jamais dans cet album. Jusque-là, je n'entrais en studio que lorsque tout était prêt. Les arrangements étaient faits, les pistes d'orchestre enregistrées. Je n'avais plus qu'à chanter.

Cette fois, j'ai travaillé au choix des chansons et à la réalisation, très étroitement, avec l'arrangeur, le réalisateur, l'auteur, les compositeurs… Nous avons enregistré à l'automne, dans le petit studio de Michel Berger, boulevard des Batignolles, à Paris. J'ai connu là des moments de grand bonheur.

Un soir, après l'enregistrement d'une des quatre chansons originales de l'album, nous nous sommes retrouvés, René et moi, seuls dans la petite cuisine du studio (moi, un yaourt; lui, son Coke Diète). Il m'a alors confié, tout bas, comme un secret :

« Tu sais, le docteur Riley avait raison. Ta voix n'a jamais été aussi belle…

— Mais ça ne fait même pas un an, mon amour, que je m'entraîne avec lui ! Il a dit qu'on ne verrait les résultats que dans quatre ou cinq ans.

— Alors imagine ce que ce sera quand on les verra vraiment, ces fameux résultats ! »

Je n'en avais parlé à personne, mais je trouvais moi aussi que ma voix avait commencé à changer. Elle était plus ample, plus nuancée, plus souple. Le timbre était toujours clair et net. Et surtout, j'avais un choix de textures et de couleurs de plus en plus large : velours, cristal, gros bleu, etc. Chanter m'apportait plus de bonheur que je n'en avais jamais eu.

Tous les deux mois environ, j'allais voir le docteur Riley à New York. Nous avions parfois des séances de *work out* très musclées ; parfois aussi, nous ne faisions que parler des voix, des musiques ou des sons que nous aimions... Je sortais toujours de chez lui stimulée, pleine d'énergie, déterminée. Où que je sois, Montréal, Paris ou quelque part en tournée, je faisais mes vocalises, je suivais mes régimes. Les jours où je chantais, jamais de produits laitiers par exemple, pas d'alcool évidemment, ni de boissons gazeuses, pas de thé, pas de café, pas de fruits acides. Que de l'eau tiède, de temps en temps un jus de fruits, des tisanes...

J'ai passionnément aimé la discipline, la vraie discipline très forte et très stricte que je me suis imposée à cette époque. Je l'ai respectée pendant près de dix ans de ma vie. Le plus difficile, c'est de ne jamais lâcher. Se priver de desserts, de chips ou de cacahuètes de temps en temps, rien de plus facile. S'en priver tous les jours, en même temps que de plein d'autres petites choses, c'est une tout autre paire de manches. Ça demande une attention constante, maniaque. Il faut devenir soi-même une espèce de mécanique qui ne réfléchit plus à certaines choses et qui pose automatiquement certains gestes, qui oublie par exemple le goût du *sticky toffey pudding,* de la crème anglaise et du sirop d'érable, qui se ferme hermétiquement à certains plaisirs de la vie et qui ne décroche jamais... Bizarrement, toutes ces petites privations mises ensemble créent une sorte de bien-être, du bonheur. Celui qu'apporte la maîtrise de soi, je pense.

Je faisais donc mes exercices et mes vocalises avec grand plaisir. Avant chaque show, je me plongeais dans le silence absolu pendant vingt-quatre ou quarante-huit heures ou même plus, quatre ou cinq jours parfois, pour laisser reposer mes cordes vocales, mais aussi pour descendre au fond de moi. Je dormais beaucoup aussi, j'évitais les courants d'air, la moindre poussière, la fumée de cigarette. J'ai appris à fuir les environnements climatisés même quand il fait trente-cinq degrés, à fuir aussi toute personne enrhumée ou grippée, et à ne pas trop angoisser ou m'inquiéter. J'ai appris à être bien non seulement dans ma peau, mais aussi dans mon âme. Je suis devenue armée.

J'ai organisé toute ma vie en fonction de ma voix. Pour elle, j'ai eu toutes les exigences, tous les caprices. Je me sentais responsable d'elle comme d'un trésor.

Au fond, la discipline a quelque chose de confortable, de rassurant. Elle encadre bien solidement ses sujets, elle trace et délimite le chemin, elle élimine tous les choix, et par conséquent elle simplifie la vie.

Ma vie était déjà très belle. J'étais protégée et aimée. Tout ce que nous entreprenions réussissait. Nous n'avions pas terminé un projet qu'un autre se présentait, plus excitant encore.

En 1992, le gala des Oscars tombait le 30 mars, jour de mon vingt-quatrième anniversaire de naissance. J'ai vécu ce soir-là de grands moments. J'ai chanté, en duo avec Peabo Bryson, la chanson-thème du film de Disney, *Beauty and the Beast*, déjà un très gros succès qu'on entendait partout. Elle allait d'ailleurs remporter l'Oscar de la chanson de l'année quelques minutes plus tard.

J'avais eu un trac fou. D'abord, quelqu'un que je connaissais bien, et qui savait ce qu'il disait, avait pris soin de me rappeler, et dix fois plutôt qu'une, que j'allais chanter sur le plus gros plateau de ma vie, devant le plus vaste auditoire jamais réuni, un milliard de téléspectateurs à travers le monde, « *the very biggest of big times* », comme disent les gens de Hollywood. En plus, j'avais souffert d'une amygdalite, les jours précédents, et le médecin m'avait prescrit des antibiotiques assommants.

Mais ce qui m'impressionnait le plus, c'est qu'ils étaient tous là, au Dorothy Chandler Pavilion : Elisabeth Taylor et Paul Newman, Tom Cruise, Michael Douglas, Barbra Streisand, Liza Minnelli, les plus grandes stars du monde, toutes ces idoles que j'avais toujours rêvé de rencontrer. Je les voyais maintenant à mes pieds et je chantais pour elles, elles me regardaient et m'écoutaient, comme moi je les avais toujours regardées et écoutées. Et elles m'ont applaudie, elles me reconnaissaient comme l'une des leurs.

Devant tous ces gens, je me sentais à la fois très forte et toute petite, à la fois chez moi et comme une étrangère. J'aurais voulu les remercier de cette grande faveur qu'ils me faisaient de me recevoir ainsi chez eux, dans leur château fort, au cœur de Hollywood. J'imaginais la réaction de René.

« Mais tu n'as pas à les remercier. Personne ici ne t'a fait la moindre faveur. Si on t'applaudit, c'est qu'on te considère comme une vraie star, toi aussi. Tous ces gens sont impressionnés par toi, autant que tu peux l'être par eux. »

Je ne le croyais pas vraiment. Je ne me voyais pas encore tout à fait comme une vraie grande star à l'égal de celles autour de moi. Je voulais aller plus haut, plus loin. Il me semblait que j'avais encore beaucoup de chemin à faire avant de pouvoir dire que j'étais réellement passée de l'autre côté du miroir...

René m'avait fait une surprise. Il avait invité mes parents à Los Angeles et il leur avait trouvé deux fauteuils dans le Dorothy Chandler Pavilion, ce qui, pour le soir des Oscars, est à peu près impossible à réaliser.

Après le gala, nous nous sommes promenés, René et moi, parmi toutes ces étoiles. Nous en étions, nous aussi, fébriles, impressionnés, comme toutes celles qui se trouvaient là. Et René, passionné de l'observation de ce genre d'étoiles, n'arrêtait pas de nommer celles qu'il apercevait. Il me faisait rire. Toute sa vie, il avait côtoyé des stars ; et il était encore émerveillé par elles, comme un petit garçon.

À un moment donné, mes yeux ont croisé ceux de Barbra Streisand et elle m'a fait un petit salut de la tête, un sourire. J'ai failli m'évanouir d'émotion. J'étais désormais une personne visible, reconnue. Parce que j'avais chanté tout à l'heure sur la scène, devant ce public de stars et les caméras de la télé. Trois mois plus tôt, j'aurais été, dans cette salle de bal, une fille parfaitement invisible, sans nom. Désormais, même ma plus grande idole savait qui j'étais.

Ce même jour de mon vingt-quatrième anniversaire et du gala des Oscars, mon second album en anglais, intitulé plutôt banalement *Céline Dion*, était lancé à grand renfort de publicité sur les marchés américain et canadien. L'album que j'avais fait avec Luc Plamondon, *Des mots qui sonnent*, venait de sortir en France. Au cours des mois suivants, je devrais mener de front deux campagnes de promotion.

J'ai fait un saut à Montréal, deux ou trois jours après le gala des Oscars. Et, pour la première fois, j'ai avoué à une journaliste de *La Presse* que j'avais dans ma vie un homme dont j'étais follement amoureuse. Je n'ai pas voulu lui dire son nom, cependant.

« Est-ce que c'est celui à qui je pense ? a-t-elle demandé. Est-ce que je le connais ? »

Je me suis contentée de rire. Déjà, pour moi, ce demi-aveu était un formidable soulagement. Au moins, les gens sauraient désormais que j'étais marquée, moi aussi, par l'amour, que je ne faisais pas que le chanter. Je le vivais et je le faisais aussi.

Quant à l'être aimé, la journaliste le connaissait, bien sûr, comme beaucoup de gens à Montréal et à Paris. On avait même écrit dans les journaux à potins que nous étions ensemble, René Angélil et moi. Malgré cela, il voulait attendre encore avant de le dire publiquement.

Quelques jours après cette confession, je devais partir avec lui en tournée de promotion. Aux États-Unis d'abord, puis au Japon, ensuite en Europe. Une vingtaine de grandes villes, des dizaines d'entrevues, de shows de télé, de galas, etc. La vie de nomades, notre beat. Nous étions tous les deux très excités.

Un événement imprévu allait changer nos plans.

J'ai remarqué déjà que lorsque des choses vraiment terribles se produisent, on se rend compte par la suite qu'il y avait eu des signes et qu'on aurait dû s'y attendre. Quand René a eu son attaque cardiaque à Los Angeles, j'ai réalisé que je vivais depuis plusieurs jours dans la peur et l'inquiétude, comme si j'avais ressenti à l'avance ce qui allait arriver. Et je me suis culpabilisée, j'ai regretté de n'avoir pas été plus attentive. Si j'avais été une meilleure amoureuse, j'aurais vu la fatigue, j'aurais vu le mal venir…

Nous étions descendus à l'hôtel Four Seasons où nous devions nous reposer pendant quelques jours. Je venais de faire le *Tonight Show*, dont j'étais devenue une habituée, et le *Good Morning America*. J'avais donné plusieurs entrevues. Dans quelques heures, nous devions partir pour New York pour rencontrer d'autres caméras, d'autres journalistes. En attendant, nous prenions un peu de soleil au bord de la piscine, René et moi.

Il est monté à notre chambre en se plaignant d'un point dans le dos et de la chaleur, ce qui m'a tout de suite inquiétée. René n'a jamais assez de soleil et de chaleur.

Je l'ai donc appelé dix minutes plus tard. Il a été long à répondre, il avait la voix faible. Je n'ai pas attendu l'ascenseur, j'ai couru jusqu'à notre chambre. Il était étendu sur le dos, confus et souffrant, ça se voyait. En trente secondes, j'avais ameuté tout l'hôtel. Puis j'ai trouvé un fauteuil roulant et de l'aide. Quand l'ambulance est arrivée, nous étions déjà dans le hall de l'hôtel, René dans son fauteuil, l'infirmière de l'hôtel et moi. J'avais demandé qu'on prévienne le service de l'urgence de l'hôpital Cedars Sinaï qui nous attendait. Tout ça sans réfléchir et, il me semble, très calmement.

René croyait qu'il allait mourir. Il pleurait. Il me parlait de ses enfants, de sa mère.

«Toi, Céline, tu dois continuer. Quoi qu'il arrive, même si je ne suis plus là, tu dois continuer.»

Et il me citait tous ceux et celles en qui il avait confiance et avec qui, lui parti, je devrais travailler. Je le suppliais de se taire, je lui jurais qu'il ne mourrait pas, que ma carrière ne m'intéressait plus.

À l'hôpital, j'ai encore remué ciel et terre pour qu'on s'occupe de lui au plus vite. Puis je suis restée près de lui jusqu'à ce qu'il soit bien en sécurité dans la salle des soins intensifs et qu'on n'ait plus qu'à attendre que son état se stabilise.

En discutant avec les médecins qui l'avaient examiné et qui tentaient de me rassurer, j'ai réalisé que j'étais toujours en maillot de bain… dans un lieu climatisé où je risquais de prendre un coup de froid qui me casserait la voix. J'avais pour une fois complètement oublié toute prudence et toute discipline. À ce moment, l'état de ma voix était le dernier de mes soucis. René hors de danger, la peur et la peine s'emparaient maintenant de moi. Jamais, je crois, je ne m'étais sentie aussi seule et démunie.

Dès que j'ai pu, j'ai téléphoné à Tété, sa mère. Le lendemain, ils étaient tous là, entourant René de leur affection : Tété et les enfants, Patrick, Jean-Pierre et Anne-Marie ; et ses amis, Marc Verreault, Pierre Lacroix, Paul Sara…

Quelqu'un, Pierre Lacroix ou Marc Verreault, avait apporté à René un exemplaire du *Wall Street Journal*, où on disait, entre autres belles choses sur moi, que j'avais fait la preuve qu'un artiste du Canada français peut réussir une carrière internationale sans abandonner sa culture ni renier ses racines. René lisait et relisait l'article au point de le savoir par cœur. Cette reconnaissance le rendait plus heureux, je crois, que tous les éloges que je pouvais avoir reçus depuis le début de ma carrière.

« Tu vois, même les gens qui ne sont pas de l'industrie, qui n'ont rien à voir avec le show-business reconnaissent notre réussite. »

J'aurais souhaité, moi, qu'on en reste là. J'étais prête à tout annuler. Plus de promotion, plus de show de télé, plus rien, jusqu'à ce que mon amour soit tout à fait hors de danger. Mais il ne voulait rien entendre. Il ne voulait pas que je m'arrête.

« Même si j'étais mort, je voudrais que tu continues. Si j'étais mort et que tu t'arrêtais comme ça, en pleine course, je mourrais deux fois. »

J'ai compris qu'il était très sérieux. J'ai compris que ma carrière était d'une certaine manière son chef-d'œuvre, sa chanson, sa symphonie à lui. L'idée qu'elle puisse rester inachevée l'aurait peiné terriblement. J'ai compris que, si jamais il disparaissait, je devrais continuer, sans lui, pour lui.

Mais tout ce succès perdrait son sens si René n'était plus là pour le voir et le connaître, pour me le raconter au jour le jour. J'avais besoin de ces récits, j'avais besoin de sa voix, de son regard, de son admiration et de son amour. Plus que jamais et plus que tout au monde, au moment où toutes les portes s'ouvraient devant moi, j'avais besoin de lui à mes côtés.

Tôt ou tard, on risque de voir disparaître ceux et celles qu'on aime. J'y pensais souvent. Autour de moi, ils avaient tous plus ou moins deux fois mon âge. Et je me disais parfois que j'allais les perdre un à un. Je me retrouverais toute seule… D'une certaine manière, quand je me laissais envahir par ces pensées, j'étais déjà toute seule. Et je me mettais alors à me tourner des petits films sombres, presque sans action, de simples tableaux, en fait.

Je m'imaginais très vieille, assise devant une fenêtre, avec un châle sur les épaules, et je regardais un très beau jardin rempli d'oiseaux, de fleurs ; une pluie très fine tombait… Je n'étais pas vraiment triste, mais très seule, définitivement seule. Il n'y avait personne autour de moi, ni dans le jardin, ni dans la maison. Pas d'enfants, pas de musique. Rien que le silence très paisible que je ne briserais plus jamais.

À qui d'autre qu'à moi-même pouvais-je parler de ces choses ? Sûrement pas à ceux et celles que j'ai justement si peur de perdre, René, mes parents…

René s'est rétabli vite et bien. Mais notre vie ne serait plus jamais la même. Quelque chose, l'insouciance peut-être, nous avait été enlevé.

Les médecins lui ont dit qu'il devait perdre du poids et faire de l'exercice de façon plus régulière, manger mieux et moins. Bref, il devait changer de vie. Et, pour commencer, éviter le stress. C'était beaucoup lui demander.

René est comme moi, il aime le stress… Notre métier en est plein. Ce qui se fait sans stress, sans danger, apporte peu de plaisir et ne vaut pas vraiment la peine. C'est en tout cas ce qu'on croyait, à l'époque. Plus le tremplin était haut, plus il était tentant d'y monter.

Depuis l'accident que j'avais eu sur l'autoroute deux étés plus tôt, pendant le tournage de la série *Des fleurs sur la neige*, René avait été constamment auprès de moi. Comme il m'avait promis. Avant de reprendre ma tournée de promotion, j'ai insisté pour qu'il renonce à cette promesse. Je voulais qu'il se repose, qu'il suive son régime. Cette fois, une première dans notre vie, il m'a écoutée.

De passage à Montréal, j'ai poursuivi mes confidences sur ma vie amoureuse. Un journaliste m'a demandé si j'avais eu peur de perdre René.

« La peur de ma vie, lui ai-je répondu.

— Tu aurais perdu ton deuxième père.

— Je n'ai qu'un père, Adhémar Dion, que j'aime et qui m'aime. René n'est pas un père pour moi, il ne l'a jamais été et ne le sera jamais. René, c'est l'homme qui fait battre mon cœur, c'est l'homme de ma vie. »

Puis j'ai ajouté qu'il y avait certaines choses de ma vie, de notre vie, dont je ne souhaitais pas parler. Jusqu'alors, nous avions toujours évité ces questions, nous faisions semblant de ne pas être ensemble. Je mentais carrément, je disais que je n'aimais personne, que personne ne m'aimait. Tous ces mensonges créaient parfois des situations intenables. Les journalistes me croyaient de moins en moins.

Avec cette déclaration, je venais de changer le cours des choses. J'informais le public que nous avions, René et moi, un territoire dans lequel nous ne voulions laisser pénétrer personne. À mots à peine couverts, je laissais

J'ai beaucoup aimé travailler avec les photographes,
surtout ceux qui savent révéler l'âme.

J'adore les studios,
je m'y sens bien. On s'y
trouve hors du monde et
hors du temps. Paris ou
Los Angeles, midi ou
minuit, c'est pareil.

À l'arrière, John
Doelp, patron de Sony-
USA, René Angélil et
Vito Luprano, notre
directeur artistique.
Avec moi à la console,
Rick Wafe et
Humberto Gatica.
Nous préparions
l'album *Let's Talk
About Love*, au studio
Hit Factory.

Devant Graceland, la
demeure d'Elvis
Presley, à qui René
voue une grande
admiration.

Mon très cher Luc Plamondon, ses célèbres lunettes noires, son style incomparable, son sourire, sa générosité. Ses paroles me touchent et me stimulent encore.

Avec sa douceur, son humour, sa connaissance du métier, Jean-Jacques Goldman a changé ma voix. Travailler avec lui a été un grand plaisir.

Quel que soit son visage (ici celui de Pierce Brosnan), l'agent 007 est toujours séduisant.

Sur le plateau du *Tonight Show* où je me trouvais pour la première fois. Phil Collins, alors en tête de tous les palmarès, m'avait dit: "On va se revoir". J'avais répondu: "You bet".

Karl Lagerfeld, patron de Chanel. Il m'a guidée dans le monde fascinant de la haute couture.

Entre Oprah Winfrey et nous, le courant est tout de suite passé.

Sans l'humour et la gentillesse d'Alain Delon, l'enregistrement du show de la Saint-Sylvestre, à Paris, aurait été un véritable cauchemar.

Au studio *Hit Factory*, à New York, avec Luciano Pavarotti. Nous venions d'enregistrer en duo *I Love You, Then I Hate You*.

Il y a trois ans, j'ai réalisé mon rêve le plus cher, chanter en duo avec Barbra Streisand.
Elle était depuis toujours mon idole. Elle est devenue mon amie,
et est restée mon idole.

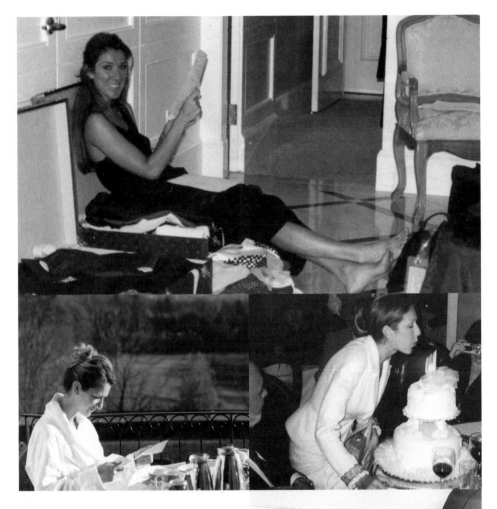

La vie dans les valises…

À Zurich en juin 1997, nous avions donné la veille le dernier show de la très longue tournée *Falling Into You.*

Mon trentième anniversaire.

Pour protéger ma voix, je devais garder le silence absolu pendant des jours. Un de mes passe-temps favoris était de feuilleter des magazines.

Monsieur et madame René Angélil. Une photo de nous deux que René aime particulièrement.

En juin 1999, au Stade de France. Un relais satellite permettait à René, convalescent, de voir ce show en direct depuis notre maison de Floride. La robe de scène que m'avait dessinée Annie Horth est l'une des plus belles que j'aie portées.

Photo du centre en haut
D.R. Dana Fineman, agence Corbis Sygma

La joie du vainqueur.

Le premier janvier 2000.

Avec « mon » lamentin, dans un canal de
Palm Beach. Une rencontre qui m'a fait
réaliser à quel point j'avais changé au cours
des derniers mois.

Un merveilleux cadeau pour mon
trente-deuxième anniversaire : apprendre
que René avait recouvré la santé.

Toutes les photos sont tirées des archives des Productions *Feeling*.

entendre que nous étions en amour, mais que nous ne voulions pas en parler, que nous avions nous aussi une vraie vie, « un petit jardin privé ».

« Tout le reste, vous le connaissez. Parfois même aussi bien, sinon mieux, que nous deux. »

Je suis donc repartie en Europe avec Suzanne Gingue, d'abord au World Music Award de Monaco où j'ai reçu un prix. Il en pleuvait de partout, cette année-là. Mes deux albums – *Céline Dion* et *Des mots qui sonnent* – se vendaient par millions. Or, plus un album se vend, plus l'artiste travaille et remporte des prix. Et plus l'artiste récolte des prix, plus ses albums se vendent et plus il travaille. Le tourbillon, toujours plus fort, l'emporte toujours plus loin...

À la fin, je devais souvent faire un effort le matin, quand je me réveillais, pour me rappeler dans quelle ville je me trouvais. Oslo, Rome, Munich, Stockholm, Londres, Paris, Amsterdam... Toutes les chambres d'hôtel se ressemblent. Marbre, bronze, céramique et porcelaine dans la salle de bains, les mêmes miroirs partout, le même tapis moelleux, la même pénombre...

Pour m'endormir, lorsque j'étais à la maison, j'avais une chemise de nuit qui appartenait à ma mère, rose bonbon, si usée que le tissu était d'une douceur presque irréelle. Je ne la portais pas. Je m'en servais un peu comme Charlie Brown se sert de son *security blanket*. Je m'endormais le visage enfoui dans ce bout de tissu que j'ai toujours conservé précieusement. Mais j'y tenais trop, j'avais trop peur de la perdre pour l'emporter avec moi en voyage.

Dès que l'avion se posait à Dorval ou à Mirabel, l'ouragan qui m'avait emportée se calmait. Pendant quelques jours, je vivais une petite accalmie. J'allais souvent dormir chez mes parents, pour passer un peu de temps auprès de ma mère.

Je voyais mes sœurs, mes frères. Nous allions, René et moi, dans des restaurants dont nous connaissions le personnel et les habitués. C'était une autre vie, un autre monde, une sorte d'oasis. Mais j'y restais de moins en moins longtemps.

Chez moi aussi, je ne faisais que passer. Chaque fois, j'avais le sentiment de m'éloigner davantage de mes frères et de mes sœurs. Ils étaient toujours aussi chaleureux, aussi gentils, ils étaient tous contents de ma réussite, mais je n'étais plus la petite fille qu'ils faisaient rêver, à qui ils enseignaient des choses. Plusieurs d'entre eux avaient tout le talent et tout le désir qu'il faut pour réussir. Mais ça n'était donné qu'à moi.

Je partais avec leur rêve, avec leur chance. J'avais le sentiment de leur voler quelque chose. Je vivais désormais dans un autre monde, presque dans un autre temps... Entre eux et moi, s'installait parfois une sorte de gêne, des silences. Nos vies étaient si différentes...

Pendant la tournée de promotion que j'avais faite en Europe, je parlais à René cinq, six, dix fois par jour. Chacun savait heure par heure où était l'autre et, en principe, ce qu'il faisait. René me disait qu'il se reposait, qu'il marchait une heure chaque jour, qu'il faisait de l'exercice, qu'il jouait au golf avec Marc, Jacques ou Rosaire, qu'il mangeait peu, qu'il dormait beaucoup...

J'allais découvrir en rentrant à Montréal qu'il ne s'était pas du tout reposé. Il avait préparé notre année, tout planifié jour après jour, tout réglé comme du papier à musique. Nous sommes partis ensemble pour Séville où se tenait l'Exposition universelle de 1992. Je devais chanter au Pavillon canadien, le 1ᵉʳ juillet, jour de la fête nationale du Canada.

À bord de l'avion qui nous emmenait en Espagne, il m'a fait le récit de mes futures aventures dans le merveilleux monde du show-business.

D'abord une tournée des États-Unis en première partie de Michael Bolton, puis une tournée du Québec plus tard à l'automne, ensuite une tournée du Canada. Et à travers ça, quelques gros shows en plein air, le tournage de deux ou trois clips tirés de *Unison* et de l'album *Dion chante Plamondon*. Bientôt, à l'automne et à l'hiver prochains, suivrait l'enregistrement des chansons de mon troisième album en anglais. Il avait déjà fait une première sélection. Il avait des maquettes qu'il m'a fait entendre, dont une de David Foster, paroles et musique, qui le ravissait, *The Colour of My Love*.

« Toutes les chanteuses voulaient cette chanson-là, me disait-il. Whitney Houston, Barbra Streisand, Natalie Cole… Mais David a dit que c'était à toi qu'il voulait la donner, à nous deux en fait, parce que c'est une vraie chanson d'amour et qu'il sait que nous sommes amoureux, toi et moi.

– Et pourquoi lui le sait et pas mes voisins à Montréal ? »

Je ne doutais pas de l'amour de René. Mais je comprenais de moins en moins son entêtement à nier l'évidence. Plus personne n'était dupe, nulle part, ni à Paris ni à Montréal. Je lui reprochais de plus en plus souvent de me refuser le bonheur de faire savoir au monde qu'il m'aimait. Chaque fois, il me revenait avec notre différence d'âge et avec cette peur que je ne sois malheureuse dans dix, quinze, vingt ans, quand il serait vieux et fatigué. Cette peur aussi que les gens ne rient ou qu'ils ne disent qu'il avait abusé de son pouvoir et de son expérience, et qu'il m'exploitait.

« Ta carrière pourrait être brisée.

– Le mensonge qu'on raconte depuis quatre ans pourrait être encore plus destructeur, non ? Heureusement pour moi que les gens ne nous croient plus. Comment veux-tu qu'une fille supposée vivre sans amour et qui ne l'aurait jamais connu de toute sa vie puisse chanter des chansons comme toutes celles que je chante ? »

Pour moi, aucun des arguments qu'il invoquait ne tenait le moindrement. Depuis plus de dix ans, nous avions partagé les mêmes expériences. Tout ce qu'il savait avant moi, il me l'avait appris, il m'avait tout raconté, tout donné. J'avais l'impression et la prétention d'en savoir désormais autant que lui, sur la vie, sur la scène, sur le public, sur le show-business. Nous étions des partenaires depuis plus de dix ans, des amants depuis plus de quatre ans. Et moi, j'aurais bientôt vingt-cinq ans. Je ne voyais pas pourquoi je devais cacher mes amours. Les femmes de mon âge ne le faisaient pas. Mais, chaque fois que j'abordais le sujet, il me disait qu'il fallait attendre encore un peu, que tôt ou tard un moment idéal se présenterait.

« Je t'avertis, lui ai-je dit ce jour-là, à bord de l'avion qui nous emmenait à Séville. La première fois que je vais chanter *The Colour of My Love* en public, je vais la chanter pour vrai. Je vais annoncer les couleurs de mon amour et je vais lui donner un nom. »

Il savait que j'allais le faire. Il savait aussi que je l'aimais profondément. Mais surtout, il avait confiance en moi. Il m'aimait, lui aussi.

À cette époque, rien ne le mettait plus hors de lui que d'entendre dire ou de lire qu'il exerçait sur moi un contrôle absolu. Ou encore qu'il me dictait toujours quoi penser, quoi dire, quoi faire. Comme si j'étais une poupée mécanique entièrement manipulée par lui.

Au Québec surtout, c'était ce que beaucoup de gens croyaient ou voulaient croire. Je le savais plus ou moins. Sincèrement, ça ne me faisait ni chaud ni froid.

Il y avait un fond de vérité dans tout ça : au début de notre relation, René m'avait en effet entièrement guidée, il m'avait formée. Je ne peux pas le nier et j'en remercie le ciel tous les jours. Mais peu à peu, il m'a laissée voler de mes propres ailes.

« Sois toi-même. Dis ce que tu penses, dis ce que tu as à dire. »

Je réalise aujourd'hui à quel point il m'a encouragée et poussée à devenir une femme autonome, indépendante et libre. Je sais, j'ai toujours su qu'il ne m'aurait pas aimée aussi fort si je lui avais obéi en toute chose au doigt et à l'œil. Il n'aime pas les gens mous qui n'ont d'opinion sur rien.

Il m'arrivait, pendant les interviews ou sur scène entre mes chansons, de proférer des énormités. Ça le faisait souvent rire. À Séville, il a cependant un peu tiqué. Parce que c'était… une énorme énormité. Lors de la conférence de presse qui précédait le spectacle du pavillon canadien, un journaliste montréalais m'a demandé ce que je pensais du mouvement séparatiste québécois.

J'ai répondu spontanément que j'étais contre les frontières. Les médias canadiens ont fait toute une histoire de cette déclaration. Jusqu'à prétendre que je considérais son éventuelle séparation du Canada comme une catastrophe épouvantable pour le Québec…

J'allais me rendre compte que je m'étais aventurée sur un terrain miné, inconnu. J'aurais dû me taire, j'aurais dû répondre au journaliste que la politique n'était pas de mon ressort, que je n'avais rien à dire sur le sujet.

René considérait qu'il fallait être un brin vicieux pour demander à une chanteuse de parler politique et de prendre position dans ce domaine.

« Est-ce que l'idée lui serait venue, à ce journaliste, de demander au premier ministre de chanter comme toi tu le fais devant vingt mille personnes ? Tout ce qu'il cherchait, c'était à te mettre dans l'embarras. »

Ce que pensent les gens du Québec a toujours eu et aura toujours, pour lui, plus de poids que ce que pense tout le reste de la planète. Le moindre prix, le moindre honneur que je récoltais ailleurs dans le monde, René voulait toujours qu'on en parle au Québec. Et où qu'on soit au monde, il tenait à recevoir par télécopieur tout ce qui s'était écrit sur moi en bien ou en mal dans les journaux et les magazines québécois.

J'avais donc pris connaissance des très vives réactions que mes propos avaient provoquées. Ce qui me troublait encore plus : j'avais reçu un message de félicitations du premier ministre canadien, lequel avait toujours été en très mauvais termes avec les nationalistes québécois qui militaient pour la séparation. Je me retrouvais donc mêlée à une polémique qui durait depuis des générations et à laquelle on ne voyait pas vraiment de solution. Et j'avais, innocemment, jeté de l'huile sur le feu. Mais René me répétait que j'avais bien fait de dire ce que je pensais.

« Tu peux même changer d'idée, si le cœur t'en dis. N'écoute pas les autres. Dis ce que tu penses. Si tu ne penses rien, dis-le. Les gens t'aiment parce que tu es vraie. »

Au lendemain de ma déclaration de Séville, j'étais pourtant bouleversée. J'avais l'impression d'avoir réellement peiné et déçu les gens que j'aimais le plus au monde. J'ai tenté de m'expliquer en rencontrant de nouveau les journalistes canadiens qui se trouvaient là-bas. Je leur ai dit que je croyais vraiment qu'on n'avait rien à gagner en se séparant et que, s'il n'en tenait qu'à moi, il n'y aurait jamais de frontières nulle part. Je sais que c'est une vision bien naïve de la politique, de l'histoire et des affaires publiques. Mais je n'ai jamais prétendu être instruite et informée sur toutes ces choses. Au fond, tout ce que je voulais, c'était que les Québécois sachent que je les aimais particulièrement.

Je venais de réaliser le pouvoir effrayant que le public donne trop facilement aux vedettes, même dans des domaines où elles n'ont absolument aucune compétence. J'avais fait des pubs, entre autres pour Coca-Cola et pour Chrysler, j'étais toujours porte-parole et marraine de l'Association québécoise de la fibrose kystique. Je savais que par nature une vedette est visible, écoutée, imitée, que ce qu'elle dit et ce qu'elle fait peut avoir beaucoup de poids et de conséquence. Mais, à Séville, ce pouvoir m'apparaissait pour la première fois comme une sorte de carcan étouffant. Tout ce que je ferais désormais, tout ce que je dirais, serait repris, scruté, analysé, commenté, même si ça n'avait rien à voir avec mon métier de chanteuse.

« C'est que tu n'es pas qu'une chanteuse, me disait René. Tu es une star maintenant au Québec. La plus grande star qu'on ait jamais eue. Et un jour, dans pas longtemps, tu seras une star en France aussi et aux États-Unis, partout dans le monde, aussi grande que les plus grandes qu'ils ont jamais vues. »

Ça aussi, ça m'apparaissait comme une belle énormité. Jamais je n'aurais osé dire ce genre de chose. René, lui, ne se gênait pas, non seulement entre nous, mais en public, devant les gens de l'industrie, devant les journalistes. Je savais qu'il passait parfois, auprès de certains d'entre eux, pour un doux rêveur qui répétait à qui voulait l'entendre que je serais un jour la plus grande chanteuse au monde. C'était devenu au Québec une sorte de gag permanent.

Mais c'était tout à fait dans la manière de René. Il n'avait jamais eu peur de vendre la peau de l'ours avant de l'avoir tué. Il se voyait millionnaire et agissait comme tel longtemps avant d'être riche ; il me voyait comme une immense star, alors que je n'étais encore, aux États-Unis, qu'une petite étoile montante pouvant à tout moment être éclipsée et en un rien de temps disparaître. Mais il avait en moi une foi inébranlable, jamais le moindre doute. On irait toujours plus haut, toujours plus loin.

La tournée en première partie de Michael Bolton était harassante. Il faisait très chaud, nous changions chaque jour de ville. Mais nous faisions enfin ce que nous avions toujours rêvé de faire : nous étions au pays du *big time*, nous avions un bon show, des chansons gagnantes. Au début, je chantais devant des salles très agitées et impatientes qui attendaient Bolton et ne voulaient rien savoir de moi. J'avais une sono déficiente, très peu d'espace, parce que la scène était occupée par les consoles et les instruments de musique du band de Bolton. En plus, comme il faisait encore clair quand je montais sur scène pour faire mon petit numéro, mes éclairages étaient complètement dilués.

Mais j'y mettais vraiment toute mon âme. J'étais en forme, j'étais heureuse. Peu à peu, la rumeur s'est mise à courir que la petite chanteuse en première partie de Bolton valait, sinon le déplacement à elle seule, du moins qu'on se pointe à l'amphithéâtre un peu plus tôt. Et, au détriment de Bolton, René a même obtenu des producteurs qu'ils décalent mon passage d'une demi-heure. À la fin de la tournée, j'avais de beaux éclairages, une meilleure sono. Et, sans vouloir me vanter, il m'arrivait certains soirs de voler la vedette à Bolton.

Pendant ce temps, le silence sur nos amours devenait loufoque. Les journaux s'en donnaient à cœur joie.

À la fin de l'été, quand je suis rentrée au Québec, après avoir perdu trois kilos en tournée, toute la presse m'attendait.

« Alors, Céline, tes amours ? »

Ils auraient pourtant pu me poser mille et une questions sur ma carrière, sur la tournée que je venais de faire aux États-Unis, sur le nouvel album que je préparais, sur la santé de René, sur les kilos que j'avais perdus. Mais rien d'autre ne semblait les intéresser désormais que mes amours. Et je refusais toujours d'en parler.

René avait cependant accepté que je passe une heure en tête-à-tête avec Lise Payette, la reine de la confession télévisée. Il savait certainement qu'elle avait les moyens de me faire tout avouer. Moi aussi.

Jamais une entrevue ne m'avait rendue à ce point nerveuse et inquiète. J'y voyais une belle occasion de dire enfin toute la vérité. Ce matin-là, j'ai accusé René de vouloir garder notre liaison secrète, parce qu'il croyait qu'elle ne pouvait pas durer.

« Si tu ne veux pas que j'en parle, c'est que tu n'es pas sûr de m'aimer. »

Je lui avais souvent servi cet argument. Cette fois cependant, j'ai dû trouver les mots et l'accent qui l'ont touché, parce qu'il a été réellement ébranlé. Il m'a dit que j'avais raison, que ça ne pouvait plus durer. Il aimait beaucoup Mme Payette et il considérait que nous avions une belle occasion de lui confier notre secret, plutôt que laisser les journaux à potins s'en emparer.

Dans la voiture, en nous rendant à Télé-Métropole, il s'est ravisé. Il m'a convaincue d'attendre encore.

« Il faut qu'on se prépare.

– À quoi ?

– Il faut faire les choses en grand... J'ai une meilleure idée. Tu verras. »

Je lui ai rappelé l'échéance que je m'étais fixée.

« Quand je chanterai *The Colour of My Love*, je dirai ton nom, tu le sais.

– Justement, c'est en pensant à ça que j'ai eu mon idée. »

En arrivant au studio, il est allé tout de suite en régie. La maquilleuse et la coiffeuse ont dû me trouver froide et distante. J'avais la tête ailleurs. Je pensais à toute cette histoire qui n'avait plus de sens. À René, qui gagnait toujours ! Qui avait chaque fois une meilleure idée ! À moi, qui cédais toujours.

Mme Payette m'a fait parler de ma famille, de ma tournée, de mon prochain album, de l'accident cardiaque de René. J'avais entrepris de lui raconter ce qui s'était passé, comment il s'était senti mal au bord de la piscine, comment j'avais alerté tout le monde et comment je m'étais retrouvée à l'hôpital en maillot de bain, quand elle m'a interrompue pour me demander si j'étais en amour. Comme je parlais de René !

J'ai été déstabilisée. J'ai commencé à bafouiller que j'aimais un homme, mais que je ne pouvais pas divulguer son nom parce que ma carrière serait compromise. En servant ce mensonge, je me suis sentie encore plus déstabilisée et peinée. Personne ne devait comprendre. J'ai éclaté en sanglots. Quand Mme Payette m'a tendu une boîte de Kleenex, j'ai pouffé de rire à travers mes larmes. En fin de compte, nous avons fait, je crois, un excellent numéro, elle et moi.

Mais j'avais laissé passer une belle occasion de faire mon *coming out*, de me libérer. Je devrais vivre encore des mois avec ce secret de polichinelle, ces mensonges. Je me consolais en me disant qu'il valait mieux que nous fassions cette révélation ensemble, René et moi.

Il avait été très remué lui aussi pendant l'entrevue qu'il avait suivie depuis la régie. Pendant un moment, il avait souhaité très fort que j'avoue tout.

« Ah oui ? Et qu'est-ce qu'on aurait fait de ta meilleure idée ?

– C'est pas la mienne, Céline, c'est la tienne. »

Le 30 mars 1993, jour de mes vingt-cinq ans, je me suis réveillée avec un tison dans la gorge. À trois jours d'un important spectacle au Forum de Montréal.

J'étais fatiguée. Depuis six mois, j'avais mené un train d'enfer. L'inquiétude qui avait suivi l'attaque cardiaque de René, le stress et l'effort constant qu'avait exigés la tournée américaine, cette attente devenue intolérable, la promotion, les voyages, les galas, les enregistrements… Tout cela s'accumulait et, par moments, m'écrasait.

Je faisais souvent le même cauchemar, mauvais. J'étais sur le toit d'un très haut building. Probablement dans une ville américaine, New York peut-être, ou Chicago. Il y avait plein de gens en bas, qui me regardaient et me criaient de ne pas sauter. Je voulais qu'ils sachent que je n'avais aucunement l'intention de le faire. Et qu'ils cessent de s'inquiéter. Mais ils ne m'entendaient pas ou ils ne m'écoutaient pas. Ils semblaient affolés et couraient à gauche et à droite. Puis je les voyais qui entraient dans le building, des milliers et des milliers de personnes, comme des fourmis, ils prenaient l'ascenseur pour venir m'arrêter ou me sauver. Je ne savais plus. Ils arrivaient sur le toit. Ils couraient vers moi, toujours avec de grands cris. Ils me disaient d'être prudente. Mais cette fois, c'est moi qui ne les écoutais pas. Je sautais dans le vide pour leur échapper. Et je tombais très longtemps, très lentement. Je voyais la ville déserte, très sombre, vide. Plus personne ne me regardait tomber. J'essayais de crier, mais aucun son ne sortait de ma bouche.

Je me réveillais juste avant de toucher le sol. J'aurais aimé trouver sous mon oreiller la chemise de nuit de maman. J'y aurais enfoui mon visage, je me serais rendormie. Je me sentais terriblement seule et je restais parfois longtemps éveillée, jusqu'à ce que je me souvienne dans quelle ville je me trouvais.

Au cours des deux ou trois semaines précédentes, j'avais fait de la promotion en Europe, j'avais chanté à la cérémonie d'assermentation du président Bill Clinton à Washington. Équipée d'une grippe carabinée, j'avais animé la cérémonie des Juno, à Toronto. J'avais chanté au gala des Grammys à Los Angeles où *Beauty and the Beast*, que j'interprétais avec Peabo Bryson, avait récolté un trophée. Jusque-là, tout allait bien. Je me sentais en forme, invulnérable.

Quand je suis allée chercher le Grammy sur scène, j'ai dit quelques mots de remerciement en anglais, puis j'ai parlé aux Québécois. En français, avec l'accent de chez nous, de mon enfance. Je savais qu'ils me regardaient à l'autre bout du continent et qu'ils étaient fiers de moi. Je savais aussi qu'ils étaient les seuls à comprendre ce que je disais. C'était comme si je leur avais parlé dans le creux de l'oreille. En même temps, c'était une manière de dire au grand public américain que je venais d'ailleurs, et que je tenais à garder un contact avec les miens.

Je ne sais trop comment, au banquet qui a suivi le gala, je me suis retrouvée assise devant Michael Jackson et Brooke Shields. Nous avons beaucoup ri. Elle et moi, surtout. Lui, il m'a semblé très timide. Il parlait si bas qu'il fallait tendre l'oreille et le faire répéter. Avec Brooke, j'ai parlé vêtements et cheveux. Elle me disait qu'elle voulait chanter ; je lui disais que je voulais faire du cinéma. Je ne sais pas jusqu'à quel point elle était sérieuse, mais moi, je l'étais vraiment. J'adorais faire des clips, j'avais adoré mon expérience dans *Des fleurs sur la neige*. Je me disais souvent qu'il serait passionnant de faire du cinéma pour de bon, de créer un personnage, de lui donner un look, une âme.

Mais je n'avais pas de temps pour ça, même pas pour ce petit cinéma personnel que j'avais depuis toujours l'habitude de faire dans ma tête. J'allais bientôt me rendre compte que j'étais débordée.

J'avais travaillé jour et nuit à la conception de mon nouveau spectacle, à la mise en scène, aux textes d'enchaînement, au décor, aux éclairages, à la sono. J'avais même dessiné mon costume de scène : une chemise à jabot de satin rouge et un pantalon moulant en cuir noir.

J'étais allée trop loin, trop vite. Je devais réaliser qu'il y avait, quelque part au fond de moi, une petite fille fatiguée et déroutée à qui je n'avais pas fait attention, que je n'écoutais plus depuis un bon moment. Là, elle me faisait signe et me rappelait soudainement ses besoins.

Cette petite fille n'avait plus envie d'être applaudie et ovationnée, ni de donner le plus gros concert au monde. Elle voulait juste un peu de paix, un peu de repos, de temps en temps un tête-à-tête avec elle-même...

J'étais partie en compagnie de Suzanne Gingue rencontrer les docteurs Riley et Korovin à New York. Ils m'ont écoutée, ils m'ont disputée et rassurée. Puis ils m'ont recommandé deux jours de silence.

Quand nous sommes rentrées en fin de journée, René nous attendait à l'aéroport de Dorval. Dans la limousine qui nous ramenait en ville, je lui ai annoncé que je ne parlerais pas pendant deux jours. Il avait toujours respecté mes silences. Mais ce soir-là, il m'a demandé d'attendre quelques heures avant de m'y plonger.

« Pourquoi ? Qu'est-ce qui se passe ?

– Rien. Attends, tu verras. »

Il avait réservé une suite somptueuse dans un grand hôtel du centre-ville. Il avait commandé un dîner pour deux, avec chandelles et musique baroque.

Pendant le repas, il a tiré une petite boîte de sa poche et l'a posée sur la table, entre nous deux. Il était nerveux, intimidé aussi, très touchant.

« Je t'aime, Céline. Je t'aime comme je n'ai jamais aimé personne. Je veux vivre avec toi. »

Sa voix, son regard de velours.

J'ai ouvert la boîte, j'ai vu la bague de fiançailles et j'ai compris que notre amour pouvait enfin être connu.

6

Je ne garde pas un très beau souvenir du premier des trois spectacles que j'ai présentés au Forum de Montréal ce printemps-là. Le public a été infiniment généreux avec moi. Mais je crois, moi, que je n'ai pas donné un vrai bon show. J'étais absente et distraite.

Pour plusieurs raisons, un reste de fatigue et d'inquiétude, la peur de casser ma voix encore fragile, et à cause de ce grand bonheur que René m'avait fait, j'avais de la difficulté à entrer dans mes chansons et à vraiment les habiter.

À plusieurs reprises, j'ai failli céder la place à ma pire ennemie, celle que j'appelle « la chanteuse automate ». Elle fait toujours tout machinalement. Elle a mon corps, ma voix, mon nom, mais pas mon âme. Ce soir-là, mon âme et mon esprit étaient occupés ailleurs, hors de moi, on aurait dit. Pourtant, j'étais parmi les miens, à Montréal, heureuse et comblée, adulée. J'avais au doigt la bague de fiançailles que l'homme de ma vie m'avait donnée quelques jours plus tôt. Mais je me sentais étrangère, indifférente, incapable de m'approcher réellement des gens, de partager. Comme si aucune de mes chansons ne m'inspirait. Comme si la musique elle-même me laissait tout à fait froide et ne servait plus à « caller le bonheur ».

Il faut dire que reprendre certaines chansons soir après soir, pendant des mois, des années, devient parfois extrêmement difficile. Trop souvent répétée, une chanson peut sembler vide de sens et d'émotion. Et alors, il faut en trouver, du sens et de l'émotion, au fond de soi, loin, toujours plus loin. Ça demande un effort chaque jour plus grand.

Bien sûr, en tant qu'interprète, j'ai la chance d'avoir un vaste répertoire. Des dizaines de compositeurs et d'auteurs ont accepté de travailler pour moi. En plus, je peux piger dans tout le répertoire français et anglais des dix, vingt, cinquante dernières années. J'y trouve des milliers et des milliers de chansons que j'aime, comme *Calling You*, *All by Myself* ou *Quand on n'a que l'amour*, comme *The Power of Love* ou *All the Way*. Je suis tombée en amour avec ces chansons-là dès que je les ai entendues. J'ai eu envie de les reprendre, même si d'autres avant moi, hommes ou femmes, les avaient interprétées, parfois de façon magistrale.

Je peux donc changer régulièrement le contenu de mes spectacles, avec des chansons nouvelles et enlevantes. Mais on ne construit pas un show uniquement à partir de ce que l'interprète aime, ni avec des chansons neuves seulement. Il faut aussi tenir compte des goûts du public.

Nous savions, par les réactions des salles, des auditeurs et des acheteurs, que *The Power of Love*, par exemple, restait et resterait longtemps une chanson que les gens adoraient. Mais certains soirs, elle m'apparaissait comme une corvée terrifiante. Je l'avais déjà chantée tant de fois que je ne voyais plus comment je parviendrais à la faire lever et à y mettre de l'âme et de l'émotion. Je craignais comme de raison que la chanteuse automate ne s'en empare.

On vit toujours une lune de miel avec les chansons. Les premières rencontres sont toujours exaltantes. Je me souviens, comme une mère se souvient sans doute de la naissance de chacun de ses enfants, des premiers contacts que j'ai eus avec mes chansons. Je me souviens même du lieu de la rencontre, une chambre d'hôtel, un studio, un avion, une limousine. Et des vêtements que je portais ce jour-là, de l'éclairage, du temps qu'il faisait, des gens avec qui j'étais...

Mais les coups de foudre ne durent pas. Il vient un temps où la magie n'opère plus aussi facilement. Comme si la chanson avait perdu toute sa fraîcheur et sa saveur, toutes ses couleurs. C'est alors que commence un tout autre travail. Un peu comme en amour, il faut parfois lutter contre l'usure et l'habitude pour que ce soit toujours réellement la première fois, réinventer la chanson, comme on doit réinventer l'amour, y trouver chaque fois du neuf, du plaisir. Sinon, ça ne vaut vraiment pas la peine, ni de chanter, ni d'aimer...

Ce fameux soir-là, au Forum, le plaisir a été lent à venir. Je trouvais toutes mes chansons fades et usées. Tout ce que je disais entre elles sonnait creux et faux. J'ai donc travaillé comme une damnée du début à la fin, pour de mauvais résultats, à mon avis.

René ne m'a pas raconté mon show, comme à son habitude. Il semblait abattu lui aussi.

« T'es fatiguée, c'est ma faute. Je t'ai trop fait courir. Il faut que tu te reposes. Tu prendras le temps qu'il faudra. »

Mais le deuxième soir, c'était tout le contraire : l'un des beaux shows de ma carrière, même si, au début, j'avais envisagé le pire.

Une heure avant le lever de rideau, j'ai reçu dans ma loge ma nièce Karine accompagnée de deux infirmières et d'un médecin de Sainte-Justine. Elle était hospitalisée depuis plusieurs semaines. En la voyant, j'ai eu un coup au cœur. Elle était si pâle, si défaite, si petite, toute recroquevillée dans un fauteuil roulant. Derrière, on avait installé des bonbonnes d'oxygène. Ses poumons étaient devenus trop faibles, trop congestionnés pour qu'elle puisse respirer seule.

Pour la première fois, je la voyais sourire avec résignation. J'ai tout de suite pensé qu'elle avait cessé de se battre. Et je me suis dit qu'elle était venue me faire ses adieux.

Moi qui avais toujours été si proche de Karine depuis qu'elle était enfant, je ne parvenais plus ce soir-là à établir le contact, je ne savais plus quoi dire, ni même comment la regarder. Elle s'en est aperçue. Alors elle est venue me chercher, en me parlant comme si de rien n'était des chansons de mon dernier album, de mon costume de scène, et en me posant plusieurs questions sur Paris et sur Hollywood. Sur toutes ces grandes villes du monde où j'avais chanté, qu'elle n'avait jamais vues et ne verrait jamais. Et sur la princesse Diana avec qui j'avais dîné quelques semaines plus tôt à Ottawa. Elle m'a dit, avec un pâle sourire :

« J'ai appris que tu avais enfin un amoureux. Je suis contente pour toi. »

Je ne pouvais pas m'empêcher de penser à tout ce que j'avais, à tout le bonheur que j'attendais de la vie. Mais pour elle, rien. Cette pensée me brisait le cœur et je n'avais plus du tout envie de monter sur scène pour chanter mes chansons d'amour.

Nous nous sommes assises à l'écart. J'ai pu lui parler, comme à une amie très proche, de ma carrière, de mes voyages, de ce que j'avais de plus précieux au monde, de mes amours aussi. Je savais bien qu'elle ne connaî-trait jamais rien de tout cela : le bonheur d'aimer un homme, de l'avoir dans sa vie. Mais je n'avais plus peur de lui faire mal. Elle m'écoutait, elle me répétait :

« Je suis contente pour toi, Céline. »

J'étais très émue et troublée. Quand je suis montée sur scène, je sentais la chanteuse automate sur mes ta-lons. Mais je savais que Karine serait tout là-haut dans l'une des loges que René avait réservées pour la famille et les amis. En pensant à Karine, j'ai été envahie par une grande paix, par de la joie aussi, et de la force, la force de Karine. Et j'ai chanté pour elle. Je la sentais qui me soutenait. Je sentais qu'elle serait toujours là, près de moi, qu'elle ne mourrait pas. J'avais presque envie de le dire à la foule du Forum, et à elle surtout :

« Tu ne mourras pas, Karine, tu ne mourras pas. »

Je ne l'ai pas revue après le spectacle. Son médecin et ses infirmières avaient jugé qu'elle était trop fatiguée pour subir la foule. Le lendemain après-midi, elle m'a téléphoné pour me dire à quel point elle avait aimé mon show. Je lui ai dit que moi aussi je l'avais beaucoup aimé. C'était un bon show, dans lequel je m'étais impli-quée à fond, de toute mon âme. Pas une fraction de se-conde la chanteuse automate n'était sortie de l'ombre. J'avais interprété toutes les chansons, même les plus an-ciennes, comme si c'était la première fois…

Je suis partie quelques jours plus tard pour l'Europe où j'ai fait de la promotion et quelques spectacles. Quand je suis rentrée chez nous, le 3 mai, je savais que Karine était au plus bas. Sa voix au téléphone semblait chaque fois plus faible. Elle avait cessé de me demander de lui décrire les villes où je me trouvais et les costumes de scène que je portais ou de lui parler des gens que j'avais rencontrés.

À peine arrivée, je suis passée la voir à Sainte-Justine. Liette était à son chevet. J'ai vu qu'elle avait beaucoup pleuré. Je me suis assise sur le lit et nous sommes restées toutes les trois un long moment sans rien dire. Il y avait beaucoup de douceur, de sérénité entre nous.

René était debout au pied du lit. Je me souviens de lui, si touchant, si démuni. Il sait toujours ce qu'il faut faire, ce qu'il faut dire. Pour une des rares fois de notre vie, je le voyais totalement impuissant et désarmé. Dans ces moments-là, il prend un air de petit garçon qui me touche toujours beaucoup.

Les médecins avaient donné de la morphine à Karine. Elle respirait quand même avec beaucoup de difficulté. Je lui ai demandé si je pouvais faire quelque chose pour elle.

« J'aimerais avoir un pyjama neuf. »

C'était un dimanche. René a réussi à joindre la propriétaire d'une boutique de vêtements de nuit, qui a accepté de lui ouvrir son magasin. Il a acheté une jaquette et un pyjama. Il pleurait, il me l'a dit, en les choisissant. Nous savions que Karine s'était résignée à mourir et que nous étions en train de l'habiller pour son dernier voyage. C'était comme un rituel, une cérémonie.

J'ai aidé ma sœur à changer, à laver, à peigner sa fille. Toutes les deux, nous retenions nos larmes. Karine avait choisi le pyjama blanc et rouge. À tour de rôle, sa mère et moi nous la prenions dans nos bras pour la bercer. Je lui ai chanté *Les oiseaux du bonheur*. Liette lui parlait tout doucement en caressant ses cheveux.

Elle s'est mise à nommer ce qu'elle avait le plus aimé dans la vie. Des choses sans rapport les unes avec les autres. Mais des choses très précises : le pâté au saumon de ma mère, deux ou trois de mes chansons, le fleuve à Repentigny, les robes qu'elle avait portées avec le plus de plaisir. C'était une sorte d'inventaire ou de testament, elle préparait ses bagages de souvenirs pour le voyage qu'elle allait entreprendre. Comme si elle voulait juste emporter avec elle les belles choses qu'elle avait connues. Et oublier tout le reste.

Il était passé minuit quand elle est morte. Elle avait seize ans.

J'ai été profondément marquée par Karine, ce petit fantôme rieur toujours présent dans ma mémoire. Elle a été la première enfant dont j'ai été proche, avec qui j'ai établi une vraie complicité. Ce n'était pas une enfant comme les autres. La maladie l'avait empêchée de grandir, mais elle l'avait mûrie plus rapidement... Et il y avait en elle une force et une lumière très puissantes. La vie est injuste, mais les gens comme Karine, les brisés, les perdants, les malades, ne sont pas là pour rien, ils nous apportent quelque chose. J'essaie de voir, de comprendre quoi.

Au cours des semaines et des mois qui ont suivi sa mort, quand je pensais à elle, je ressentais une grande peine. Et aussi un terrible désarroi, beaucoup de révolte, des émotions que je n'aime pas. Karine était partie sans avoir connu l'amour, après une pauvre vie passée à chercher sans cesse son souffle, toujours écrasée par la fatigue, soumise à des régimes et à des traitements épouvantables...

Contre la mort, on ne peut rien. Contre les injustices de la nature et de la vie non plus. Ou si peu. Même l'amour ne suffit pas. Ce serait trop beau et trop facile, s'il suffisait d'aimer pour que tous les problèmes du monde se règlent, s'il suffisait d'aimer pour que tous ceux qu'on aime soient heureux.

Il faut regarder la réalité en face. Il faut agir, il faut se battre. Peut-être se résigner, un jour, comme Karine l'a fait. Se résigner à quoi ? Je ne sais pas vraiment. Je crois et j'espère qu'il y a une autre vie. Je crois même que l'émotion qui sort des chansons comme le parfum d'une fleur ou le jus d'un fruit vient en bonne partie de cette autre vie. Le rôle des artistes est de faire passer cette émotion dans notre vie.

Dans notre maison de Jupiter, j'allume chaque soir des chandelles et des bougies dans toutes les pièces, des dizaines et des dizaines de petites flammes. J'aime la lumière très douce qu'elles répandent. Avant de me coucher, quand je m'approche pour souffler sur la dernière petite flamme, je pense presque toujours à Karine. À la mort. Je ressens alors une petite peur toute douce…

Karine m'a fait découvrir et explorer tout un monde d'émotions que, sans elle, je n'aurais jamais connu. Pour moi, elle n'est pas morte, elle ne mourra jamais. Je la sens toujours très proche. Elle m'aide, m'inspire, éclaire ma vie. Et quand je sens la chanteuse automate s'approcher, je n'ai qu'à imaginer Karine pour la voir s'éloigner.

Je n'ai pas tellement la mémoire des chiffres et des dates. Mais le 8 novembre 1993 restera à jamais gravé dans mon souvenir comme l'un des beaux jours de ma vie. On lançait ce jour-là *The Colour of My Love*, mon troisième album en anglais enregistré pendant l'été aux États-Unis. J'avais un tout nouveau look ; pour la première fois de ma vie, je portais les cheveux très courts. Mais ce n'est pas pour cela que ce 8 novembre 1993 demeure mémorable ; c'est parce que j'ai dit alors au monde entier que René Angélil et moi allions nous marier.

Je l'ai dit à la foule surexcitée du Métropolis et devant les caméras de toutes les télévisions montréalaises, françaises et anglaises. Je l'avais écrit noir sur blanc au dos de la pochette de l'album. Quelques lignes adressées directement à René. Je lui rappelais que j'avais trop longtemps gardé au fond de moi le secret de notre grand amour et que je voulais qu'il éclate enfin au grand jour. Je terminais en disant :

« *René, you're the colour of my love. L. V.* »

Nous n'avons jamais dit à personne ce que ce L.V. signifiait. Las Vegas ? Non. *Love & Victory* ? Pas vraiment ! Cinquante-cinq en chiffres romains ? Pas du tout.

C'est un secret entre nous, un symbole. Quand je salue René pendant un show ou lorsque je passe à la télé, je lui fait ce signe, en dessinant un L avec mon index et mon pouce et le classique V de la victoire et de la paix.

Beaucoup de gens pénètrent très profondément dans notre intimité. Depuis ce 8 novembre surtout, je parle très librement devant les médias. René aussi. De notre amour, de nos doutes, de nos joies et de nos peines, de nos états d'âme, même de nos disputes. Presque tout ce que nous faisons finit par se savoir, d'une manière ou d'une autre. Nous croyons que la meilleure façon d'éviter le harcèlement des paparazzis, c'est d'être plus rapides qu'eux et de leur couper l'herbe sous le pied… On n'est jamais mieux servi que par soi-même. Nous sommes, d'une certaine manière, nos propres paparazzis.

Les médias prétendent que le grand public est fasciné par les stars. C'est sans doute vrai. Mais ils essaient également de nous faire croire que le public veut connaître ce que les célébrités possèdent. Combien de salles de bains, combien de maisons, quelle longueur a la piscine, comment leur jet privé est aménagé, combien d'argent ils gagnent, etc.

Je pense que les médias se trompent, trompent les gens, et qu'ils créent de fausses relations entre les stars et leurs publics. Je suis convaincue que les gens s'intéressent davantage aux petites choses de la vie.

Dans mes shows, entre les chansons, j'ai toujours parlé de ce que je vivais et de ce que j'aimais. Chaque fois que j'abordais le sujet du magasinage, par exemple, du plaisir que j'avais à essayer de nouvelles robes, des chaussures, des crèmes de beauté, toutes les filles dans la salle se mettaient à rire et à applaudir. Chaque fois aussi que je décrivais le bonheur qu'une femme ressent à préparer un repas pour son petit mari, même réaction. Du soin maniaque avec lequel je mets de l'ordre dans mes tiroirs et mes garde-robes. Pareil. Les choses les plus simples et les plus banales de la vie, voilà ce que les gens aiment entendre.

Quand ils venaient me voir après un show ou dans les lettres qu'ils m'écrivaient, les gens me parlaient de leurs rêves. Et ce n'étaient jamais des voyages en Concorde, ni des nuits au Bristol ou au Beverly Hills Hotel, ni des soirées avec Barbra Streisand ou avec le prince Charles. Ils rêvaient d'être heureux en amour, d'être bien dans leur peau, d'être meilleurs… Au fond, nous sommes tous pareils. C'est ce que nous avons en commun qui m'intéresse.

Certains artistes font leur métier de chanteur ou de chanteuse en provoquant. Ils veulent changer le monde. C'est bien. Mais moi, je ne suis pas comme ça. Je ne cherche pas à changer le monde. Je veux le chanter, tout simplement. Il n'y a pas de rage en moi, pas de colère ou d'insatisfaction. Je n'en ai jamais eu. Je ne suis pas un être torturé. Je n'ai rien à cacher non plus.

N'empêche que j'ai besoin, moi aussi, d'un petit jardin intime où seul l'homme que j'aime peut pénétrer. Sans cela un couple ne pourrait pas exister. Il faut des secrets, il nous faut un espace et des mots, des signes, comme L.V., rien qu'à nous.

Ce soir-là, j'ai fait quelques chansons devant la foule du Métropolis. Pendant les applaudissements, après *The Colour of My Love*, René est monté sur scène et m'a prise dans ses bras. J'ai glissé ma main derrière sa tête, je l'ai attiré vers moi et j'ai bu une larme qui coulait sur sa joue. Puis j'ai embrassé l'homme que j'aime sur la bouche, devant deux mille personnes et toutes les télés...

Il y a eu des cris, des applaudissements. Sur l'écran géant, j'ai vu du coin de l'œil un gros plan de notre baiser.

Le lendemain, en voyant la réaction unanime des médias, j'ai pu crier victoire. Pour une fois, René Angélil s'était trompé. Pendant des années, il avait eu peur : si les gens trouvaient notre couple mal assorti, s'ils l'accusaient, lui, de m'avoir manipulée. C'est tout le contraire qui s'est produit. La réaction de sympathie a été immense, et les gens sont restés fidèles. Le public n'a jamais douté que nous nous aimions réellement.

René a toujours eu énormément d'affection pour le public québécois. Des quatre coins du monde, il le tenait régulièrement informé de tout ce qui nous arrivait. Ce jour-là, je crois que son respect pour lui a monté d'un cran.

Nous allions vite découvrir que, partout ailleurs, l'accueil serait aussi chaleureux. Le public et les médias semblaient fascinés par notre couple. Autant nous avions vécu notre amour en secret, autant nous allions désormais en parler ouvertement. Cet amour, notre amour, deviendrait le thème central de toute ma vie, de tous mes shows, ma marque de commerce, ma bannière. Je pouvais enfin chanter ce que nous vivions sans faire semblant, en toute sincérité.

Après le lancement, je suis partie en tournée de promotion à travers l'Amérique du Nord. Au grand désespoir des gens de Sony, je ne parlais pratiquement pas de mon nouvel album, ni du show que je préparais, mais seulement de René, de notre bonheur. À Arsenio Hall, à Johnny Carson, à Oprah Winfrey, je disais qu'il était mon inspiration. Je racontais notre première nuit à Dublin, les années passées à vivre nos amours en secret. J'ajoutais que nous allions bientôt nous marier.

« Quand ?

– Un jour, quand nous aurons le temps. »

L'été précédent, nous avions acheté une grande maison à Rosemère. Plusieurs mois avant nos aveux publics, nous avions commencé à vivre ensemble comme mari et femme. Juste en haut de l'escalier qui conduisait à notre chambre, René avait fait accrocher au mur une immense photo de nous deux, prise sans qu'on le sache, lors d'un gala ou d'une fête. On devine la foule autour de nous, mais nous sommes tournés l'un vers l'autre, les yeux dans les yeux, avec chacun un grand sourire heureux.

René s'arrêtait souvent devant cette photo.

« Tout le monde devait le savoir, me disait-il, en riant. Rien qu'à nous voir l'air…

– C'est ce que je me tuais à te dire, mon amour. L'amour, ça ne se cache pas. C'est comme de la lumière. »

Jamais le tourbillon de notre vie n'a été aussi puissant qu'au cours des mois qui ont précédé notre mariage. J'étais à Osaka avec l'Orchestre symphonique de Tokyo. Sur la scène du MGM Grand de Las Vegas avec Michael Jackson. Dans une salle du Mid-West devant vingt mille personnes. En promotion à Londres. En train de tourner un clip à Prague, d'enregistrer des nouvelles chansons à New York. Je faisais un saut à Montréal. Je passais trois jours à Paris. Et retournais à Tokyo…

Je n'ai jamais si bien compris ce que voulait dire l'expression « ne plus s'appartenir ». On était incapables de s'arrêter. Nous n'y pensions même pas, nous ne le voulions surtout pas. Je crois même que nous étions alors parfaitement heureux, tous les deux, d'être emportés, propulsés au maximum dans ce tourbillon.

Nous faisions de courts arrêts, en Floride le plus souvent, où nous nous sommes finalement acheté une maison, à Palm Beach, directement sur un terrain de golf. Nous retrouvions pendant quelques jours des couples d'amis, Murielle et Marc Verreault ou Coco et Pierre Lacroix, le plus souvent, des partenaires de golf de René aussi. Moi, je prenais du soleil, je me reposais, je faisais les boutiques de Worth Avenue avec les filles, je marchais un peu. Je n'aimais pas l'atmosphère des terrains de golf. Je ne jouais jamais. J'avais toujours pensé qu'il n'y avait rien de plus insignifiant que les vêtements des golfeuses. Mais je me tenais loin des greens, parce que, à cette époque, je ne me sentais pas à l'aise dans l'oisiveté ou en vacances. Dès que je m'arrêtais, je me sentais fragile et inquiète, menacée. Comme si j'étais tombée en dehors de mon élément. Dans ces temps-là, je cherchais bien vite de quoi occuper mon temps et mon esprit.

Un jour, dans les jardins des Breakers, le magnifique et fameux vieil hôtel de Palm Beach, nous nous sommes mis à parler de notre mariage avec Pierre et Coco Lacroix. René souhaitait que ce soit simple et plutôt conventionnel. Par exemple, trouver un prêtre qui nous marierait dans une petite chapelle. C'était peut-être bien romantique, mais, à mon goût, ça manquait d'éclat.

Ce mariage, je le voulais fabuleux, inoubliable. Un vrai mariage de princesse. La grande pompe, pas la petite. René n'avait rien voulu de petit et de banal dans ma carrière, je voulais la même chose pour notre amour, du *big time*.

« Pas question, mon amour, que je me marie *small time*. »

Au fond, je suis beaucoup plus extravertie que lui, plus excentrique et plus exhibitionniste. Je voulais créer un événement unique, très spectaculaire. Je voulais que mon mariage soit une sorte de proclamation, de profession d'amour, des vœux de fidélité. Le grand public en serait le témoin, le partenaire, le complice.

Mon amie Coco comprenait parfaitement ce que je cherchais à créer. Et dès le début, elle a été associée à cette aventure.

J'avais d'abord pensé à une croisière dans les Caraïbes. On louait un paquebot, on embarquait tout notre monde à bord. On se mariait en haute mer, un soir de pleine lune.

« On peut quand même pas imposer des noces de plusieurs jours à deux ou trois cents personnes, disait René.

– À cinq ou six cents, tu veux dire. »

Il riait. Tout ce que je proposais lui semblait complètement démesuré et hors de prix, irréaliste. Finalement, c'est ce qui l'a séduit dans mon projet : la démesure, le danger, la folie.

Il me l'a avoué plus tard : il considérait que nous n'avions pas, à cette époque, les moyens de nous payer des noces aussi somptueuses. Nous vendions déjà des millions de disques, nous étions riches, mais ce que je préparais avec Coco allait coûter très, très cher. C'était avant *Falling Into You* et *D'Eux*, les albums et les tournées qui allaient nous propulser dans le club des grosses fortunes du show-business. René m'a quand même laissé les rennes de ce projet. En se disant sans doute qu'il trouverait bien une solution. En pariant sur l'avenir…

« Tout ce que je te demande, c'est que ça se passe au Québec. »

J'étais tout à fait d'accord. C'est là que vivent la plupart de nos amis. C'est là qu'est mon premier public, ma famille. C'est là que j'ai mes racines et René les siennes.

Nous allions donc nous marier devant Dieu et devant les hommes, au cours d'une cérémonie grandiose, comme on n'en avait jamais vu. Ça aussi, il aimait beaucoup. Le « jamais vu » est son dada. Il faut toujours faire du jamais vu, chanter du jamais chanté, vivre du jamais vécu.

Plus mes idées étaient folles, plus ma chère Coco semblait excitée. Nous avons contacté Mia ; elle vivait alors entre Montréal et Paris. Pendant tout le printemps et l'été, nous avons échangé nos idées au téléphone ou par fax...

À cause de mes engagements, nous avons dû reporter de mois en mois la date du grand jour. En attendant, toutes les miettes de temps que je pouvais ramasser, toutes ces heures passées en avion par exemple, et mes moments de silence et de solitude, je les employais à préparer l'événement. Je refaisais dans ma tête le scénario de la cérémonie, je retouchais le décor, je dessinais des robes de mariée. J'en regardais des centaines dans les magazines de mode.

En tournant mes petits films intimes, je m'étais déjà créé dans ma tête une imposante garde-robe virtuelle : robes du soir, robes de scène, beaucoup de robes de mariée... Même celle, toute blanche, que j'aimerais porter dans mon cercueil et au moment où je me présenterais au ciel. Parce que je compte bien sûr y aller un jour.

J'ai dressé un rapide inventaire des robes que j'aimais le plus. Puis j'ai entrepris de faire un tri. J'étais d'abord attirée par les costumes d'autrefois, les robes de marquises et de princesses, des choses très élaborées et chargées, du genre Sissi, très spectaculaires aussi, toutes blanches, avec plein de perles, de paillettes et de broderies, une taille très fine, beaucoup de voiles, de taffetas et de volants, et une longue traîne, évidemment. Sur les épaules un boléro de vison blanc. Sur la tête, un diadème ou une tiare chargée de pierreries.

Je me découvrais des goûts plutôt rétro et nostalgiques. Je n'ai pas résisté. Je voulais que ma robe de mariée fasse rêver. Moi d'abord, mais aussi le public, tout le monde. Je pense que les robes très modernes, même très belles, ne déclenchent pas autant de rêves que celles d'autrefois.

Mais, entre mon rêve et la réalité, il y avait du chemin à faire. Mille et un détails m'échappaient. J'envoyais à Mia toutes sortes de dessins et d'esquisses jetés sur papier. Des dizaines de coupures de magazines aussi. Peu à peu, l'image de ma fabuleuse robe de mariée se précisait.

Pendant l'été, à New York, à Los Angeles, à Londres, à Paris, j'ai fait beaucoup de séances d'essayage. Les plus belles robes du monde qui existaient à cette époque, je les ai vues, je les ai essayées. Nous avons fait aussi la tournée des grands bottiers, des corsetières, des joailliers, des fourreurs.

Mia m'est arrivée un jour avec les cassettes de deux films, *Les liaisons dangereuses* de Milos Forman et *The Age of Innocence* de Martin Scorsese. Michèle Pfeiffer et Glenn Close portaient dans ces films-là des robes très semblables à celle que je voulais. C'était beau, émouvant, élégant. Du pur rêve ! Mais je voulais encore plus de taffetas, plus de perles et de paillettes, encore plus de rêve.

Nous nous sommes donc enfoncées dans cette direction.

À la fin de l'été, nous avons annoncé officiellement la date et le lieu de notre mariage, le 17 décembre 1994, à l'église Notre-Dame de Montréal. J'avais une assez bonne idée de ma robe.

Il fallait maintenant en fixer les formes exactes, concrètement, sur papier d'abord, puis faire confectionner cette robe inspirée de toutes les images que nous avions amassées. Mais ni Mia ni personne parmi ses nombreux contacts à New York ou à Paris ne connaissait un couturier disponible qui pouvait former rapidement une équipe de petites mains, perlières, paillettières, brodeuses, dentellières, capable de créer en quelques semaines un monument de ce genre.

C'est Pierre Lacroix, directeur-gérant du club de hockey des Avalanches du Colorado, joueur de tours invétéré, gros ourson sympathique, qui a trouvé. Il connaissait, je ne sais trop comment, une couturière montréalaise qui faisait des choses magnifiques, Mirella Gentile. Nous sommes allées la rencontrer, Mia et moi, dans son atelier de Saint-Léonard, dans l'est de la ville. Et nous avons été toutes les deux réellement fascinées par son savoir-faire.

Pendant des heures, nous lui avons parlé de la robe que nous voulions et que nous appelions entre nous *The Age of Innocence*. Nous lui avons montré nos dessins et nos coupures de magazines. Je crois même que Mia lui a fait visionner les films de Scorsese et de Forman...

En septembre, quand je suis partie pour Paris pour une série de concerts à l'Olympia, un mannequin à mes mesures exactes était planté au beau milieu de l'atelier de Mirella. Déjà plusieurs petites mains s'agitaient autour de lui. Le tissu, les perles, les boutons, les paillettes et les pierreries, le taffetas, tout avait déjà été choisi, commandé. Le rêve était en chantier.

J'avais rendez-vous avec le public parisien, mais aussi avec l'auteur-compositeur Jean-Jacques Goldman. Il avait manifesté le désir de m'écrire un album, une douzaine de chansons, paroles et musique. L'idée nous plaisait beaucoup. Goldman est un mélodiste remarquable ; il pourrait m'emmener dans un univers musical différent de celui que j'avais exploré avec les réalisateurs américains.

Il était considéré en France comme une sorte d'anti-star. Des millions de jeunes lui vouaient un véritable culte, mais il refusait systématiquement de faire parler de lui dans les magazines du genre *People's* et de participer aux mondanités du showbizz. Il n'accordait à peu près jamais d'entrevues non plus. Tout le contraire de moi.

Nous l'avons rencontré une première fois dans un tout petit restaurant, près de la place de l'Opéra. Un après-midi de septembre. Il faisait beau et chaud. Il était là avant nous, en jeans et en t-shirt, avec un casque et des bottes de moto.

Je ne sais pas trop comment, mais, très vite, nous avons parlé tous les trois de nos familles et de notre enfance. Jean-Jacques nous a beaucoup fait rire quand il s'est lancé dans un résumé très détaillé de ma biographie. Notre maison de Charlemagne, mes frères et mes sœurs (il connaissait la plupart de leurs prénoms), les grands événements de ma carrière dans l'ordre chronologique... Sony lui avait fait parvenir des tonnes de documents et de coupures de presse ; il avait minutieusement tout épluché.

Finalement, nous avons très peu parlé de notre projet d'album. Nous avons appris à nous connaître. René l'a tout de suite aimé. Beaucoup. Parce que, justement, il avait parlé «des vraies affaires», c'est-à-dire de la famille, de la vie, du bonheur…

Nous nous sommes revus quelques jours avant ma première à l'Olympia. Dans un restaurant marocain ou libanais que René connaissait. Cette fois, Jean-Jacques semblait nerveux et distrait. Au milieu du repas, il a sorti de sa poche des grandes feuilles. Il y avait écrit à la main les paroles de ses chansons. Il me les a tendues. Puis il a changé d'idée.

«Je vais les garder jusqu'à demain. Vous viendrez au studio. Je vous ferai entendre les musiques en même temps que les paroles.»

Le lendemain, il était confiant et détendu. Comme tous les musiciens en studio. Il s'est mis au piano, une guitare sur les genoux. Nous étions assis tout près de lui. Il nous a remis les quelques feuilles de la veille. Et il s'est mis à chanter *Pour que tu m'aimes encore*.

Aux trois quarts de la chanson, nous nous tenions les mains, René et moi, en pleurant tous les deux. Jean-Jacques ne nous regardait pas. Il a enchaîné avec *J'attendais*. Et avec *Je sais pas*. Puis il s'est arrêté et il s'est tourné vers nous. Il a été très troublé quand il a vu que nous avions pleuré. Il nous a souri avec tellement de bonheur que nous avons recommencé à pleurer et à rire en même temps. Pendant un bon bout de temps, personne n'a parlé. Puis Jean-Jacques m'a arraché la pile de feuilles des mains en me disant qu'il y avait une chanson qu'il voulait retravailler.

Il a eu l'air catastrophé quand René lui a dit que nous n'avions que deux semaines, au début de novembre, pour l'enregistrement. Je devais avant participer à Washington à une émission spéciale en l'honneur de Bill et Hilary Clinton, *A Gala for A President.* J'avais un dernier show au Forum de Montréal. Une dizaine de jours de promo au Japon. Un passage au *Tonight Show*. Sans compter l'essayage de *The Age of Innocence*.

Jean-Jacques aurait souhaité travailler quelques jours avec moi avant d'entrer en studio. Certains effets, certains tics de voix que j'avais développés l'agaçaient. Il trouvait par exemple que j'ajoutais trop de fioritures. Il n'aimait pas ma façon de rouler les *r* ou de mouiller les dentales… Il m'a dit très franchement tout ce qu'il aimait, tout ce qu'il n'aimait pas. Il aurait voulu que j'aie le temps de corriger ce qu'il considérait comme des mauvaises habitudes.

«Elle a très bien compris, lui a expliqué René. Tu n'auras pas besoin de travailler avec elle pendant des jours. Je la connais. Fais-lui confiance.»

C'était vrai, j'avais compris, parce que c'était lui. Parce qu'il avait cette manière à la fois autoritaire et si chaleureuse d'expliquer ce qu'il voulait. Parce que sa musique exigeait, je le sentais, une voix plus sobre, très maîtrisée.

Il avait tout de même l'air inquiet quand nous sommes partis. Il nous a promis que les bandes seraient prêtes. Quand j'entrerais en studio, en novembre, après ma série de concerts à l'Olympia, il ne resterait plus qu'à ajouter ma voix à sa musique.

Et cette voix, jamais je ne l'avais sentie aussi souple, aussi puissante. Jamais, elle ne m'avait donné autant de plaisir. J'étais sûre d'elle, ma compagne, ma sœur, ma meilleure amie, ma complice. Elle ne pouvait plus me trahir, comme elle l'avait déjà fait. Il m'arrivait de lui parler, de la remercier, de lui faire des compliments.

Cette voix que j'aime, c'est le plus sûr et le plus court chemin entre ce que j'ai au-dedans de moi (mes émotions, mon âme et mes pensées, mes rêves) et les autres.

Quand je chante, je suis branchée en direct sur le monde. C'est un bonheur extraordinaire qui m'est donné...

Le docteur Riley avait vu juste. Il m'a fallu cinq ans d'entraînement pour développer cette voix. Mais ça en a valu la peine.

Le jour de ma première à l'Olympia, en montant sur scène pour faire les tests de son, j'ai aperçu mon frère Michel. Depuis quelque temps, il s'était joint à notre équipe de tournée ; il était, comme il disait lui-même, « le berger des musiciens ». Il s'occupait de planifier leurs déplacements, des réservations d'hôtels, de restaurants, du transport des instruments, des costumes de scène, etc.

Debout derrière mon micro, il regardait avec une sorte de recueillement les rangées de fauteuils. Et, tout au fond, la pénombre, le grand vide si terrifiant, et si attirant. Je l'ai vu s'incliner, une main sur le cœur, comme pour saluer le public.

Puis il est venu vers moi, et il m'a dit qu'il venait de réaliser un vieux rêve. Ce n'était pas du tout comme il l'aurait cru, mais il s'était quand même tenu debout sur la scène de l'Olympia. Quelques heures avant que moi, sa petite sœur, sa filleule, son ex-fan, y triomphe.

« J'ai pris la décision aujourd'hui de ne plus rêver. J'accepte enfin de ne plus faire de show-business.

– Mais ça fait des années que tu ne chantes plus !

– Mais je rêvais tous les jours de recommencer. Et ça gâchait ma vie. Aujourd'hui, enfin, j'ai décidé que c'était fini. Tout le monde n'a pas comme toi la chance de réaliser ses rêves. Quand on n'y arrive pas, vaut mieux les mettre de côté et faire sa vie autrement. »

J'étais, moi, au plus haut de mes rêves. Je chantais dans l'une des plus prestigieuses salles de Paris, je vendais des millions de disques, et dans quelques semaines j'allais épouser l'homme de ma vie.

Le lendemain de ma dernière à l'Olympia, Jean-Jacques Goldman m'a fait parvenir la maquette d'une chanson intitulée *Vole*. En l'écoutant, j'ai compris pourquoi il avait préféré ne pas me la faire entendre quelques heures avant que je monte sur la scène de l'Olympia. Il savait que je serais trop émue. *Vole* est un peu la suite de *Mélanie* qu'Eddy Marnay m'avait écrite quelques années plus tôt; une chanson que j'adressais à la petite Karine, décédée le printemps précédent.

Vole allait raviver ce souvenir douloureux et faire de ma nièce, d'une certaine manière, la patronne de cet album. Comme si c'était elle qui l'avait inspiré d'un bout à l'autre.

Je considère toujours *D'Eux* comme mon album le plus réussi, le plus achevé à tout point de vue. Je redécouvrais avec Goldman le plaisir de chanter en français. En anglais, je chante presque toujours un ton plus haut, spontanément, et en mettant toute la sauce, beaucoup de fioritures et de puissance. À cause de la structure des chansons, mais aussi des sons de l'anglais, et bien sûr à cause des goûts des producteurs et du public. Les Américains adorent les fioritures et les pirouettes vocales. En France, c'est beaucoup plus contenu, plus sobre, plus personnel aussi... Les paroles prennent beaucoup plus d'importance.

D'Eux, au fond, c'est notre histoire à René et à moi. *Pour que tu m'aimes encore*, la première chanson entendue, la première enregistrée, m'a tout de suite fait penser à *L'hymne à l'amour* que chantait Édith Piaf. Même thème, même structure, même femme dévorée par l'amour. C'est un hymne à l'amour fou, possédé, possessif, définitif, comme le mien. En l'enregistrant, nous savions qu'elle ferait désormais partie de ma vie.

« Cette chanson-là, je sens que tu vas la faire très longtemps, me disait René. Et partout dans le monde. »

Je l'ai reprise partout où je suis allée dans le monde, de Séoul à Stockholm, en passant par Memphis, Dublin, Munich et Edmonton. Je l'aime encore autant aujourd'hui.

Quand nous sommes rentrés à Montréal pour nous marier, nous avions une cassette de *D'Eux*, un trésor unique, que nous gardions pour nous. Nous l'écoutions à la maison ou dans la voiture de René, tout seuls, en égoïstes. Quand je rencontrais des amis, des journalistes, des musiciens, j'avais envie de dire :

« Vous savez, on a un trésor, un album fabuleux. »

Mais Sony avait décidé que *D'Eux* ne sortirait que dans quelques mois, pour ne pas nuire aux marchés encore actifs de mes albums précédents. Nous avions décidé, René et moi, de ne le faire entendre à personne. Mais il était en nous, dans nos cœurs, on sentait ses vibrations, il nous rendait heureux.

L'avant-veille de notre mariage, nous avons passé quelques heures chez les carmélites, René et moi. Puis je suis allée dormir chez mes parents. J'ai passé la journée du lendemain dans un institut de remise en forme avec maman et mes huit sœurs qui seraient mes demoiselles d'honneur. Une armée de masseuses, de manucures, d'épileuses et de ponceuses en tous genres s'affairait autour de nous.

Je sais que ce n'est peut-être pas très *politically correct* de penser ainsi, mais je crois qu'il faut parfois souffrir pour être belle. Quand j'ai commencé à porter les souliers à talons hauts de mes sœurs, j'avais mal aux mollets, aux talons, aux genoux, au dos.

«Tant pis pour toi, disait ma mère. Tu peux porter des talons hauts tant que tu voudras. Mais ne viens jamais te plaindre. C'est ton choix. Assume-le.»

Le jour de mes noces, j'aurais sans doute eu quelques bonnes raisons de me plaindre. Mais j'étais trop excitée. Je me suis levée à l'aube, avec ma mère et mes sœurs. Il neigeait sur Montréal. Le temps était gris et glacé. Je me suis maquillée moi-même. Pour m'habiller et me coiffer, des petites mains se sont agitées pendant des heures. Mon coiffeur a dû se creuser les méninges et même ajouter un chignon postiche pour installer solidement sur ma tête la tiare perlée que Mirella Gentile avait faite.

«C'est trop lourd. Tu vas te blesser.

– Je m'en fous. Même si tu devais me rentrer des épingles dans la tête, je veux porter ma tiare. J'assume.»

Je le savais ; je ne serais vraiment contente de la fête que si je donnais le meilleur de moi-même, comme pour un show ou une chanson. Pour être heureuse et comblée, il faut que je me dépense. C'est dans ma nature. Je suis persuadée qu'on n'a rien pour rien ; ce qui vient sans effort, sans sacrifice, sans mal, n'en vaut pas la peine.

La fête a été grandiose. Du «vraiment jamais vu» au Québec. Un rêve très élégant, très romantique. Dans des décors somptueux, tant à l'église qu'à l'hôtel.

Ils étaient des milliers massés le long du convoi de limousines qui partaient de l'hôtel Westin pour se rendre, escortées par les motos de la police, jusqu'à l'église Notre-Dame. Un tapis bleu avec nos initiales enlacées montait de la rue, traversait le parvis et la nef jusqu'à l'autel. René m'attendait, entouré de ses garçons d'honneur. Je suis entrée au bras de mon père, mes huit sœurs portaient ma traîne. C'était magnifique, brillant et émouvant.

Je pensais, en m'avançant au son des grandes orgues vers l'autel, à tout le chemin parcouru depuis que cet amour était né. Je savais que jamais je ne reviendrais en arrière. J'irais jusqu'au bout, pour le meilleur et pour le pire.

À l'hôtel, on avait aménagé les lieux de manière à donner aux invités l'impression qu'ils étaient ailleurs. Hors du monde et hors du temps, dans une sorte de rêve. On marchait sur des tapis de pétales de fleurs. On entrait dans une loggia aux murs, aux planchers, aux plafonds tout blancs. Blanches aussi, les grandes cages où des colombes immaculées voletaient. On passait d'un salon rappelant les *Mille et Une Nuits* à un bistrot parisien, à un *sushi bar*, à un saloon western, à un comptoir à tapas. Il y avait du champagne à flot, des fleurs partout. Des magiciens, des musiciens, un quatuor à cordes dans une salle, un *rock band* dans une autre… Un casino aussi, bien sûr, avec des tables de black-jack et une roulette. Et tous ceux que nous aimions…

Lorsque les invités sont entrés dans la salle du banquet, des bouquets de fleurs tombaient lentement d'un ciel étoilé pour se poser en douceur au centre de chaque table… Mes treize frères et sœurs m'ont entourée et m'ont chanté *Que c'est beau la vie*.

Au Québec, on a beaucoup parlé de cet événement, avant, pendant, après. Sur tous les tons. Certains ont dit que j'en mettais trop, que je faisais étalage de ma richesse, que tout ça ressemblait à une vulgaire opération de marketing.

Moi, je crois au rêve, au mien et à ceux des autres. Si j'ai pu faire rêver des gens avec ces images, tant mieux. J'étais une petite fille de Charlemagne que deux grandes canines empêchaient de sourire au monde. Je suis allée loin et haut, portée par ma voix, par l'amour de ma famille, de René, du public québécois. Le montrer, le faire partager aux autres, ce n'est pas du marketing, c'est de la reconnaissance.

Nous devions prendre ensuite deux mois, peut-être trois, René et moi, seuls à Palm Beach, à ne rien faire. Ou à essayer de ne rien faire, ce qui ne m'apparaissait pas du tout évident. Nous savions bien que nous étions intoxiqués par le stress et la pression.

Mais à la mi-janvier, un mois à peine après notre mariage, j'étais déjà à Londres pour de la promotion. De mon plein gré. J'avais le grand bonheur d'être seule avec mon tendre époux, mais je n'avais pas pu ignorer une demande de Paul Burger, maintenant à la tête de Sony-UK.

L'album *The Colour of My Love*, depuis plus d'un an, faisait partout un malheur, même au Japon et en Corée. Mais il ne décollait tout simplement pas sur le territoire de Sony-UK.

Paul avait téléphoné à René pour lui dire qu'il pouvait m'obtenir un passage à la plus grosse émission de variétés britannique, *Top of the Pops*. Si j'acceptais de chanter, *Think Twice* par exemple ou *The Power of Love*, l'album pourrait grimper assez haut dans les palmarès.

René avait refusé. Mais il avait très habilement choisi de m'en parler. Nous étions dans la cuisine en train de nous préparer à souper.

« Paul a appelé… Je lui ai dit qu'il tombait bien mal, qu'on s'était promis de prendre de vraies vacances… »

J'ai réfléchi un moment. Et j'ai demandé à René de rappeler Paul pour lui dire que j'irais faire *Top of the Pops*. J'ai vu à son regard et à son sourire que c'était ce qu'il attendait de moi. Cet homme-là, René Angélil, fait de moi ce qu'il veut. Et mon plus cher désir est que ce soit toujours ainsi. Parce que je sais qu'il veut d'abord et avant tout mon bonheur. Rien que mon bonheur. Jamais je n'ai douté de ça.

Je réalisais, quelques semaines après mon mariage, que j'étais devenue aussi ambitieuse que lui, sinon plus. Je devais bien admettre que je n'avais pas du tout envie de m'arrêter. Nous voulions tous les deux aller plus loin, plus haut. Le voyage était passionnant. La route était belle. Le paysage, magnifique.

D'ailleurs, chaque fois que j'avais l'occasion de vivre un petit moment de vie tranquille et oisive, je sentais des peurs et des angoisses monter du fond de mon âme. Je développais un rhume, un mal de gorge, une bronchite ou je me faisais un tour de reins.

Par exemple, prenons le voyage de noces que nous avons finalement réussi à faire aux îles Fidji, René et moi, avec Pierre et Coco Lacroix, près de six mois après notre mariage, après une dure campagne de promotion en Europe et une épuisante tournée de spectacles en Australie. Ma principale activité, dans ce décor fabuleux – certainement l'un des plus beaux sites de villégiature de la planète –, a été d'éternuer, de me moucher, de tousser, de chercher mon souffle, de me racler la gorge. J'aurais pu, j'aurais dû me laisser aller à la paresse. J'en étais incapable. On aurait dit que la détente et le repos m'angoissaient. Pourquoi ? Je ne sais pas. Je devais avoir horreur du vide. Peur de l'inconnu, ou de ce qu'il y avait tout au fond de moi que je n'avais pas pris le temps de voir quand j'étais plongée dans l'action. L'action qui était devenue mon *home, sweet home*, mon refuge.

Il y a deux sortes de personnes : celles qui regardent derrière, du côté du passé, qui sont toujours très réfléchies, qui s'interrogent sur le sens de la vie, qui pensent à la mort, au temps qui passe ; et celles qui regardent devant, les gens d'action, qui foncent.

Par nature et aussi par la force des choses, par déformation professionnelle sans doute, j'avais toujours été de celles qui regardent devant. Je ne dis pas que c'est mieux, je constate simplement que je regardais rarement derrière moi. Je n'étais pas du tout le genre de femme qui prend plaisir à s'analyser, qui fait de l'introspection, qui s'interroge sur l'existence...

En rentrant des Fidji, j'ai atterri à Calgary, en plein Stampede, une immense foire populaire qui propose une foule d'attractions. C'était poussiéreux, grinçant, excitant, très vivant. Du coup, finies la grippe et les courbatures. Je reprenais goût à la vie, je retrouvais mon équilibre, mon énergie. J'aimais l'atmosphère de fête qui régnait au Stampede ; je venais de faire des rencontres très stimulantes.

Mégo, mon chef d'orchestre, avait créé un nouveau *band* qui allait m'accompagner en tournée. Au guitariste André Coutu, avec nous depuis deux ans déjà, s'ajoutaient le batteur Dominique Messier, le bassiste Marc Langis, le percussionniste Paul Picard. La musique est mon métier, ma passion. Les rencontres, les vraies rencontres avec des musiciens, ont toujours été pour moi très marquantes. Celle-ci, à Calgary, plus que toute autre.

Nous ne nous connaissions pas. Nous n'avions jamais joué ensemble. Mais entre nous, la chimie a été tout de suite géniale. Après quelques minutes de répétition, à huit heures du matin, sur une scène en plein air, dans le brouhaha des préparatifs du Stampede... nous avons trouvé notre rythme, notre beat, beaucoup de plaisir aussi. Nous savions tous les six que nous ferions ensemble un bon bout de chemin.

David Foster avait assisté à cette rencontre et à notre première répétition. Il est monté sur la scène demander à mes musiciens s'ils voulaient venir en studio la semaine suivante pour enregistrer avec moi un remake de *All by Myself.*

C'était au Record Plant, à Los Angeles. La veille, David m'avait informée qu'il avait changé les orchestrations de la dernière partie de la chanson. Je devais chanter un peu plus haut, jusqu'à un *fa* qui se trouvait presque à la limite de mon registre. Le pire, c'est qu'il voulait que je tienne cette note pendant plusieurs mesures. Honnêtement, je crevais de peur. Je savais que je ne pourrais pas faire plus de deux prises sans risquer de me casser la voix. David a vu ma peur :

« Si tu n'y arrives pas, c'est pas grave, on reprendra les arrangements originaux. »

Le jour de l'enregistrement, on s'est disputés, René et moi. Pour un rien. On se dispute toujours pour des choses insignifiantes et on est rarement capables de s'en souvenir. Il m'arrive quand même de bouder pendant quelques heures, parfois quelques jours. René, plus rarement. Il n'aime pas être en chicane avec moi. Il essaie toujours de me dérider, de me faire rire.

Ce jour-là, il semblait parti pour bouder sérieusement et il avait décidé de ne pas m'accompagner en studio. Je suis partie toute seule, *All by Myself,* pour le Record Plant, où j'ai retrouvé un David Foster assez froid, condescendant, presque méprisant, qui ne m'a même pas demandé pourquoi René n'était pas là.

Je devinais que c'était un jeu. J'ai décidé de le jouer jusqu'au bout. J'avais déjà pris les tonalités et fait mes vocalises, mes exercices de réchauffement. Les techniciens achevaient de placer les pistes d'orchestre. Je tournais en rond dans le studio. Je crois que David faisait exprès de tout retarder, comme s'il avait voulu me déstabiliser plus encore. À un moment donné, il est venu près de moi et, innocent, il m'a dit (quelle brute !) :

« Je te sens inquiète, mais t'en fais pas avec cette histoire de *fa*. Si tu n'y arrives pas, je te l'ai dit, on trouvera une solution. Je pourrais toujours demander à Whitney de le faire. »

Whitney Houston enregistrait ce jour-là dans le studio voisin.

« Je sais qu'elle est capable, elle, de monter jusqu'au *fa* et de le tenir le temps qu'il faudra », me disait David.

Moi, je n'ai pas dit un mot. Je suis rentrée dans le studio, j'ai chanté *All by Myself* de toutes mes forces, de toute mon âme. Lorsque le temps est venu de grimper vers le fameux *fa*, j'ai poussé ma voix au maximum, jusqu'à me faire mal, et j'ai tenu la note très longtemps, sans défaillir. Quand je suis revenue à moi, les musiciens de l'autre côté de la baie vitrée s'étaient levés pour m'applaudir.

Je suis sortie sans saluer David Foster. Sans même demander au technicien si tout était correct, s'il fallait faire une autre prise. Je savais que j'avais réussi un coup parfait, un *eagle*, comme on dit au golf.

La soirée était très douce. Je n'avais plus de colère, j'étais portée par l'adrénaline et l'euphorie. Je pensais à René. Je cherchais la raison de notre dispute. Et, tout à coup, j'ai compris.

Quand je suis montée dans la limousine pour rentrer à l'hôtel, je savais que David était probablement déjà au téléphone avec lui. Et j'imaginais la tournure de leur conversation.

« C'est fait, René. Bonne idée que t'as eue de ne pas venir. Elle était enragée. Quand elle a tenu la note, sa voix a pris une texture que t'as jamais entendue. C'est meilleur que tout ce qu'on aurait pu espérer. Je t'envoie une cassette. »

Quand je suis arrivée à l'hôtel, René m'attendait dans le hall, souriant, ému. Un messager à moto lui avait déjà remis une cassette de l'enregistrement. Il avait eu le temps d'écouter. Je me suis jetée dans ses bras.

Il avait une fois de plus mis la barre encore un peu plus haut, pour me donner de nouveaux défis, me forcer à me dépasser.

J'allais devenir moi aussi de plus en plus exigeante. Je n'étais pas satisfaite, par exemple, du premier enregistrement que nous avons fait quelques jours plus tard de la chanson *Falling Into You*. C'est une chanson tout en nuances, en demi-teintes. Je trouvais les arrangements trop violents, ma voix pas assez coulante. Tout le monde pourtant, les techniciens, les auteurs, même David et René, semblait satisfait. Je n'ai rien dit. Mais René a senti à mon air que je n'étais pas heureuse. Nous étions à l'hôtel. Il regardait son golf à la télé, je me faisais les ongles, quand il m'a demandé ce qui n'allait pas.

Je lui ai expliqué. Il a paru étonné. Je lui ai alors chantonné *Falling Into You* en décrivant, après chaque mesure, les arrangements que j'imaginais. Il a vite été de mon avis. Il semblait émerveillé, comme s'il venait de faire une découverte.

« Mais tu as raison, disait-il. Tu as parfaitement raison. Tu aurais dû le dire !

— J'ai pas osé. J'ai pensé qu'il faudrait refaire tous les arrangements et reprendre toutes les pistes d'orchestre. »

Il me serrait dans ses bras. Je le repoussais en riant, parce que j'avais les ongles frais faits.

« Il faut que tu apprennes à oser, mon amour. Il faut que tu apprennes à dire ce que tu penses. »

Il était fier de moi. Parce que j'avais pris cette décision, parce que je l'avais fait changer d'idée, une première dans notre vie professionnelle, et aussi parce que j'avais eu, je crois, une vraie bonne idée artistique.

Moi aussi, j'étais fière. J'ai moi-même appelé le réalisateur et l'arrangeur, pour leur expliquer comment je voyais ma chanson, le genre de changements que je voulais. Ils ont été d'accord et contents, ils me l'ont dit.

On est donc retournés en studio et on a refait *Falling Into You*. Ce n'est jamais devenu une grande chanson de scène ; elle est trop douce, trop subtile pour brasser une foule. Mais cette chanson-là est, à mon avis, l'une des plus touchantes de cet album. Et j'adore les paroles.

Falling Into You a marqué une étape de mon émancipation comme artiste. Après elle, j'allais prendre une part beaucoup plus active aux décisions artistiques. René était toujours aux commandes et tenait la barre, mais il allait m'écouter de plus en plus. David aussi. Et les gens de Sony. Je devenais une artiste mûre, adulte, autonome…

Quelques jours plus tard, nous sommes rentrés au Québec pour roder mon nouveau show. Je suis ensuite partie très vite en Europe, sans René. Il est retourné à Los Angeles. Avec David Foster, il allait passer quelques semaines à fignoler en studio notre nouvel album.

On se parlait tous les jours au téléphone. D'amour et de musique. Il me faisait entendre mes chansons nouvellement mixées. Il a écouté du début à la fin mes premiers shows au téléphone. Il me faisait des critiques sévères, me proposait ou m'imposait des changements dans l'ordre des chansons ou dans mes textes d'enchaînement.

Partout en Europe, les chansons des albums *D'Eux* et *The Colour of My Love* étaient en première place de tous les palmarès. Les gens de Sony ont donc décidé de retarder la sortie de *Falling Into You*, qu'ils considéraient pourtant comme mon meilleur album en anglais.

C'est à ce moment précis que nous sommes entrés dans la richesse. Un peu, on dirait, comme on entre dans un pays où tout devient possible et accessible. Moi, en un sens, j'avais l'impression d'avoir toujours habité ce pays. Je n'avais manqué de rien. Je voyais bien sûr notre rythme et notre niveau de vie changer. Je voyageais toujours en première classe. Depuis plusieurs années, j'avais constamment une limousine à ma disposition, je descendais dans des hôtels toujours plus luxueux.

Quelques années plus tôt, quand j'avais lu dans un magazine québécois que j'étais millionnaire, j'avais été franchement étonnée.

« C'est ça, être millionnaire ? Rien que ça ! »

En réalité, l'argent avait de l'importance pour moi dans la mesure où il me permettait de donner un bon show ou de faire un album impeccable. Un point c'est tout. S'il avait fallu, j'aurais voyagé avec plaisir en classe « cargo », j'aurais vécu dans des hôtels de second ordre.

Mais l'argent s'est imposé. D'une certaine manière, il fait partie de mon métier. On ne peut réussir dans le show-business sans devenir riche. Trop ? Je ne sais pas. J'espère seulement ne jamais perdre le sens des valeurs.

Un jour, une journaliste m'a demandé quel genre de robe j'aimais. J'ai répondu spontanément :

« Les chères ! »

C'était un clin d'œil, bien sûr. Mais il y avait du vrai dans ma réponse. Très vite, j'ai pris le goût des belles choses… qui sont plus souvent qu'autrement chères. J'ai eu envie de faire des folies. Comme construire la maison de mes rêves, une maison qui nous ressemblerait à René et à moi. Je l'appellerais la Maison du Bonheur.

Cette idée ne plaisait pas du tout à René. Il était parfaitement heureux dans notre maison de Palm Beach. Il aurait préféré que je me convertisse au golf plutôt que de me lancer dans un projet qui allait dévorer le peu de temps libre que j'avais.

« Pourquoi déménager ? On est bien ici. »

Mais j'étais partie. Dès que cette idée d'une nouvelle maison a germé dans mon esprit, elle n'a cessé de grandir. Pour finalement prendre beaucoup de place, beaucoup plus que je ne l'aurais cru.

Pendant la tournée européenne que je commençais dans le sud de la France (qui allait m'emmener dans une dizaine de pays), je me suis mise à collectionner des images dans des magazines d'architecture et à regarder autour de moi, dans les palaces et les hôtels où je demeurais. J'observais tout : les meubles, les portes, les moulures, les nappes, la coutellerie, les fenêtres… J'ajoutais des choses qui, selon moi, allait plaire à René. Je connais ses goûts. Ou plutôt les lieux qu'il aime, comme le Ceasar's Palace de Las Vegas. Je voulais qu'il retrouve cette ambiance dans notre future maison.

J'entassais mes trouvailles dans des classeurs et des boîtes : robinetterie, tuiles, carrelage, tentures, poignées de porte, couvre-lit, lustres. C'était de la beauté que je traînais partout avec moi. Cela donnait un sens et un but nouveaux à ma vie, à mon métier, à mes amours…

J'étais heureuse et en forme. J'aimais ma nouvelle passion dévorante. J'aimais mon show si bien structuré et monté. Ma voix n'avait jamais été aussi solide et souple. Entre les musiciens et moi, il n'y avait que du bonheur et de l'amitié. Et j'allais bientôt retrouver René à

Paris où on préparait une captation télévisée de mon show du Zénith, une salle que j'adorais.

Le premier soir, au Zénith, sans aucun signe, aucune douleur, ma voix a flanché et s'est plantée complètement. Le vide total. J'ai pleuré. Toute l'équipe était sur la corde raide à cause de moi. La moindre défaillance le surlendemain soir et tout était compromis.

Quand j'avais perdu la voix, quelques années plus tôt, j'avais blâmé mon inexpérience et des techniques vocales inadéquates. J'avais entraîné mes cordes vocales comme une athlète entraîne ses muscles. Très sérieusement et très régulièrement. Même quand je faisais silence pendant un jour ou deux, je pensais à elles, je les soignais, je les dorlotais. Je voyais régulièrement des spécialistes et des entraîneurs. Je suivais à la lettre leurs conseils.

Je venais de me rendre compte que ce n'était pas suffisant. Des facteurs extérieurs pouvaient être en cause. Il n'avait pas plu à Paris depuis plusieurs semaines. L'air était très sec. Le moindre vent soulevait dans les rues des nuages de poussière… Rien de pire pour les cordes vocales. J'aurais dû le savoir. En fait, je le savais. Je n'aurais pas dû sortir et courir les boutiques à travers la ville. Voilà ce qui me faisait de la peine. C'était ma faute, ma très grande faute. Je n'avais pas été prudente, pas assez patiente. Et j'avais été punie.

Personne n'a paniqué. Finalement, tout s'est bien passé. Par miracle. Parce que Dieu m'aime. Sans doute aussi parce que mes cordes vocales étaient en bonne santé. Ma voix s'est rapidement replacée. J'ai prié, j'ai remercié. Et je me suis juré que ça ne recommencerait plus.

Mais j'allais devoir vivre plus que jamais en recluse, loin du monde, souvent très seule. Je ne m'en faisais pas du tout, j'avais mon amour, j'avais mon projet de maison, j'avais la musique...

Au début de l'été de 1997, je faisais ma première tournée des grands stades d'Europe, huit shows dans sept villes : Dublin, Londres deux fois, Amsterdam, Copenhague, Bruxelles, Berlin, Zurich. Il s'agissait de la dernière partie de la tournée *Falling Into You*, qui avait commencé au début de 1996.

Ce voyage devait au départ durer six mois. On l'a plusieurs fois remanié et rallongé, pour le terminer à Zurich, plus d'un an et demi après la première qui avait eu lieu à l'autre bout du monde, en Australie, à Sydney je crois, ou à Perth.

Cette très longue tournée, pleine du début à la fin de rebondissements et d'imprévus, figurera à jamais parmi mes plus beaux souvenirs. Nous avons connu des hauts et des bas, nous avons vécu quelques drames, mais aussi et surtout des moments extraordinaires, inoubliables... Nous avons tous appris beaucoup ; nous avons tous grandi.

Pour moi, cette tournée a également été l'histoire d'une guérison. J'ai fait en cours de route certaines découvertes importantes qui allaient changer ma vie, mon rythme de vie, mon beat.

Au tout début, en Australie, dans l'est des États-Unis et dans l'Ouest canadien, je chantais dans des arénas de quinze à vingt mille personnes. Ensuite dans des *sheds*, ces grands amphithéâtres à ciel ouvert qu'on trouve maintenant un peu partout dans le sud, le mid-west et l'ouest des États-Unis et qui contiennent de vingt à quarante mille personnes, parfois plus. Finalement, il y avait eu cette proposition de faire les grands stades d'Europe, de quarante à soixante mille spectateurs chacun. Toujours plus gros, donc. La troupe qui m'accompagnait comptait au départ une quarantaine de personnes (musiciens, techniciens, cantiniers, relationnistes, etc.), et près de cent à l'arrivée, pour la grande finale européenne de l'été 1997.

En cours de route, nous avons dû adapter la scène, la sono, les éclairages, tout l'appareillage technique. Et le show lui-même, jusqu'à un certain point. À travers tout ça, on devait préparer quelques hors-d'œuvre, comme la chanson-thème de la cérémonie d'ouverture des Jeux olympiques d'Atlanta, des participations aux Oscars, aux Grammys, aux Victoires et à l'Adisq, aux World Music Awards. En plus de commencer à préparer l'enregistrement d'un autre album en anglais, de tourner trois ou quatre vidéoclips, de participer à des spéciaux télé, de faire de la promo partout et tout le temps, des dizaines d'entrevues, de donner des shows privés aussi, à Las Vegas, à Atlantic City, devant le sultan de Brunei, ou à Montréal, chaque année, un peu avant les fêtes, au profit de l'Association de la fibrose kystique…

Jusqu'aux Jeux d'Atlanta, tout allait merveilleusement bien. Mais ce jour-là, nous étions tous excessivement nerveux. Comme d'habitude, j'avais choisi d'ignorer, de nier ma peur, de la cacher à tout le monde, même à moi, surtout à moi. Si je la laissais paraître, elle aurait été capable de m'écraser.

J'entendais René dire à ses amis au téléphone que j'étais en pleine forme, que rien ne me faisait peur. C'était faux. J'avais peur, terriblement peur. Monter sur une scène dans un stade gigantesque et devant des centaines de caméras de toutes les télévisions du monde, c'est toujours effrayant. C'est comme sauter dans le vide. Et plus il y a de monde, d'yeux et de caméras, plus le vide est grand et effrayant.

Le stade était bourré à craquer, quatre-vingt-cinq mille personnes, même pendant la répétition et le test de son. Au téléphone, ma mère m'avait expliqué qu'elle n'avait pas voulu venir parce qu'elle avait trop le trac. Elle me regarderait à la télévision. Rien pour dissiper mes peurs et la pression.

Il y a beaucoup de musique à Atlanta. Et des voix magnifiques. Le chœur qui m'accompagnait était l'un des plus beaux que j'aie jamais entendus. C'est le pays du Gospel, de Martin Luther King et du fameux *I had a dream*. Ce n'était donc pas un hasard si la chanson que David Foster avait écrite pour la circonstance reprenait, dans son titre, le thème du rêve, *The Power of the Dream*.

Quand je l'ai interprétée, en début de soirée, au cours de la cérémonie d'ouverture, j'étais, je le savais, devant le plus vaste auditoire jamais réuni. On parlait de quatre milliards de personnes à travers le monde. Plus de la moitié de l'humanité…

Dès que j'ai commencé à chanter, mon trac s'est dissipé. Je me suis sentie très bien, très légère. Pendant plusieurs jours, j'ai vécu dans l'euphorie de cette formidable expérience. Mais je ressentais aussi une grande fatigue et, par moments, je cherchais mon souffle. J'étais sonnée, comme un boxeur, même vainqueur, après un dur combat.

Deux ou trois semaines plus tard, j'ai eu les premiers symptômes d'un mal qui allait m'occuper corps et âme pendant plusieurs mois. J'avais cru que ça passerait après quelques jours. Je n'en avais parlé à personne. Mais à Las Vegas, un soir, j'ai commencé à m'inquiéter pour de bon.

Je chantais *Quand on n'a que l'amour* devant le public du Ceasar's Palace. Une équipe de Radio-Canada était venue exprès de Montréal pour enregistrer cette chanson. Elle devait être insérée le lendemain soir dans un super-show présenté au Centre Molson au bénéfice des sinistrés du Saguenay. Quelques semaines plus tôt, durant la cérémonie d'ouverture des Jeux d'Atlanta, pendant que je chantais *The Power of the Dream*, toute cette région du Québec avait été noyée sous des trombes d'eau. Les rivières et les lacs avaient débordé, des barrages avaient cédé, des ponts, des routes, des îlots entiers de maisons avaient été emportés dans le Saguenay. Le Québec et le Canada s'étaient mobilisés pour venir en aide aux sinistrés.

J'avais préparé un petit texte de compassion et d'encouragement que je voulais leur offrir après ma chanson. Mais pendant que je chantais, j'ai senti un énorme poids, comme une main de fer qui me serrait le cœur. Ma voix s'est mise à chevroter. J'ai réussi à finir ma chanson. Mais j'ai dû écourter mon discours : j'avais peur de fondre en larmes ou de me mettre à bafouiller.

J'étais émue, bien sûr, je le suis toujours quand je parle de si loin aux gens de chez nous. Mais j'étais surtout fatiguée. Je réalisais avec terreur que le mal que je ressentais depuis quelque temps, seulement la nuit, m'avait rejointe jusque sur la scène, en pleine lumière. Je me suis dit qu'il était probablement là pour un bon bout de temps.

À Denver, la semaine suivante, c'était pire qu'à Las Vegas. Debout, j'étais constamment étourdie. J'étais pratiquement incapable d'avaler quoi que ce soit. Je n'allais plus à la cantine ; la moindre odeur de cuisine me levait le cœur. Dès que je m'allongeais, j'avais des reflux gastriques, des nausées. Si je parvenais à dormir, je faisais des cauchemars épouvantables. Je suis du genre à faire des rêves à répétition, je revois la même séquence plusieurs fois de suite…

Presque toutes les nuits, je rêvais que j'avais avalé une pomme qui m'était restée prise toute ronde au fond de la gorge. Une grosse pomme dure et froide qui m'empêchait d'avaler et de respirer. Je me réveillais terrorisée. Et je pouvais rester des heures sans dormir, avec la sensation de la pomme dans la gorge. Jamais, je pense, je n'ai été aussi vulnérable, aussi démunie. Je sentais toujours ce poids, cette pression, comme un bleu à l'intérieur de moi. Je n'avalais plus que des craquelins et de l'eau sucrée. Je me disais que bientôt je n'aurais plus l'énergie nécessaire pour donner un bon show.

Un matin, à San Francisco, les choses ont brusquement empiré. Suzanne et Manon ont prévenu René. Il se trouvait dans une clinique quelque part en Arizona, où il tentait de se guérir de ses mauvaises habitudes alimentaires. Il a tout de suite fait annuler et reporter les trois ou quatre shows que je devais donner au cours des jours suivants sur la côte Ouest américaine. Et j'ai été hospitalisée.

Les trois médecins qui m'ont vue ont tout de suite découvert les origines du mal : surmenage et stress. « Sans l'ombre d'un doute. » Ils m'ont informée que les médicaments qu'ils me prescrivaient n'auraient aucun effet si je ne prenais pas de repos.

Que fait une fille quand elle se sent crevée et qu'elle a réellement besoin de se reposer ? Elle appelle sa mère.

« Maman, maman, ton bébé a besoin de toi ! »

Ma mère est venue me retrouver en Floride. Pas du tout inquiète. Mais déterminée. Pendant près d'un mois, elle allait veiller sur moi comme une louve. J'ai su plus tard qu'elle avait été intraitable. Personne ne pouvait me déranger quand je me reposais, c'est-à-dire entre douze et quinze heures par jour. Même René n'a pas eu le droit de me parler de travail pendant tout ce temps. Pas un mot sur la tournée interrompue, sur les projets reportés, la promo, les albums français et anglais en préparation...

Maman me bordait le soir dans mon lit, elle m'emmenait marcher après ma sieste de l'après-midi, elle me préparait des bouillons, des tisanes, des salades de fruits...

Nous avons été seules toutes les deux pendant des heures, des jours. Même papa, qui avait accompagné maman, sortait pour nous laisser seules. Elle me parlait de son enfance que je ne connaissais pas beaucoup. Et puis de la mienne, qu'elle m'avait racontée au moins cent fois, mais que j'aime toujours réentendre. Tous les enfants sont comme ça, je pense.

Je ne suis pas du genre à ressasser de vieux souvenirs, mais j'ai toujours envie qu'on me raconte la petite histoire de ma naissance et de mon enfance... J'aime que ma mère me rappelle encore et encore la colère qu'elle a faite à mon père quand elle a su qu'elle était enceinte. Comment elle a ensuite fondu la seconde où une infirmière m'a mise dans ses bras.

Ma mère a connu une vie bien différente de la mienne. Elle est née le 20 mars 1927 dans un petit village de pêcheurs situé sur la côte nord de la Gaspésie. Son père était bedeau et chantre à l'église. Il a obtenu du gouvernement une terre de colonisation, loin dans les terres, à une grosse journée de marche de la mer. Avec ses fils, il a ouvert un chemin, bâti une maison en bois rond, une étable, un hangar à bois. Aux premières neiges, il est revenu chercher le reste de la famille.

Sur une voiture à cheval, ils ont installé des ballots de vêtements, de rideaux, de couvertures et de draps, quelques meubles, des tonneaux de poisson séché, du lard salé, de la mélasse, de la farine et du thé. Six poules dans leur cage. Une vache suivait.

Ma mère avait cinq ans, elle était assise sous les fourrures avec ses sœurs Jeanne, Annette et Jacqueline. Elle était émerveillée.

«J'avais cinq ans. C'était le plus beau voyage de ma vie.»

L'entendre parler de son enfance, de la forêt et du ciel de la Gaspésie, de la vie si paisible qu'ils menaient là-bas, de la musique que faisaient son père, ses frères, du premier violon qu'elle a eu : tout ça me reposait, me faisait oublier mon mal. Elle a eu une enfance et une jeunesse heureuses ; ce n'est pas le confort matériel ni la richesse qui créent le bonheur, il vient du fond de soi...

Fin septembre, quand je suis partie pour l'Europe, j'allais déjà beaucoup mieux. Je sentais encore ce bleu au-dedans, mais j'étais plus solide. Je mangeais avec appétit. Le mal, peu à peu, s'éloignait de moi. Il ne venait plus jamais quand je chantais. Chaque fois que je me retrouvais sur scène ou sur un plateau de télé, je me sentais parfaitement bien. Pas de bleu, pas de point au cœur. Dès que je sortais de scène, je le retrouvais qui m'attendait. Mais il n'était plus très fort, rien qu'un petit pincement qui me chatouillait timidement. Je parvenais à l'oublier pendant de longs moments.

Je communiquais avec ma mère tous les jours, puis je lui passais Manon, Suzanne et René. Sous ses ordres, ils me dorlotaient, me préparaient des tisanes et des bouillons, des salades de légumes et de fruits, et me forçaient à prendre du repos plus que j'en avais besoin.

Et puis un jour, à bord de l'avion qui nous emmenait à travers le ciel d'Europe, je me suis tournée tout d'un coup vers Suzanne et Manon, surexcitée. Je leur ai fait signe (j'étais dans un de mes jours de silence) que mon point était parti sans laisser de traces. Ça faisait même un bon bout de temps, plusieurs jours, une semaine peut-être, que je n'y pensais plus, que je l'avais complètement oublié. Je dormais bien, je mangeais bien, je chantais bien.

J'étais soulagée. J'avais oublié mon mal et il était parti. Je pensais à ce que disait mon père quand j'étais petite et que j'allais lui montrer un bobo que je m'étais fait :

« N'y pense plus, ma chouette, ça ne fera plus mal. »

J'étais assez grande pour savoir que ce n'est pas comme ça que les choses se passent. On oublie son mal quand il s'est lui-même fait oublier. Pas avant. Quand le mal est en nous, on y pense sans cesse, qu'on le veuille ou non. Quand on n'y pense plus, c'est qu'il est parti.

Quelques jours plus tard, à Stockholm, je me suis testée. Moi qui ne bois presque jamais d'alcool, j'ai fait la fête avec les musiciens, j'ai mangé lourd et épicé. Puis nous sommes allés dans un bar et j'ai bu de la tequila, beaucoup de tequila… sans ressentir aucun malaise. Pas même le lendemain matin. J'étais guérie. Et heureuse.

La tournée s'est poursuivie sur un train d'enfer, retour en Amérique, puis l'Asie en hiver… et pour finir, encore l'Europe, cette inoubliable tournée des grands stades, magique.

On était en juin. Il faisait froid et il pleuvait à boire debout presque chaque jour d'un bout à l'autre du continent. Mais partout où nous allions, deux heures avant le show, la pluie cessait. Le soleil venait assécher et réchauffer les lieux. Systématiquement. À cause de ça, et sans doute pour toutes sortes d'autres raisons, nous étions tous euphoriques.

Retenu par affaires au Québec ou aux États-Unis, René ne nous avait pas accompagnés en Australie, ni au

Japon, ni en Corée, ni au Brunei. Mais pour la tournée des stades d'Europe, il était avec nous. Je crois que nous n'avons jamais été aussi heureux. Je ne parle pas uniquement de lui et de moi, mais de tout notre entourage, les musiciens, les techniciens, la centaine de personnes de notre tribu. L'atmosphère était géniale.

Nous savions que cette longue tournée tirait à sa fin, que nous allions bientôt rentrer chez nous, revoir des visages et des paysages familiers. Malgré la pluie et le froid, ce long voyage se terminait en beauté. Les stades étaient remplis : des foules très belles, chaleureuses, heureuses elles aussi. Partout, c'était la fête.

René a dit un jour à un journaliste français venu nous rencontrer à Amsterdam que le rêve qu'on avait fait, lui et moi, nous avait échappé pour la première fois. Notre rêve était maintenant plus rapide que nous, plus fou que nous, plus merveilleux que tout ce que nous avions imaginé. Nous n'avions plus besoin de pousser dessus, nous étions maintenant emportés par lui.

Cette tournée des stades, René ne l'avait pas prévue, même dans ses scénarios les plus osés. Moi non plus, évidemment. C'étaient de jeunes producteurs (des Belges ou des Hollandais) qui avaient insisté auprès de René pour qu'on ajoute cette partie. Selon lui, ça marquait un tournant dans notre vie, dans ma carrière. Nous étions rendus de l'autre côté du rêve… Ce printemps-là, notre vie a changé, basculé… Et tout s'est passé si vite que nous avons à peine eu le temps de réaliser ce qui nous arrivait.

La veille encore, je voyais Madonna, Whitney Houston ou Tina Turner faire les gros stades partout à travers le monde. Je les enviais d'être si *big*. Et voilà, j'y étais, moi aussi. Dans le très sélect club de celles que les médias appellent les « pop divas ». Je voyageais en avion privé. Je vivais dans les plus magnifiques palaces. Nous étions au sommet.

« Qu'est-ce qu'on fait maintenant ? Où on va ? »

Je n'en avais pas la moindre idée. Je sentais simplement qu'il faudrait bien que je m'arrête un jour. Pour faire le plein. Pour jeter un regard sur le chemin parcouru. Pour enfin mettre la maison de mes rêves en chantier. En attendant, je me laissais griser par la vitesse, par les grandes foules…

En tournée, à part le magasinage, j'avais peu de divertissements. Les jours de silence, je passais parfois des heures à regarder des magazines de mode. Je découpais toutes sortes d'images que j'envoyais par fax à Annie Horth, ma styliste. Elle s'en inspirait parfois pour me confectionner des costumes de scène.

Pour moi, la mode est devenue petit à petit un monde presque aussi passionnant que la musique. Chacun de nous chantonne chaque jour son « refrain vestimentaire ». Il y en a qui faussent, d'autres qui chantent juste. Mais tous, qu'on le veuille ou non, nous baignons dans la mode, nous sommes marqués par elle.

Depuis quatre ou cinq ans, c'est Annie Horth qui est dans ce domaine ma partenaire et ma complice. Elle voit tous les défilés, toutes les collections. Elle connaît tout le monde, elle a ses entrées chez tous les grands couturiers d'Europe et d'Amérique. Elle sait toujours ce qu'on portera demain et après-demain ; surtout, elle sait ce que j'aime et ce qui me va.

De temps en temps, elle me faisait signe. Elle débarquait à Amsterdam, à Los Angeles ou à Chicago avec une tonne de vêtements qu'elle avait tirés des dernières collections d'une demi-douzaine de grands couturiers. Nous passions des heures et des heures, elle et moi, à regarder tout ça, à essayer, à commenter.

J'ai vraiment beaucoup aimé la vie de tournée, même si certains jours on n'en peut plus et qu'on pense à rentrer à la maison par le chemin le plus court. Dans chaque tournée, il y a des hauts et des bas, des surprises… Mais il se crée toujours un esprit, un *mood* extraordinaire. Parfois, quelque temps après le retour à la maison, on s'ennuie de la vie de nomades, de ce climat qui, surtout vers la fin de la tournée, régnait parmi nous.

René a toujours eu le sens de la fête. Moi aussi, c'est de famille. Et je suis beaucoup plus fofolle. J'aime faire le clown, même quand nous sommes seuls tous les deux, pour le simple plaisir de le faire rire. Si quelqu'un de ma famille se trouve là, Michel, Dada, Ghislaine, Manon ou Claudette, on peut improviser pendant des heures des sketches complètement absurdes. René n'y participe pas vraiment, mais il est toujours bon public.

Avant un gros show, tout le monde était mort de trac, moi y compris. Manon et moi, nous trouvions souvent le tour de déclencher des torrents de rire. À Atlanta, par exemple, quelques minutes avant que je monte sur scène pour chanter *The Power of the Dream* devant des milliards de personnes, ma sœur a commencé à me parler du spectacle que j'avais donné dix ans plus tôt. Dans le Vieux-Port de Québec, des milliers d'éphémères m'entraient dans la bouche et le nez, se glissaient sous ma jupe. En temps normal, nous n'aurions sans doute rien trouvé de drôle là-dedans. Mais tout le monde était tellement tendu dans la loge et les coulisses… Rien qu'à m'imaginer en train de cracher des ailes d'éphémères ou de me contorsionner parce qu'elles me chatouillaient les cuisses, nous avons été prises, toutes les deux, d'un fou rire qui a duré jusqu'à ce qu'on vienne nous dire : « *Mrs. Dion, two minutes.* »

Chaque jour, n'importe où, il nous faut notre dose de rire. En tournée, René nous ménage ici et là des moments où nous sommes tous ensemble. Il croit que la camaraderie est nécessaire et agréable. Au cœur de la vie. Pour resserrer les liens entre nous.

La veille des jours où je ne chantais pas, il organisait souvent de véritables banquets, soit dans un restaurant de la ville, soit dans notre suite à l'hôtel ou ailleurs, un chalet de montagne près de Zurich, une péniche qu'il louait pour la quinzaine de personnes qui constituaient ce que nous appelions « l'entourage ». Et nous passions la soirée sur la Seine, dans le port d'Amsterdam ou dans la baie de Hong Kong. Il y avait Suzanne, ma directrice de tournée ; ma sœur Manon, confidente et coiffeuse ; Eric, mon garde du corps ; les quatre ou cinq « bras droits » de René, responsables de l'organisation de la tournée ; des relations de presse ; parfois aussi des gens de Sony, notre compagnie de disques, ou des gens de la maison de production locale.

Souvent, surtout pendant les deux dernières grandes tournées, des amis du Québec venaient passer quelques jours avec nous. Parmi eux, bien sûr, des partenaires de golf de René, Marc, Paul, Rosaire, Guy... Parfois, à Paris surtout, à New York, en Floride, à Las Vegas, mes parents... Et Anne-Marie, la fille chérie de René. Ainsi que Jean-Pierre qui se joignait à nous pendant quelques jours. Il retrouvait son père, sa sœur, son frère aîné, Patrick, qui travaillait avec nous comme assistant à la production. Nous formions une joyeuse smala, une tribu que René, en bon G.O., se chargeait de divertir... et de nourrir.

Dans la journée, il demandait à un messager de collecter les menus des bons restaurants de la ville où nous

nous trouvions. Chinois, indonésiens, japonais, italiens, français, libanais, marocains, thaïs, il les lisait tous, très attentivement, comme d'autres lisent des romans ou des poèmes.

Une fois son choix fait, il s'occupait lui-même des réservations et du menu. Puis il s'entretenait longuement avec le chef et les serveurs de l'établissement choisi. Il exigeait toujours que tout soit sur la table en même temps. C'est dans la tradition libanaise. Il y tient mordicus. Même quand le restaurateur considère que ça n'a aucun sens.

Pour René, un repas est un spectacle, une cérémonie. C'est surtout une manière de rassembler tout le monde, sur la même longueur d'onde, et de créer des liens.

Il aime manger. De tout. Et beaucoup trop. Au point où ça devient parfois dangereux pour sa santé. Mais c'est comme pour le jeu. Une fois lancé, il est difficilement capable de s'arrêter, même s'il sait que plus tard, quand il cessera de jouer ou de manger, il y aura les remords et l'inquiétude, les malaises.

Après son attaque cardiaque, à Los Angeles, j'ai pris l'habitude de le surveiller. C'est devenu une sorte de jeu entre nous. Il est la souris, je suis le chat. Je le vois inventer toutes sortes de trucs pour déjouer ma surveillance. Je le vois aussi rechercher la compagnie d'autres gros mangeurs.

Pas étonnant qu'il soit vite devenu ami avec Luciano Pavarotti. Quelques jours après l'enregistrement de notre duo, *I Love You, Then I Hate You,* Luciano nous a invités à dîner dans son appartement new-yorkais. Il avait lui-même préparé les antipasti, les pâtes, le veau... Entre René et lui, ça a été une véritable joute. Ils se sont relancés tous les deux pendant toute la soirée. Et ils ont parlé bouffe pendant des heures. Pavarotti voyage avec son huile d'olive, ses fromages, ses vins, etc. À New York, à Modene ou à Rome, il fait lui-même son marché, il choisit ses viandes et ses fruits. René était émerveillé.

Je suis persuadée qu'il se souvient encore deux ans plus tard de tout ce qu'il a mangé ce soir-là. Il a une mémoire phénoménale pour ce genre de choses. Moi, je me souviens de l'étonnement de Pavarotti quand René lui a dit, après un verre ou deux de vin, qu'il préférait le Coke Diète. René n'aime pas le vin, ni la bière, ni aucun alcool.

Son médecin lui a recommandé de boire un verre de vin rouge de temps en temps. Il le fait, le midi plutôt que le soir. Il avale son verre comme si c'était un médicament. Puis, qu'on soit dans un restaurant chinois, dans un bistrot français ou un deli new-yorkais, il commande un Coke Diète. Ou deux. Avec beaucoup de glaçons.

De temps en temps, il va passer quelques jours dans une clinique pour gros mangeurs... Le plus souvent, il est accompagné d'un ami, Marc Verreault, Pierre Lacroix ou son cousin Paul Sara. Et pendant une semaine, ils s'encouragent les uns les autres.

Il me raconte au téléphone qu'il s'est levé à six heures, qu'il est allé marcher dans le désert avec Marc, qu'ils ont déjeuné de fruits et dîné d'un poisson poché (250 grammes) et d'une douzaine de pois mange-tout, pas de Coke Diète, pas de beurre... Dans l'après-midi, ils vont assister à des conférences sur la nutrition. Des gourous de la motivation vont leur donner toutes sortes de bonnes idées.

René adore ces conférences. L'an dernier, dans un spa de l'Arizona, il a été fasciné par les théories d'un psy spécialisé dans la nutrition qui disait : « Ou c'est toi qui décides. Ou c'est ton corps. » René a été séduit par cette idée.

Il a suivi son régime religieusement pendant quelque temps. Puis il a oublié. Et il s'est remis à manger. Contrairement à moi, il n'est pas très discipliné, ni très persévérant dans ce genre de contrainte. Quand ses amis lui rappelaient la formule du psy, René répondait en riant que c'était toujours lui qui décidait.

« Il faut savoir déléguer. J'ai décidé de laisser mon corps s'occuper tout seul de ce dossier-là. J'ai d'autres chats à fouetter. »

Après un moment de réflexion, il ajoutait :

« Dans le fond, je ne suis pas très fier de ma décision. »

Tout le monde riait. Moi la première. Pourtant, je n'étais pas fière, moi non plus. J'ai une attitude très spéciale avec mon mari au sujet de sa gourmandise. Je le trouve un peu enveloppé, mais beau. Il porte bien son embonpoint. Seulement, je trouve qu'il mange trop. Mais le plaisir qu'il y prend me touche. Même si je sais que c'est pour son bien, je trouve toujours pénible de priver l'homme que j'aime de ce plaisir. Comme je n'aime pas l'arracher aux tables de jeu.

Personnellement, je ne fais jamais d'excès de table. Ce n'est pas difficile pour moi : je n'ai aucun plaisir à manger quand je n'ai plus faim.

On a souvent écrit que j'étais anorexique et que je me nourrissais de feuilles mortes, de tofu, de graines et de pépins. Ça m'a parfois beaucoup agacée. J'aurais préféré ne pas lire ça : « fille maniaco-dépressive et psychotique », dans certains médias...

Je n'ai d'ailleurs jamais compris ce besoin maladif qu'ils ont d'inventer toutes sortes d'histoires à dormir debout. Pourquoi prêter aux vedettes du show-business, du sport et de la politique des traits de caractère qu'elles n'ont pas ? Pourquoi leur faire vivre des choses qu'elles n'ont pas vécues, et surtout pas envie de vivre ? Je crois que la réalité et le vécu de n'importe qui sont infiniment plus intéressants que des rumeurs non fondées ou des mensonges évidents, ou des hypothèses plus farfelues les unes que les autres.

Je ne pense pas une fraction de seconde que l'anorexie soit une maladie honteuse. Mais je déteste être entourée de rumeurs ou de fausses croyances, ne pas être vue et perçue telle que je suis. Même si je ne prétends pas être une reine de beauté, j'étais et je suis quand même toujours fière de mon corps.

C'est une bonne «bête», souple, musclée, solide et en santé. Mon corps est confortable et serviable. Je le sais, je vis dedans depuis maintenant trente-deux ans. Et je ne le trouve pas maigre du tout. Je suis bien dans ce corps-là. Je crois que la discipline y est pour quelque chose. La discipline crée du confort, un vrai bien-être, de la forme et de la santé.

Un travail comme le mien exige une grande forme physique. Je n'aurais pas pu donner jusqu'à cent shows par année, et voyager sans cesse d'un bout à l'autre du monde, si j'avais mangé trop ou pas assez. Ou si, comme racontent certains magazines, je m'étais fait vomir après chaque repas. Il m'arrivait de manger pour deux, surtout à la fin de la tournée *Falling Into You*. Autant je m'étais sentie fragile au début, autant j'étais à la fin solide et en forme.

Notre tournée avait réussi au-delà de toutes nos espérances. Nous avions commencé à parler sérieusement d'une sabbatique, un grand congé que nous allions prendre ensemble, René et moi, chez nous, tranquilles. Mon projet de maison me passionnait chaque jour de plus en plus. J'y pensais sans cesse.

Je connaissais par cœur tous les plans que nous avaient remis les architectes. Je faisais régulièrement parvenir mes dossiers remplis de coupures de magazines d'architecture à Johanne Dastous, la femme de Paul Sara, ma conseillère en matière de décoration. Elle avait passé une partie de l'hiver à trier toutes ces images, que j'avais parfois commentées.

« J'adore ce fauteuil, mais pas les têtes de lion des accoudoirs. » Ou : « Je crois que c'est la lumière qui me plaît dans ce salon. Pas les rideaux, en tout cas. » Ou : « J'aimerais voir des statues semblables dans mon jardin, sans l'air bête de celles-ci. »

Peu à peu, comme pour ma robe de mariée, l'image et le décor de ma maison se précisaient. De temps en temps, Johanne réunissait chez moi une foule d'objets trouvés chez des antiquaires et nous passions des heures à les regarder, à les toucher. J'apprenais à nommer les styles, à distinguer le vrai du faux, le beau du banal. J'étais à l'école. J'adorais ça.

À travers ce travail, j'ai appris à me connaître un peu mieux, à développer mes goûts. À les exprimer. J'aime les décors très romantiques, le rococo, le style Louis XV. J'ai besoin d'une ambiance douillette, de couleurs chaudes, de meubles anciens. Je crois qu'il faut respecter ses goûts. Sinon, on subit ceux des autres et on n'est jamais chez soi. Je veux des maisons qui me ressemblent.

Je demandais parfois à Johanne ce qu'elle pensait de mes choix. Elle me répondait franchement, en me rappelant que j'aimais les desserts, le sucré. Je comprends très bien ce qu'elle voulait dire. J'aime les décors très chargés, très lourds, très enveloppants, très moelleux.

« Tu es très cocon, au fond, me disait-elle. Pas très moderne. »

Le moderne, j'en utiliserai sans doute un jour. Mais pas dans une maison où je vais vivre. Si j'avais un appartement, à New York par exemple, où je ne vis que lorsque j'ai du travail, comme enregistrer un album ou un clip, ou pour magasiner, j'aimerais aller très loin dans le moderne. Mais pour la vie de tous les jours, c'est un univers qui me semble froid, pas très confortable. Ça peut être très beau, mais jamais chaleureux à mon goût.

Je n'aime pas que les objets fonctionnels qu'on trouve généralement dans une maison moderne soient apparents. Chez moi, les téléviseurs sont toujours cachés dans des armoires, derrière des panneaux ou des tableaux. Je sais qu'une cuisine est une sorte d'usine. Mais je ne veux pas de chaudrons ou d'ustensiles qui pendent partout. Pas de réfrigérateurs aux portes transparentes qui laissent voir tout ce qu'il y a à l'intérieur.

Le projet de maison qui me tenait tant à cœur semblait ennuyer René. Il aimait bien notre maison de Palm Beach et s'en serait contenté, je crois, jusqu'à la fin de nos jours. De plus, il avait acheté l'automne précédent un immense terrain de golf, le Mirage, dans les Basses-Laurentides, à une demi-heure du centre-ville de Montréal. Il avait déjà entrepris de grands travaux de réaménagement. Il parlait de construire une maison où nous passerions nos vieux jours. Mais contrairement à moi, il ne s'impliquait pas vraiment dans ces projets.

Pour ce qui était du show-business, il cherchait toujours à tout contrôler et à tout vérifier. Il voulait approuver chacune des chansons que je chantais dans mes shows ou sur mes albums. Il avait son mot à dire sur mes costumes de scène, sur mon look et mon son. S'il organisait un lancement ou une fête, il voyait à tout, au menu, au décor, à la musique d'ambiance. Mais rien ne l'intéresse moins qu'un chantier de construction.

Il ne comprenait pas cette manie que j'avais, depuis plus d'un an, de me casser la tête sur des projets que j'aurais pu confier à d'autres. Mais moi, je faisais exactement comme pour ma robe de mariée. Je cherchais ma maison dans des magazines, dans les boutiques d'antiquaires, dans les hôtels, dans toutes les maisons des amis que nous visitions.

Je demandais d'où venait tel ou tel bibelot, qui avait peint ces murs, qui avait fait ces meubles, etc. Très souvent, on était incapable de me répondre. Ces gens-là vivaient dans des décors qu'ils avaient achetés tout faits, qui leur avaient coûté des fortunes, mais qui ne leur ressemblaient pas, des décors passe-partout. Je ne voulais rien savoir de ça. J'étais totalement prise par ce projet qui me donnait beaucoup de plaisir.

Malgré le peu d'intérêt de René, nous avions acheté un grand terrain, à Jupiter, au nord de Palm Beach, le long d'un canal qui donne sur la mer. Il n'y avait rien, que des herbes et des broussailles. De chaque côté, un château, avec derrière un quai où un yacht de vingt mètres était amarré…

Johanne a formé une équipe d'architectes et d'artisans qui ont commencé à faire des plans à partir de tous les documents que j'avais amassés. Au début de l'été, quand nous sommes rentrés à Montréal, j'ai compris que mon travail était terminé. Celui de Johanne et de ses architectes venait de commencer. Je n'avais plus qu'à attendre. J'ai donc suivi des cours de golf.

Quand nous sommes revenus de tournée, je me suis mise à jouer au golf intensivement, je dirais presque de façon excessive. Tous les jours, beau temps, mauvais temps.

René considérait ça comme une victoire personnelle. Depuis des années, il avait essayé de me convertir à ce sport, une véritable religion pour lui.

« Le golf, c'est fait pour toi. Tu as tout ce qu'il faut. Tu es grande et souple, tu as un excellent pouvoir de concentration, beaucoup de discipline. En plus, c'est un sport propre. Tu passes ton temps dans des jardins bien aménagés, il y a du soleil, de l'eau, tout ce que tu aimes. »

René a besoin qu'on aime ce qu'il aime. Il essaie toujours de convertir ses proches à la bouffe libanaise, au jeu, au golf, à Elvis, Sinatra, Piaf… et à Céline Dion, évidemment !

J'ai vécu près de lui, j'ai été formée par lui. J'ai donc été marquée par l'esprit du golf longtemps avant de tenir un fer ou un bois dans mes mains. Je suis entrée un jour dans l'univers du golf comme si je revenais chez moi après une très longue absence. J'ignorais encore à quel point ce sport allait devenir une grande passion et changer ma vie.

Le golf, c'est plus qu'un sport, c'est une manière de vivre, une discipline qui exige beaucoup de détermination et de rigueur. C'est une constante recherche de la perfection, de l'équilibre, une réflexion sur le bonheur. Avant tout, c'est une étude de soi. Comme le chant, la musique, comme n'importe quel art ou n'importe quel métier pratiqué avec sérieux et passion.

Il y a dans le golf un ordre et un rituel très forts, un ensemble de règles que chacun doit respecter… Je ne connais à peu près rien aux religions, mais je dirais que le golf est proche du zen. C'est d'abord une affaire de méditation, de concentration. Et une recherche de la beauté. La beauté des lieux, mais aussi la beauté et l'harmonie de nos mouvements et de nos états d'âme.

Chacun doit apprendre à contrôler, à maîtriser ses émotions, ses gestes, sa force. C'est ça, le jeu. Rien que ça. On doit composer avec le vent, avec les accidents du terrain, avec le soleil… mais aussi et surtout avec ses humeurs, ses inquiétudes, ses élans de joie, faire de tout ça quelque chose d'harmonieux. Chaque partie de golf est un voyage dans l'espace et à l'intérieur de soi.

Frapper une toute petite balle blanche, c'est comme lancer une note dans le grand espace d'un stade ; il faut énormément de concentration, il faut s'être bien préparé, s'être recueilli, avoir visualisé, viser juste...

Le golf m'a changée. J'avais longtemps, depuis toujours en fait, détesté les matins. Ou alors il fallait qu'ils soient très calmes et silencieux.

Je ne suis toujours pas du genre à m'agiter au début de la journée. Et je n'ai pas très envie de rire ou de parler comme une machine, ni d'entendre quelqu'un d'autre parler comme une machine. Mais je me lève beaucoup plus tôt maintenant. Je commence à aimer les matins, la rosée, le chant des oiseaux, l'odeur de l'herbe mouillée.

À l'automne, c'est une maniaque de golf qui est partie à New York et à Los Angeles enregistrer les chansons de *Let's Talk About Love*. René avait planifié l'agenda des enregistrements pour que nous puissions passer au moins une journée sur deux au golf. Mais après une petite semaine de travail, la musique avait repris le dessus. La chanteuse a chassé la golfeuse... en lui promettant qu'elles se reverraient avant longtemps. Je restais seule à l'hôtel, je devais protéger ma voix, éviter les coups de chaleur ou de froid, le grand air chargé de pollen. Je devais surtout faire mes vocalises, garder le silence, répéter, apprendre mes chansons une à une.

J'aimais toujours autant l'atmosphère des studios. Cette fois plus que jamais. Parce que j'allais faire des rencontres passionnantes. Carole King m'a donné une chanson ; Sir George Martin, l'homme qui a fait le son des Beatles, a agi comme réalisateur de *The Reason* ; les Bee

Gees sont venus avec moi pour *Immortality*. J'ai chanté en duo avec Luciano Pavarotti et Barbra Streisand.

L'idée de chanter avec Streisand, je l'avais toujours eue et elle m'avait toujours fait peur. À cinq ans, je la voyais déjà comme une de mes plus impressionnantes idoles. C'est toujours dangereux de s'approcher de ses idoles. Une toute petite chose peut les détruire. Ou vous écraser.

Tout avait commencé l'année précédente, lors du gala des Oscars. J'avais chanté *I Finally Found Someone*, la chanson-thème d'un film que Barbra avait elle-même réalisé et produit, *Le Miroir à deux faces.*

En fait, c'est Natalie Cole qui devait interpréter cette chanson. Mais elle avait été retenue à Montréal par une grosse grippe. Les organisateurs du gala m'ont demandé à vingt-quatre heures d'avis de la remplacer. J'ai donc fait la chanson de Barbra en plus de la mienne, *Because You Loved Me* tirée du film *Up Close and Personal*, également en nomination. Ça ne s'était jamais vu. Jamais dans toute l'histoire des Oscars un artiste n'avait chanté deux fois lors d'un même gala.

René jubilait. À ses yeux, rien n'est plus excitant au monde, surtout dans le merveilleux univers du show-business, que de faire ce que jamais personne d'autre n'a fait.

Mais on était un peu blasés à cette époque-là, tous les deux. On se l'était dit un soir, je me souviens, au Beverly Hills Hotel.

« Qu'est-ce qui pourrait bien nous arriver maintenant qui nous étonnerait ? »

Nous avions vécu depuis des mois sur un train d'enfer, nous étions presque toujours en tournée, nous participions à tous les galas importants. Je faisais tous les shows de télé, les plus grandes scènes, les plus gros shows, tant en Europe qu'en Amérique et en Asie. À la fin, plus rien ne nous excitait vraiment.

Mais préparer une nouvelle chanson en vingt-quatre heures, chanter deux fois aux Oscars, et en plus devant Barbra Streisand elle-même, c'était terrorisant, stressant et stimulant. J'avais travaillé fort.

Barbra Streisand avait déjà quitté la salle quand je suis montée sur scène pour faire sa chanson. Elle s'était rendue aux toilettes pendant la pause publicitaire ; les portes étaient verrouillées quand elle a voulu retourner à son fauteuil. Personne ne peut circuler dans la salle pendant la cérémonie de remise des Oscars. René avait été très déçu et fâché. J'avais de la peine, bien sûr, mais pas au point de me gâcher le grand plaisir que j'avais eu. J'avais relevé un gros défi.

Deux jours plus tard, au Ritz Carlton de San Francisco, je recevais un énorme bouquet de fleurs avec un mot de la main de Barbra. Elle disait qu'elle avait visionné l'enregistrement du show, que j'avais chanté « *beautifully* », que j'étais une « *incredible singer* », qu'elle regrettait de ne pas avoir été dans la salle… et qu'elle souhaitait chanter un jour en duo avec moi.

« *Next time, let's do one together.* »

J'ai rejoint René, qui se trouvait de nouveau dans une clinique en plein désert, et je lui ai lu le mot de Barbra. Il m'a demandé de lui en faire cadeau et il l'a gardé dans son portefeuille pendant des mois. Chaque fois qu'il en avait l'occasion, il le lisait aux amis ou aux journalistes qu'il rencontrait. Il a rapidement contacté Marty Erlichman, l'agent de Barbra. Et il a demandé à David Foster d'écrire une chanson que nous pourrions faire en duo, elle et moi.

L'une des grandes qualités de mon amour, c'est qu'il continue de s'émerveiller. Je peux nommer des tas de gens qu'il admire vraiment. Des stars, bien sûr, mais aussi de parfaits inconnus, en réalité tous ceux et celles qui font bien ce qu'ils ont à faire. Il sait reconnaître les gens de qualité, leur faire confiance, les aimer.

C'est David Foster qui a finalement fait le lien entre nous deux en nous proposant la chanson *Tell Him*, dont il avait écrit la musique.

Barbra a chanté sa partie à Los Angeles. Quelques jours plus tard à New York, j'ai ajouté ma voix à la sienne. Nos deux voix s'harmonisaient magnifiquement bien. Par moments, elles se confondaient presque.

Les arrangeurs et les techniciens ont fignolé et mixé notre chanson et, un beau soir, nous l'avons écoutée ensemble, Barbra au Record Plant de Los Angeles, moi au Hit Factory de New York.

La chanson terminée, le silence est tombé dans le studio. Nous regardions tous le téléphone. Il a mis, il me semble, une éternité à sonner. David a répondu.

« C'est pour toi, Céline. »

C'était Barbra qui m'appelait de l'autre bout du continent pour me dire à quel point elle avait aimé mon interprétation.

« Tu réussis des choses merveilleuses avec ta voix. Comment fais-tu pour te mêler si bien à la musique et à ma voix ? »

Je n'ai pas osé ou pas pensé lui répondre que j'avais chanté en duo avec elle des centaines et des centaines de fois devant le grand miroir de ma chambre, rue Notre-Dame, à Charlemagne. Je lui ai dit seulement que je travaillais très fort et que je m'entraînais comme une athlète.

« Faudra que tu m'apprennes, disait-elle.

— Que je vous apprenne quoi ?

— À avoir de la discipline.

— Mais vous n'avez rien à apprendre de moi, vous êtes la plus grande chanteuse au monde.

— On a tous à apprendre les uns des autres. Mais toi, tu apprends plus vite que nous tous. Parce que tu as une très grande voix et une très grande âme. *I'm really proud of you.* »

J'étais paralysée. Elle avait tant d'assurance, elle me disait de si belles choses, si simplement ! Je me sentais incapable d'en faire autant, de lui dire à quel point elle avait été importante dans ma vie, de lui parler aussi de ce que j'avais ressenti lorsque j'avais mêlé ma voix à la sienne. C'était comme si nos voix, après s'être cherchées si longtemps, s'étaient enfin trouvées. Et qu'elles étaient sœurs jumelles.

Mais je me disais que Barbra devait bien savoir qu'elle avait été mon modèle. Que j'avais beaucoup appris d'elle. Ça devait s'entendre dans ma voix.

Plutôt que de parler, je me suis mise à pleurer.

René, très ému lui aussi, a pris le téléphone.

« Vous avez toujours été pour Céline un modèle et une idole. Elle est très impressionnée, vous savez.

— Je comprends, a dit Barbra. J'ai ressenti la même chose, la première fois que j'ai chanté avec Judy Garland. »

Elle a tenu à me parler de nouveau.

« Je veux te connaître mieux. Viens me voir à Malibu dès que tu peux. Demain, si tu veux. »

Mais le lendemain, je préparais *I Love You, Then I Hate You* avec Luciano Pavarotti.

« Mardi, si vous pouvez.

— Mardi, ça ira. Je te montrerai mon jardin de roses. On ira marcher sur la plage. »

Être invitée à souper par son idole, être embrassée par elle, ce sont des grands moments de bonheur. Mais approcher ses idoles, c'est toujours inquiétant. Il n'y a rien au monde de plus fragile. Et je ne voudrais surtout pas briser celles que j'ai. Comme je ne voudrais pas ne plus avoir de rêves.

À cette époque-là, je trouvais d'ailleurs que tous mes rêves se réalisaient terriblement vite, souvent même avant que j'aie le temps de rêver vraiment.

Devant moi ou derrière moi, au-dedans ou en dehors de moi, du côté du rêve ou de la vie, c'était partout pareil, même décor, mêmes visages, même bonheur. C'était hallucinant et, par moments, effrayant.

Avec Pavarotti, j'allais entrer dans un tout autre univers. Il est imposant, lui aussi. Et il déplace énormément d'air. Mais pour moi, il n'avait rien d'intimidant. L'atmosphère a été, dès le départ, très détendue. Nous avons tâtonné un long moment avant de trouver le ton juste.

Pavarotti a chanté sa partie, j'ai fait la mienne. Le résultat était correct, mais avec rien d'étonnant. Nous avons fait le contraire. J'ai chanté. Il a mêlé sa voix à la mienne. Même chose. C'était bien. Banal.

Depuis le début, je ne pensais qu'à une chose.

« J'aimerais qu'on essaie ensemble.

– J'y pensais, moi aussi. »

Il m'a pris par la main, nous sommes entrés dans le grand studio et nous avons chanté, les yeux dans les yeux, *I Love You, Then I Hate You.*

Chanter en duo, c'est très intime et troublant. C'est un jeu très grave, comme celui des comédiens dans les scènes d'amour. J'adore ça.

En avril, le compositeur James Horner était venu à Las Vegas proposer à René un projet qui l'excitait beaucoup.

« J'écris la musique d'un film sur le Titanic. Le réalisateur James Cameron dispose du plus gros budget jamais vu à Hollywood. C'est une grande histoire d'amour. »

Il avait écrit avec Will Jennings une chanson qu'il voulait mettre à la toute fin du film.

« C'est l'une des plus belles qu'on a faites ensemble. »

René se méfiait cependant. Au cours des dernières années, les *mégabusters*, ces films à budgets énormes sortis des usines de Hollywood, avaient été de vrais désastres.

Mais Horner insistait. Selon lui, *Titanic* ferait date dans l'histoire du cinéma.

« Pour le moment, Cameron ne veut rien savoir d'une chanson, disait-il. Mais je suis sûr que je pourrais le faire changer d'idée si Céline acceptait de chanter celle que j'ai écrite avec Will. »

Quelques années auparavant, nous avions vécu une triste histoire avec Horner et Jennings. Leur tandem auteur-compositeur avait à son actif une dizaine d'Academy Awards pour des musiques et des chansons de film. C'était peu de temps après la sortie de mon premier album en anglais. J'étais encore une quasi-inconnue aux États-Unis. Mais ils m'avaient vue au gala des Juno et ils voulaient que je chante la chanson-thème d'un film d'animation, *An American Tail (Fievel Goes West)*, produit par Steven Spielberg. J'adorais leur chanson, *Dreams to Dream*. Encore aujourd'hui elle me revient souvent en tête. Mais il y avait eu toutes sortes de complications et de disputes entre compagnies de disques. Le projet était tombé à l'eau. René avait été très blessé. Avec *Titanic*, il comptait enfin prendre sa revanche.

Mais il fallait concilier les intérêts des compagnies de disques…

« Il faut d'abord convaincre Cameron, a dit Horner.

– Il faut d'abord convaincre Céline, a corrigé René. Et me convaincre moi. »

Nous nous sommes retrouvés tous les trois dans une suite du Ceasar's Palace. Horner s'est mis au piano pour nous faire sa chanson. Le pauvre ! Il est peut-être l'un des plus brillants mélodistes que je connaisse, mais sa voix est terne et sèche. Ça ne passait vraiment pas.

Je faisais dans son dos de grands signes à René, des moues, des gros yeux, pour qu'il comprenne que je ne voulais pas de cette chanson. J'adorais les paroles, mais la mélodie me semblait sans relief.

Nous n'étions pas au milieu de la chanson, que René faisait déjà semblant de ne pas me comprendre. Quand Horner s'est tourné vers nous, il lui a dit :

« Dans un mois, nous serons à New York, au Hit Factory, où Céline enregistre son prochain album. Si tu nous donnes une piste d'orchestre, elle pourrait faire une maquette que tu ferais entendre à Cameron. Ça serait, je pense, la meilleure façon de le convaincre. »

Horner n'en espérait pas tant. Il était aux anges. Moi, j'étais furieuse. Je me proposais de passer un sérieux savon à René Angélil dès que nous serions seuls.

Mais c'est lui qui m'a fait la leçon.

« Tu es restée accrochée à la voix de Horner. Elle n'est pas riche, je l'avoue. Mais tu n'as pas vraiment écouté sa chanson. Je te dis, moi, que c'est une mélodie extraordinaire. Tu peux en faire un de tes plus gros hits. »

Un mois plus tard, James Horner était au Hit Factory de New York avec sa piste d'orchestre. Il m'a prise à part et m'a raconté avec beaucoup de détails l'histoire du film. J'étais passionnée. J'ai écouté la piste d'orchestre et j'ai dû admettre que René avait raison : il s'agissait d'une mélodie extraordinaire, très touchante.

Ce jour-là, je couvais une grippe. Ma voix me semblait mal assurée, elle avait une sorte de fragilité. Je pense que ça a donné à la chanson son côté si romantique. J'ai laissé les paroles monter du fond de moi. Les grands patrons de Sony, Tommy Mottola, John Doelp, Vito Luprano… tout le monde a dit, dès la première prise, qu'on tenait un gros succès.

Quelques semaines ont passé. Un beau jour, James Horner nous a appelés pour nous dire que James Cameron avait écouté notre chanson et qu'il était emballé. Mieux, il allait venir à New York nous faire visionner son film.

Nous nous sommes présentés à la salle de projection, ce soir-là. René était à jeun depuis le milieu de l'après-midi. Rare pour ce gros mangeur ! Je n'avais pas voulu qu'il soupe ; il mange souvent beaucoup trop, et ensuite, il s'endort à table ou devant la télé, même quand nous avons des amis à la maison.

On ne compte plus les films dont il n'a pas vu la fin. Je savais que celui que nous allions visionner durait plus de trois heures. J'avais fait préparer des salades de légumes et de fruits que je lui avais servies au début de l'après-midi. Ensuite, il n'avait eu que de l'eau. Dans la salle où se tenait la projection, il y avait un gros buffet. René l'a longuement admiré en connaisseur éclairé, mais il n'a touché à rien. Il a été réellement admirable. *Titanic* est l'un des rares films qu'il peut raconter du début à la fin.

Nous ne sommes même pas retournés en studio. La maquette enregistrée au Hit Factory allait faire telle quelle le tour de la planète et devenir, à ce qu'on m'a dit, la chanson la plus vendue de toute l'histoire du disque.

À Noël, quand le film *Titanic* est sorti sur des milliers d'écrans à travers le monde, mon nouvel album *Let's*

Talk About Love figurait déjà en tête des palmarès. Le *success story* allait vraisemblablement se poursuivre encore longtemps. Tout ce que nous touchions se transformait en or, en platine, en diamant. Nous étions riches et célèbres, sollicités de toutes parts.

Quand on devient une vedette importante, une foule de gens se manifestent et proposent leurs services. Si je disais à la télé que je voulais construire la maison de mes rêves, des architectes, des décorateurs et des entrepreneurs appelaient à nos bureaux ou chez Sony pour m'offrir des plans, des conseils. La rumeur (fausse) circulait que j'étais allée dans une clinique de fertilité ? Vingt médecins ou charlatans me faisaient savoir qu'ils avaient des solutions. D'autres voulaient m'habiller, me coiffer, me soigner, me maquiller, me tirer aux cartes, analyser mon écriture, m'écrire des musiques et des chansons évidemment, et ma biographie et mes mémoires…

Nous avons assez vite pris l'habitude de fuir systématiquement ce monde-là. Mais il y avait aussi toutes sortes d'œuvres de bienfaisance ; beaucoup plus discrètement et délicatement, elles nous rappelaient que nous avions le pouvoir et le devoir d'aider les petits, les faibles, les malades. Nous ne pouvions pas rester indifférents.

« Ça fait maintenant partie de notre vie, disait René. Nous avons reçu énormément, toi et moi. Trop, si tu veux mon avis. Il faut maintenant apprendre à donner. »

Pour lui, ce n'était pas du tout une question d'image et de marketing. Il croyait réellement, en bon superstitieux qu'il est, qu'on doit toujours donner en retour. Un peu comme ma mère croyait qu'on n'a rien pour rien et que « bien trop facilement acquis ne profite jamais ».

René a une nature profondément généreuse. Autant il aime jouer dur en affaire, autant il a plaisir à donner.

Même quand nous n'étions pas riches, il invitait toujours tout le monde, sans rien demander en retour. Dès qu'il a été à la tête de ce qu'on peut appeler une fortune, il a considéré les demandes des fondations et des œuvres qui nous sollicitaient.

Il y avait bien sûr, au tout premier rang, l'Association québécoise de la fibrose kystique. Nous y serons toujours attachés. Et d'autres organismes dont René considère les demandes. Mais il y a tellement de misère et de drames dans le monde !

J'ai vu un reportage à la télé, il y a quelques années. Les images continuent de me hanter. Dans un orphelinat chinois, une petite fille presque aveugle était en train de mourir toute seule derrière une porte. Jamais de ma vie je n'oublierai son visage, ses yeux, sa douleur. Je ne veux pas oublier. On ne peut pas oublier. Les responsables de l'orphelinat l'avaient abandonnée. Parce qu'ils étaient démunis, débordés et impuissants. Si je dirige une œuvre un jour, je veux qu'elle agisse auprès des enfants.

Nous avons pris l'habitude d'aller porter des paniers de Noël aux familles démunies de Charlemagne et de Repentigny. Les gens nous reconnaissent, mais ils sont parfois très mal à l'aise.

Avec les proches, mes frères et mes sœurs par exemple, c'est souvent délicat. Certains auront sans doute toujours besoin d'argent. D'autres, je le sais, ne me demanderont jamais rien. C'est René qui m'a dit un jour :

« Pour les fêtes, tu devrais donner cent mille dollars à chacun de tes frères et à chacune de tes sœurs. »

J'ai trouvé l'idée super. Aux fêtes, j'ai réuni mes frères et sœurs dans une suite de l'hôtel montréalais où nous avions célébré notre mariage. Je leur ai remis une petite enveloppe, la même pour chacun. Nous avons ri et pleuré. Je leur apportais du bonheur, bien sûr. Mais en même temps une certaine tristesse, une sorte de gêne s'installaient entre nous. Ce geste créait forcément une distance entre eux et moi. Ils ne m'avaient rien demandé. Mais je venais changer leur vie et j'avais peur qu'ils aient l'impression de me devoir quelque chose.

Pourtant, ils m'ont tout appris. Ce rêve que nous avons réalisé, René et moi, c'est en grande partie à eux que nous le devons. Et c'est ce que je leur aurais dit ce soir-là, si j'avais trouvé les mots. Mais nous étions tous trop émus, je crois...

Finalement, nous avons chanté tous ensemble, comme dans le bon vieux temps, en formant des chœurs et des canons...

Nous avons inauguré notre maison de Jupiter à minuit et cinq minutes, le 28 juillet 1998.

Le chiffre 28, c'est 2 plus 8, qui font 10. Et 10 divisé par 2, puisque nous sommes deux, ça fait 5 : on pouvait y aller...

Il y a une barrière et une guérite à l'entrée d'Admiral's Cove, l'unité de voisinage où se trouve notre maison. On avait une dizaine de minutes d'avance. René a demandé au chauffeur d'attendre un peu, puis nous avons roulé très lentement vers la maison. J'avais un trac fou. J'étais venue voir le chantier à l'occasion. Mais, volontairement, pas au cours des trois derniers mois. Je me demandais, comme de raison, si je retrouverais dans la réalité les images de rêve que j'avais caressées pendant tout ce temps.

Je connaissais le plan de la maison, l'aspect général de chacune des pièces, la majorité des objets qui devaient s'y trouver. Johanne et les architectes s'étaient inspirés des milliers d'images que je leur avais remises depuis plus de trois ans. La limousine traversait le magnifique terrain de golf et empruntait l'allée bordée de palmiers et d'arbres en fleurs. Moi, je me demandais si je me retrouverais là-dedans.

La grille était ouverte. À minuit et cinq minutes, nous avons frappé, comme convenu, cinq coups à la porte principale. Il y avait, sur notre gauche, un gardénia en fleurs. J'y tenais. J'aime le feuillage du gardénia. Et on dit que son parfum change la nature de nos rêves.

C'est la lumière qui m'a touchée d'abord, une lumière très douce et très chaude. Des centaines de chandelles éclairaient chacune des pièces de la maison. Puis nous avons entendu des violons. Et le cristal d'une harpe, là-haut. J'ai pensé :

« Comme dans la première strophe de *Ce n'était qu'un rêve*, exactement. »

Dans un grand jardin enchanté
Tout à coup je me suis retrouvée
Une harpe, des violons jouaient...

Nous avons pleuré tous les deux. Des mimes se tenaient parfaitement immobiles. On pouvait à peine les distinguer des statues de marbre qui peuplaient la grande cour intérieure. Une serveuse vêtue exactement comme celles du Ceasar's Palace est venue porter un Coke Diète à René.

Il n'en revenait pas. Il ne s'était jamais vraiment intéressé à cette maison, il y retrouvait pourtant des objets familiers qui lui rappelaient Las Vegas ou nos anciennes demeures. Et bien sûr, pour ce maniaque de la télé, pas moins de trente-trois téléviseurs, en plus de la grande salle de cinéma.

Presque toutes les pièces de la maison, les neuf chambres à coucher, les salles à manger, les cuisines, les salons, même l'atelier de couture aménagé pour ma mère et ma tante Jeanne, sont tournées vers le patio, à l'abri des regards indiscrets. C'est une sorte d'immense salon à ciel ouvert, avec plein de recoins, un coin anglais, un coin chinois, des petits jardins, une grande piscine. Au fond on peut voir nos initiales enlacées... Une maison de rêve. La maison du bonheur. Et de l'amour.

Nous avions planté des arbres adultes, des palmiers royaux plus hauts que la maison, et d'autres à cinq troncs (notre chiffre chanceux toujours), et des plantes grimpantes, beaucoup de fleurs aussi. Je me suis juré d'apprendre leurs noms.

Jusqu'à l'aube, j'ai marché d'une pièce à l'autre comme en rêve. Je retrouvais partout des objets familiers que je n'avais vus le plus souvent qu'en photos. Ils prenaient ici une autre allure, une autre dimension que celles que j'avais imaginées.

Pour moi, il ne s'agissait pas simplement de la prise de possession d'une maison où nous allions habiter. C'était réellement une conquête. J'avais vraiment l'impression d'avoir réussi quelque chose, d'avoir créé un lieu qui ne ressemblait à aucun autre. Mais un lieu qui s'inspirait de tout ce que j'avais vu de beau.

J'allais enfin être chez moi, dans une maison qui me ressemblait et dont je serais la maîtresse. J'allais apprendre à gérer cet espace, à l'animer.

Je pensais à l'enfant que j'y élèverais peut-être un jour. Mon gynécologue m'avait prévenue que j'aurais de la difficulté à avoir un enfant aussi longtemps que je serais en tournée. La pression, le stress, le décalage horaire, le gros tourbillon, en plus des fréquentes séparations physiques, rendaient la chose difficile. Mais je savais qu'un jour ou l'autre, on s'arrêterait pour de bon, un an, peut-être deux, dans cette maison. Et alors je pourrais peut-être réaliser cet autre rêve, le plus beau de tous, avoir un enfant…

Depuis deux mois environ, ma sœur Linda vivait près de chez nous. Je comptais sur son expérience pour m'aider à prendre soin de notre enfant, si Dieu me faisait le bonheur de m'en donner un. Quant à Alain, son mari, il aurait amplement de quoi s'occuper.

Le soir ou plutôt la nuit de notre arrivée, il avait préparé le repas. Le lendemain, il nous a fait des crêpes au saumon fumé, des omelettes… Puis il nous a demandé ce qu'on souhaiterait manger le soir. René a dit, comme ça :

« Un osso buco, peut-être ? »

Le soir, nous avions un excellent osso buco dans notre assiette. Quelques jours plus tard, nous avons proposé à Alain d'être notre chef. Notre vie s'organisait avec Linda, Alain, trois bonnes. Il me restait à apprendre à tenir maison, moi qui vivais d'hôtel en hôtel depuis des années.

Mais avant, je devais reprendre la route. Dès la fin de cet été 1998, j'entamais une nouvelle tournée avec le matériel de *Let's Talk About Love* et du nouvel album que j'avais fait avec Goldman, *S'il suffisait d'aimer*. Des chansons magnifiques, des musiciens que j'adorais, des moyens techniques formidables…

Pour la première fois de ma vie, je partais cependant le cœur gros, presque à reculons…

La première de *Let's Talk About Love*, au Fleet Center de Boston, a été précédée d'un des pires cauchemars de ma vie d'artiste. J'aurais pourtant dû m'y attendre. Mais on ne sait jamais comment les choses vont tourner. Parfois, tout semble aller mal ; mais une fois le show lancé, la magie opère. Parfois, c'est le contraire.

Jamais de ma vie je n'oublierai, par exemple, le show que j'ai donné à Séoul, pendant la tournée *Falling Into You*. Depuis le matin, nous avions tous la certitude que ce serait une catastrophe. Tout allait mal. Nous étions fatigués. Dès notre arrivée, nous avions été pris dans des embouteillages monstres. J'avais un chat dans la gorge, un des musiciens s'était blessé à une main. Une pluie noire et glacée tombait. La veille, en quittant Nagoya, notre avion avait fait un virage sur l'aile, terrifiant. René n'était pas là. Depuis plus de deux semaines, je vivais sans lui.

Au Gym Olympic, les loges étaient de véritables prisons, humides, sombres, froides. Pendant le test de son, des dizaines de jeunes étaient entrés, on ne savait trop comment. Ils s'étaient emparés des premières rangées. Les gars du service de sécurité avaient peur, avec raison, que des bagarres n'éclatent quand les détenteurs de billets arriveraient.

En plus, à cause de problèmes électriques, les techniciens n'arrivaient pas à ajuster les éclairages et le son ; le show allait commencer en retard et nous étions excessivement serrés dans le temps. Un règlement municipal interdit en effet de décoller de l'aéroport de Séoul après vingt-trois heures trente. On nous avait dit qu'il pouvait y avoir des embouteillages à toute heure du jour et de la nuit. On était sûrs qu'il y en aurait.

Ce qui s'est passé, personne n'aurait pu le prévoir. Il n'y a pas eu de bagarre. La foule a été extraordinaire, à la fois exubérante et sage, chaleureuse. Les éclairages et le son, impeccables. Ma voix, claire et souple. Les musiciens, exaltés. On a failli manquer l'avion, parce que j'étais si bien, si heureuse, que je ne voulais plus sortir de scène. Malgré les signes désespérés du régisseur, j'ai donné rappel sur rappel. J'ai même fait *Twist and Shout* des Beatles. Quand je suis finalement sortie de scène, nous n'avions plus que quarante minutes devant nous.

Il n'y a pas eu d'embouteillage. Des policiers à moto nous ont escortés à travers la ville. À vingt-trois heures trente pile, notre DC-8 décollait, sous la pluie battante, de l'aéroport de Séoul.

La veille de la première de *Let's Talk About Love*, à Boston, je ne faisais que penser à ce show de Séoul. Encore une fois, tout indiquait qu'on s'en allait vers un fiasco total. J'espérais qu'un miracle se produirait comme à Séoul.

Nous avions commencé à préparer ce show des mois auparavant. Nous avions fait construire à Montréal une scène centrale en forme de cœur, un immense cœur de deux cents mètres carrés qui formait un plancher lumineux, une sorte de stroboscope géant multicolore. Au-dessus, sur quatre faces, des écrans géants étaient suspendus. Des images du show, et les binettes des Bee Gees et de Barbra Streisand avec qui je devais chanter en synchro, y seraient projetées.

Ma styliste, Annie Horth, avait demandé à plusieurs couturiers de dessiner mon costume et ceux des musiciens et des choristes. Je m'étais fait poser des rallonges capillaires... La moitié des chansons étaient connues du public, mais je ne les avais jamais faites sur scène.

Cinq minutes avant le début du spectacle, on devait m'enfermer dans une boîte. Des techniciens me roulaient sous la scène où se trouvaient les coulisses, d'autres techniciens devant leurs ordinateurs, des tresses de fils et des écrans : une machinerie effrayante. Les musiciens étaient juchés sur des sortes de pastilles actionnées par des systèmes hydrauliques. Tout ça m'apparaissait d'une épouvantable fragilité. Je savais qu'entre les musiciens et moi, tout se passerait bien, même si on n'avait jamais fait ces chansons en public. Mais le reste, les éclairages hyper-sophistiqués, la scène lumineuse, les écrans, tout le visuel du show, tout pouvait mal aller. Un fil pouvait surchauffer, un écran s'éteindre…

On a tous paniqué. Pendant plusieurs heures, on a tous eu l'impression d'avoir perdu le contrôle. La machine que nous avions construite était trop énorme. Nous étions des apprentis-sorciers dépassés par leur invention.

René a réuni tout le monde dans une salle du Fleet Center. Murs de ciment, chaises de plastique. Il nous a dit :

« À l'heure actuelle, trente-deux heures avant la première, on n'a pas de show. On a un plan de show, on a un rêve de show, un chantier de show, gros comme l'Empire State Building. Mais on n'a pas dépassé le septième étage. »

Mes yeux ont croisé ceux de Mégo. Je suis sûre qu'il pensait à la même chose que moi. Cette phrase, « on n'a pas de show », nous l'avions déjà entendue, deux ou trois ans plus tôt, dans des circonstances aussi horribles. Les mauvais souvenirs, comme les malheurs, vont et viennent la main dans la main.

C'était à Vancouver, un soir de première. On était mal préparés. On devait répéter deux semaines entières, mais j'étais occupée à je ne sais quoi d'autre. De la promo probablement. Il y en a toujours, il me semble. Ou aux tournages d'un clip.

Mégo nous appelait tous les jours. L'éclairagiste et le metteur en scène aussi. Finalement, nous avions répété dans le vieux Forum de Montréal nouvellement désaffecté pendant un petit après-midi, deux ou trois heures, juste le temps de réaliser qu'il était trop tard. Nous sommes partis le soir même pour Vancouver avec un trac fou.

Ce serait mentir que de dire que nous n'avons pas eu le moindre plaisir. Le show a mal démarré. Les musiciens jouaient bien, mais nous n'étions pas vraiment ensemble, eux et moi. Entre les chansons, j'essayais de parler aux gens, de les faire rire, de les émouvoir. Mais il me semblait que tout ce que je disais était vide de sens...

René ne me lit jamais les critiques. Les bonnes, il me les raconte. Les mauvaises, il ne m'en parle pas. Mais le lendemain, je voulais savoir. Celle que j'ai lue n'avait certainement pas été écrite par un visuel ni un mélomane. Il n'était nulle part question d'erreurs d'aiguillage, d'éclairages, de faux pas. Le gars s'en prenait exclusivement aux textes de mes chansons qu'il descendait. Il aurait pu écrire cette critique sans avoir vu le spectacle.

« Mais justement, nous disait René, il n'y avait pas de show. C'est notre erreur. On n'était pas préparés. C'est ma faute. Si le show avait été bon, il n'aurait probablement pas écrit ça. Il aurait parlé du show, pas des textes des chansons. Mais comment voulez-vous qu'il parle du show s'il n'y en a pas. »

Nous avons travaillé fort et nous avons fini par faire de ce spectacle quelque chose de bon. Nous l'avons promené à travers le monde. Mais nous avions eu chaud. Nous avions souffert. Et voilà que ça recommençait.

« On n'a pas de show. »

Les techniciens, les ingénieurs, les électroniciens ont passé toute la nuit au Fleet Center. Ils ont retravaillé l'enveloppe visuelle de chacune des chansons. Dans la journée, tout le monde semblait paralysé par le trac. Il faisait très chaud. J'avais des kilos de cheveux très bouclés sur la tête, les miens et ceux des extensions que je commençais à regretter. Je n'étais plus du tout sûre de mon look que je trouvais tantôt magnifique, tantôt ridicule. Je n'étais plus sûre de rien.

Finalement, tout s'est bien passé. Malgré quelques problèmes techniques, nous avons donné, je crois, un assez bon spectacle. Cette fois, les critiques n'ont pas eu à se rabattre sur les paroles, ni même sur mon look. Ils ont parlé du show pour sa beauté sonore et visuelle. Mais cette première restera dans ma mémoire dans la catégorie des cauchemars, et marque, je crois, une fin de chapitre.

Ce soir-là, j'ai dit à René, pour la première fois de ma vie, que je ne voulais plus jamais vivre un pareil cauchemar.

« Je n'en ai plus aucune envie, tu m'entends. Il y a autre chose dans la vie. »

Ça aussi, c'était une première d'une certaine manière, une découverte, du nouveau dans ma vie. Jamais, cinq ans auparavant, je n'aurais pu affirmer une telle évidence. Je venais de réaliser qu'il y avait une vie en dehors du show-business.

René a parfaitement compris. Je crois même qu'il était heureux de cette nouvelle découverte. Lui aussi, il devait avoir sa surdose de pression et de trac. Nous nous sommes juré alors de prendre une longue sabbatique dès la fin de la tournée. Nous pensions depuis plusieurs mois déjà à nous arrêter. Mais nous en avions sans cesse reporté le moment, sans doute parce que nous n'en avions pas vraiment besoin. Les choses avaient évolué. L'ambition qui m'avait toujours portée venait de changer de cap.

Je voulais de la paix et du repos. Je me tournais des petits films rose bonbon : presque pas d'action, seulement deux personnages la plupart du temps, mon amour et moi.

Ça se passait le plus souvent sur une plage déserte ou près d'un terrain de golf où se trouvait notre maison.

Cent mille fois, j'ai refait le montage de mes petites soi-rées : nous étions seuls à la maison, je lui cuisinais des pâtes ou un barbecue pendant qu'il regardait un tournoi de golf à la télé. J'avais préparé la table sur la terrasse, j'avais choisi la nappe, les verres, les ustensiles, j'avais mis des chandelles et des fleurs. Il n'y avait que nous deux. Même pas de musique. Nous parlions de tout et de rien, comme la veille et comme l'avant-veille. J'ai cent versions au moins de ce repas et de cette soirée en tête-à-tête avec l'homme de ma vie.

Le spectacle *Let's Talk About Love* était encore plus exigeant physiquement que tous mes autres shows. Il fallait remplir une scène immense pendant près de deux heures, parfois plus. Je sortais de là survoltée, trempée, toujours avec cette espèce d'euphorie que donne un vio-lent *work out*. Mais le lendemain, je réalisais que tout était à recommencer. Après le prochain show, il y en au-rait un autre et un autre, à perte de vue. Je me sentais vi-dée, impuissante. Je devais retrouver la ferveur, d'une manière ou d'une autre. Mais comment ? Pourquoi ?

Je tournerais pendant plus d'une année encore, peut-être deux. Une fois cette grosse machine lancée, ce n'est pas facile de l'arrêter. On ne monte pas un show comme ça pour une petite tournée de quelques mois. J'avais l'impression de gravir une très haute montagne. Mais pour aller où ? Plus haut ? Mais il n'y a rien, plus haut. Qu'un autre sommet, peut-être. Et en plus, on est seul, là-haut. C'est désert, c'est vide.

Chaque fois que c'était possible, nous allions passer quelques jours dans notre maison de Jupiter. Moi, j'avais repris ma cueillette d'images. Je nous préparais une autre maison, au Québec. Je la voyais : une maison de pierre grise, très solide, très lourde, avec des boiseries, des tapis, des fourrures, de grandes cheminées, des couleurs très chaudes, une immense serre où j'irais tous les jours soigner mes plantes... Contrairement à notre maison de Jupiter qui est un cocon, celle du Québec serait ouverte sur l'extérieur. J'imaginais tout autour des champs de neige.

J'aime vraiment beaucoup la chaleur du Sud, même la très grosse chaleur de la Floride en juin ou en juillet. Je ne peux pas dire que j'apprécie le froid, mais j'adore l'hiver, son décor blanc, la neige fraîche qui crisse sous les pas...

Nous avons acheté une île de plusieurs hectares sur la rivière des Mille-Îles, à une vingtaine de minutes du centre-ville de Montréal et de l'aéroport de Dorval, à dix minutes des terrains de golf de Terrebonne. Il y a des lièvres, des chevreuils, beaucoup de verdure, et tout autour la rivière, tranquille. J'ai toujours besoin d'être entourée d'eau.

« On va s'arrêter pour de bon au jour de l'An 2000 », m'a dit un jour René.

Partout dans le monde, on organisait des méga-shows pour souligner cet événement. Nous avions eu déjà quelques propositions que René considérait... Mais je savais bien qu'un seul lieu l'intéressait : Montréal.

Ce n'était pas encore pour demain, la veille de l'an 2000 suivie d'un grand repos sabbatique. Mais la ferveur et le plaisir de chanter étaient revenus, parce que je savais que le tourbillon allait enfin se calmer.

Nous avions prévu, pour commencer, un long arrêt au Québec, un plein mois, à l'été. Pour jouer au golf et mettre notre maison en chantier.

Mais un malheur, le plus grand malheur que nous ayons jamais connu, allait nous forcer à remettre ce projet.

7

Depuis le matin, René semblait préoccupé. Dans l'avion, entre Minneapolis et Dallas, où nous allions être pendant une dizaine de jours, j'ai remarqué qu'il se passait souvent la main dans le cou. Je lui ai demandé ce qu'il avait, même si je connaissais le genre de réponse qu'il me ferait.

« J'ai rien.

– Laisse-moi regarder. »

Ma main a effleuré son cou. J'ai senti une masse dure du côté droit, dans le creux sous l'oreille, une masse dure, grosse comme un œuf.

« Depuis quand t'as ça ?

– C'est rien. Ça va passer. »

J'étais furieuse après lui.

« Qu'est-ce que tu attends pour consulter un médecin ?

– Mais j'ai pas eu le temps, ça s'est fait en quelques heures.

– Ça fait mal ?

– Non, pas du tout. »

Immédiatement, j'ai pensé que c'était très grave. Une bosse qui pousse en quelques heures et qui ne fait pas mal, ça ne me semblait pas pouvoir être bénin… Durant tout le voyage, j'ai essayé de ne pas imaginer le pire, mais c'était impossible. J'avais encore sous les doigts la méchante sensation de cette petite masse étrangement dure.

Le lendemain matin, très tôt, René partait subir des examens dans une clinique de Dallas. Il n'avait pas voulu que je l'accompagne.

« Toi, tu dors, m'a-t-il dit. Tu as un show ce soir. Faut que tu sois en forme. »

Il m'a embrassée sur la joue et il est parti avec Martin Lacroix, le fils de nos amis Coco et Pierre. C'est lui qui s'occupait de la logistique de cette tournée. J'avais beau me dire que je devais me reposer pour que ma voix soit en forme le soir, je n'ai pas réussi à me rendormir. À la fin de la matinée, je me suis rendue à l'hôpital, où j'ai trouvé René inquiet.

« Ça se peut qu'ils m'opèrent », m'a-t-il dit.

Jamais de ma vie je n'oublierai ce moment terrible : au début de l'après-midi, un jeune médecin est venu nous rencontrer dans la chambre de René. Il nous a annoncé qu'il devrait d'abord pratiquer une biopsie. Je croyais déjà entendre comme en rêve le mot épouvantable que personne ne veut entendre ; nous y pensions tous les deux depuis la veille. Le médecin ne l'a pas prononcé tout de suite. Il utilisait des termes techniques, il disait que la tumeur était peut-être maligne, « *malignant* », je crois, en anglais. J'ai insisté pour qu'il dise clairement les choses. Pour qu'il n'y ait pas de doute. Je tenais la main de René. J'ai dit :

« C'est ça, docteur, oui ou non ?

– La biopsie nous le dira. »

Il n'était pas rassurant. Pas alarmant non plus. Mais froid, technique.

« Si c'est cancéreux, il faudra opérer. »

La biopsie serait pratiquée en fin de journée. On connaîtrait les résultats des analyses avant la nuit. René a rejoint à New York un ami médecin qui a promis de lui trouver le meilleur chirurgien des États-Unis.

Vers dix-sept heures, j'ai pris l'avion sans lui pour aller chanter à Kansas City. Je n'ai parlé à personne de ce qui se passait. J'ai seulement dit aux musiciens, à Manon et à Suzanne que René avait des affaires à régler, sans donner plus de précisions. Je ne voulais pas nécessairement garder tout ça secret, mais je ne me sentais pas capable d'en parler.

Juste avant de monter sur scène, j'ai téléphoné à l'hôpital. René m'a dit qu'on lui avait fait une biopsie. Mais qu'on ne connaîtrait pas les résultats avant le lendemain matin.

« *In Allah Rad*, mon amour, à la grâce de Dieu. »

Soudain, tout m'est apparu affreux, terrible. J'étais seule dans cette loge avec ma peine, défaite, si fatiguée tout à coup que j'en avais des bourdonnements dans les oreilles et de la difficulté à articuler correctement. J'ai dû, ce soir-là, céder la scène à ma pire ennemie : la chanteuse automate. Mon âme était ailleurs.

J'aurais pu, peut-être, dire aux gens qui m'écoutaient et m'applaudissaient quand même (quelle générosité !) ce qui se passait. Mais j'aurais tellement pleuré, j'étais si désemparée. J'ai donc laissé toute la place à la détestable automate. Je suis restée en dehors de mes chansons et je l'ai écoutée, je l'ai regardée faire son numéro, mon numéro. J'avais l'esprit et le cœur ailleurs. Jusqu'au moment de chanter *The First Time Ever I Saw Your Face*, « la première fois que j'ai vu ton visage ». Alors, je me suis retrouvée au cœur de ma chanson. Je l'ai faite, je pense, très bien, même si j'avais les yeux noyés de larmes…

J'étais de retour à Dallas un peu après minuit. Je suis allée directement de l'aéroport à l'hôpital. En poussant la porte de la chambre, j'ai aperçu dans la noirceur deux lits très rapprochés. René dans l'un ; dans l'autre, son ami Pierre Lacroix arrivé de Denver dans l'après-midi. J'ai été si émue de le voir là que j'ai failli me mettre à pleurer. René somnolait. Pierre s'est levé, il m'a vite entraînée dans le corridor. Il m'a rassurée, il m'a dit d'aller dormir, que Coco m'attendait à l'hôtel. Puis il m'a laissée un moment seule avec René. Je n'ai pas voulu le réveiller. Il semblait paisible. Je voyais un pansement dans son cou, là où on avait fait la biopsie.

Ma nuit a été courte et agitée. Je venais à peine de m'endormir quand quelqu'un a frappé à grands coups à ma porte. Il y avait eu un important bris de tuyau dans l'hôtel et ma salle de bains avait été inondée. Mes pantoufles flottaient dans la pièce. Des ouvriers sont venus éponger, ils ont fermé des valves, raccordé des tuyaux. Très polis, ils parlaient tout bas…

Je me suis rendormie. Vers neuf heures, nouveau réveil. Coco était assise sur mon lit, penchée vers moi. Elle avait pris mon visage entre ses mains. Je les sentais très fraîches contre mes joues. Elle m'a dit, en me regardant droit dans les yeux :

« Ma belle Céline, ton mari a besoin de toi. »

J'ai compris tout de suite et très exactement ce qui se passait. Une demi-heure plus tard, j'entrais à l'hôpital avec Coco.

René était assis sur son lit. Il tremblait, il pleurait. Pierre Lacroix était près de lui.

« J'ai le cancer, Céline. Le docteur me l'a dit. J'ai un cancer. »

Nous l'avons entouré, Pierre, Coco et moi. Nous lui avons parlé comme à un enfant. Nous sommes restés très longtemps tous les trois enlacés.

C'était le 30 mars 1999, le jour de mes trente et un ans.

René ne pleurait plus, sauf quand je m'approchais de lui et que je le prenais dans mes bras.

« Notre bonheur est brisé », me disait-il.

Il avait tort. Il le sait aujourd'hui.

J'ai été moi aussi terriblement désemparée, écrasée par la peur et la peine, quand j'ai appris l'affreuse nouvelle. Je cherchais mon souffle, je cherchais mes mots. Mais comme toujours dans ces situations-là, je me suis retrouvée, après un moment, sur ce que j'appelle le pilote automatique.

J'ai décidé sur-le-champ de ne pas pleurer. L'homme que j'aime avait trop besoin de moi. Je ne pouvais pas m'effondrer. Je serais forte, je serais sa force, sa santé, sa guérison... C'est ce que je me suis dit tout de suite. Et c'est ce que j'ai pensé tout au long de cette maladie.

J'ai pensé aussi que j'aurais préféré que ça m'arrive à moi. Je suis forte. J'ai beaucoup de force. René avait beau me dire comment il se sentait, je ne vivais pas ce que lui vivait.

Le docteur Bob Steckler, que l'ami médecin de René avait contacté, est venu nous rencontrer. Il avait vu René la veille, il avait assisté à la biopsie et pris connaissance des analyses. Plus tôt le matin, il avait dit à René que son cancer était grave et qu'il allait l'opérer dans quelques heures.

Bob est un homme très chaleureux, très rieur. Sans nous mentir, il nous a beaucoup rassurés. Il nous a même fait rire. Il nous a donné l'impression que nous partions en groupe pour une joyeuse excursion. Patrick, le fils de René, qui faisait partie de l'équipe de tournée, était avec nous.

Pour mon anniversaire, René avait invité comme d'habitude mes parents et quelques amis. Ils étaient arrivés de Montréal en fin d'après-midi et étaient venus directement à l'hôpital : papa, maman, Paul et Johanne, Marc et Murielle. Le docteur Steckler avait mis son bureau à notre disposition. Sa femme Debbie, si belle, si douce, est venue nous accueillir et nous a servi des rafraîchissements, du café, des gâteaux. Jean-Pierre et Anne-Marie étaient accourus, eux aussi, au chevet de leur père.

René avait deviné que je voulais faire annuler mes shows. Quelques minutes avant de partir pour la salle d'opération, déjà sous l'effet des sédatifs, il me disait que je devais continuer.

« Il ne faut surtout pas que tu arrêtes, disait-il. Ça ne changerait rien, tu le sais très bien... »

Je me suis souvenue de ce qu'il m'avait dit, quand il avait eu son attaque cardiaque.

« Si tu arrêtais, je mourrais deux fois. »

Il m'a convaincue de continuer. Anne-Marie était de l'autre côté du lit, de grosses larmes coulaient sur ses joues.

« Je suis là, moi, a-t-elle dit. Je vais m'occuper de papa. »

Et elle a cessé immédiatement de pleurer. Rien de mieux pour canaliser un chagrin que d'avoir un devoir, une mission.

Des infirmiers sont venus chercher René. Nous étions tous autour de lui, toute la smala, une douzaine de personnes, à le suivre dans le corridor jusqu'à la porte du bloc opératoire.

Nous sommes retournés en silence dans le bureau du docteur Steckler.

À deux ou trois reprises, il allait nous appeler de la salle d'opération pour nous dire que tout allait bien. Bob

Steckler est un optimiste. Il voit toujours le beau côté des choses.

Après l'opération, il nous disait être sûr d'avoir enlevé tout le mal. Et qu'il fallait avoir confiance, rester positifs.

« La guérison de René vient de commencer », disait-il.

René dormait. Nous sommes tous rentrés à l'hôtel. Mon amour avait fait décorer la salle à manger de notre suite et préparer un repas d'anniversaire pour moi, avec un gros gâteau à cinq bougies.

Pour la première fois, notre grand organisateur à tous serait absent...

Nous avons bien sûr tenté de suivre les recommandations du docteur Steckler, d'être joyeux, de rire. Mais personne n'avait le cœur à un banquet. On a quand même mangé mon gâteau de fête. C'est du bonheur et de la chance, comme on dit, et on sentait qu'on en aurait tous bien besoin.

On a fait des photos de groupe. Et j'ai eu une pensée terrible. Pour la première fois depuis de nombreuses années, René n'y figurerait pas. J'ai pensé aussi, malgré tout ce que le docteur Steckler nous avait dit, malgré la certitude que j'avais qu'il fallait toujours chasser ces idées noires, qu'il pouvait mourir, qu'il ne serait peut-être plus jamais là.

J'étais assise au bout de la table, ma mère d'un côté, mon père de l'autre, et j'ai failli m'effondrer, tomber littéralement par terre entre les deux.

Johanne, ma décoratrice, nous avait rejoints avec des valises bourrées d'esquisses, de plans, une demi-tonne d'échantillons de pierres et de tuiles destinés à notre future maison de la rivière des Mille-Îles.

Pour nous changer les idées, nous avons ouvert ses malles. Nous avons posé les pierres par terre sur le tapis, nous les avons regardées une à une en changeant les éclairages de temps en temps... Mais le cœur n'y était pas. J'étais incapable de choisir quoi que ce soit.

Le lendemain soir, je chantais à Houston. René avait refusé de faire annuler le concert. *Show-business as usual*, donc. Ce soir-là encore, la chanteuse automate a voulu s'imposer. Mais il y avait une grande douceur dans cet aréna. On aurait dit que la foule comprenait ce que je vivais, même si elle n'en savait rien. Aucun communiqué n'avait été émis à ce moment-là au sujet de la maladie de René.

J'ai senti ma voix trembler pendant que je chantais *All the Way*, notre chanson porte-bonheur à René et à moi. J'aurais pu faire appel à la chanteuse automate. Mais j'ai laissé ma voix trembler et l'émotion me submerger presque.

Juste avant le show, j'avais réuni mes musiciens dans ma loge. Mégo, André, Marc, Yves, Paul, Dominique. Les choristes aussi. Ainsi que Daniel et Denis, les sonorisateurs. Et Lapin, l'éclairagiste. Je leur avais dit ce qui se passait.

Je ne voulais pas m'attendrir, parce que nous avions un show à donner. Mais quand j'ai vu leurs yeux s'embuer, je n'ai pas pu retenir mes larmes. Nous avons pleuré, tous ensemble. Ils sont venus m'embrasser un à un. Peut-être que nous n'avons jamais été aussi unis, aussi attentifs les uns aux autres que ce soir-là. Ils m'ont entourée, ils m'ont enveloppée dans leur musique qui s'est faite encore plus douce, plus caressante que d'habitude. C'était comme une prière que nous aurions faite ensemble. C'est ce que Mégo m'a dit après le show. Les autres non plus, j'en suis sûre, n'oublieront pas ces moments que nous avons vécus.

C'est vrai, nous avions donné, je crois, un show magnifique. Mais à quel prix, Seigneur !

À bord de l'avion qui me ramenait de nuit à Dallas, j'ai décidé de faire annuler tous les spectacles programmés, tous les enregistrements prévus, les émissions de télés, les entrevues. Tant et aussi longtemps que René ne serait pas tout à fait hors de danger, je voulais me consacrer à lui.

Il n'était évidemment pas plus d'accord que la veille. «Qu'est-ce que ça va changer?» disait-il.

Cette fois, j'étais déterminée à lui tenir tête et à aller jusqu'au bout. Je voulais partager cette épreuve avec lui ; je ne pouvais pas continuer à tourner et à travailler, en sachant qu'il serait seul avec son mal et sa peur. J'ai pourtant fait quelques concessions. J'ai donné quatre ou cinq shows, trop proches pour décemment être annulés. Mais les dernières étapes de la tournée canadienne et américaine ont été reportées à l'automne.

Nous avions envie d'être seuls. René admettait à présent qu'il se reposait mieux lorsque j'étais près de lui. Je m'allongeais à ses côtés dans son lit d'hôpital, nous restions des heures dans l'obscurité, sans parler.

Un jour, une semaine environ après son opération, nous dormions et la porte de la chambre s'est ouverte. C'était le docteur Steckler qui entrait sans frapper.

«*Hello Lovers*, comment ça va?»

Il nous appelait toujours «*Lovers*». Il parle très vite, avec un fort accent de New York qu'il prend plaisir, on dirait, à exagérer.

Il s'est assis sur le lit lourdement. René avait toujours un gros pansement dans le cou, d'où sortait un drain ou un cathéter. Depuis une semaine, il bougeait à peine, il parlait peu.

«Qu'est-ce que tu fais ce soir?» lui a demandé le docteur.

René a souri faiblement, sans répondre.

« Moi, je vais voir chanter ta bonne femme. Je peux t'avoir un billet, si tu veux ! »

Cette fois, René a ri franchement.

« J'aimerais bien t'accompagner, mais avec le pansement et le drain…

— Ah ! si c'est rien que ça…

Le docteur s'est penché vers René et il a tout arraché d'un coup.

« Si tu ne viens pas voir chanter ta femme ce soir, je finirai par croire que tu n'es pas un bon mari. »

Il nous a parlé des traitements de radiothérapie auxquels René devrait se soumettre.

« On s'y mettra dès que tu seras bien reposé. Il y aura quelques effets secondaires désagréables, mais rien de sérieux. Tu récupéreras très vite, tu verras. »

J'ai pu constater, ce soir-là plus que jamais, à quel point tout le monde dans notre équipe aimait profondément René. Ils sont tous venus le saluer.

« On est avec toi, champion, prends soin de toi. »

Notre champion allait donc assister à mon show. Il avait toujours été mon critique, mon public, mon fan le plus intimidant. Depuis plus de quinze ans, chaque soir, quand il était dans la salle, je savais qu'il me jugeait, qu'il prenait plein de notes, qu'il relevait la moindre erreur… J'avais besoin qu'il soit là. En même temps, son regard augmentait la pression que je ressentais. Je repérais parfois son visage dans la foule. Si mes yeux croisaient les siens, je me disais :

« Décroche, ma Céline, ne le regarde pas… il va te déconcentrer. »

Mais ce soir-là à Dallas, au contraire, je l'ai cherché des yeux, je me suis accrochée à lui, je n'ai chanté que pour lui. Je me disais qu'il y avait quelque chose de plus important que ma performance : c'étaient sa santé, notre bonheur. Nous étions tous les deux à un tournant de notre vie. C'était effrayant, terrible, mais en même temps excitant.

Quelques jours plus tard, de retour à Jupiter, dans notre belle grande maison paisible, René a entrepris sa convalescence. Il devait se mettre en forme pour affronter la radiothérapie. Les médecins avaient prévu trente-huit séances, cinq par semaine.

Il s'était dit, en riant, que sa maladie aurait au moins un bon côté : il maigrirait un peu. Mais les médecins lui ont recommandé, en attendant que sa radiothérapie commence, de manger tant qu'il en avait envie, parce que ses traitements allaient lui prendre énormément d'énergie.

« De toute manière, disait le docteur Steckler, tu perdras sûrement, en même temps que l'appétit, des forces et du poids. »

Après son opération, pendant deux semaines peut-être, il ne pouvait avaler que des purées. Puis il a vite retrouvé l'appétit. Il pouvait enfin, pour la première fois depuis des années, manger sans remords. Et il l'a fait avec beaucoup de plaisir pendant un certain temps.

Ses amis continuaient d'arriver de Montréal, ses vieux complices de toujours – Marc Verreault, Paul Sara, Jacques Des Marais, Rosaire Archambault, Guy Cloutier, Pierre Lacroix – ; ils venaient passer deux, trois jours, une semaine chez nous. Pierre et Coco Lacroix ont aussi été très présents durant sa convalescence. Tous ils ont entouré René de leur affection, de leur humour. Ils étaient autour de lui comme ses gardiens, ses gardes du corps... Je pensais à des guerriers venus défendre un ami contre le mal qui le menaçait.

Nous étions au mois de mai 1999, et René continuait de jouer au golf avec ses amis. Il portait un foulard et un chapeau pour ne pas trop s'exposer au soleil. Ça me faisait un peu de peine de le voir obligé, comme ça, de se protéger, lui qui aimait tellement le soleil et la chaleur. Il disait toujours à ceux qui s'étonnaient de le voir partir pour le golf dans les grosses chaleurs de Las Vegas : « Vous oubliez que je suis un Arabe, moi. » En riant, bien sûr. Mais au fond, il est très fier de ses origines. Il a une fascination pour le monde et la culture arabes, pour le désert, la chaleur...

Je passais des heures sur le patio ou autour de la piscine, avec mes sœurs Manon et Linda. Je continuais à éplucher des magazines de mode et d'architecture. Les hommes partaient au golf très tôt le matin pour profiter un peu de la fraîcheur. Dans l'après-midi, ils regardaient la télé : hockey, golf, base-ball, formule Un, dont la saison venait de commencer. Ils jouaient aussi aux cartes. Ou encore ils parlaient, parlaient, riaient. Lorsqu'ils baissaient la voix, je savais que René s'était endormi. Il a toujours dormi comme ça. Jamais de longs sommeils de sept ou huit heures, comme la plupart des gens, mais des petits sommes à toutes heures du jour et de la nuit. Alors les hommes se levaient, ils sortaient sur le patio. De temps en temps, l'un d'eux jetait un coup d'œil à René, il allait étendre une jetée de laine sur lui ou placer un coussin derrière sa tête.

René a tout un univers où je n'entre pratiquement jamais : celui des copains de golf, de black-jack... Il entretient avec eux des liens d'amitié très forts, très étroits. Il leur téléphone à leur anniversaire (il connaît les dates par cœur). Ils se retrouvent souvent à Las Vegas, qu'ils appellent « la Maison ». Entre eux, ils s'appellent « champion », « chef » ou « docteur ». Ils ont une manière à eux de se donner la main, des secrets, un langage. Ils se promènent à travers le Canada et les États-Unis pour voir des matchs importants de base-ball et de hockey, des combats de boxe. Ils adorent le show-business et les grandes villes. Plusieurs d'entre eux sont, comme René, des *gamblers*, des joueurs. Ils font des paris sur tout. Pour le plaisir. Pour ajouter du piquant à leur vie... Ils jouent, ils gagent entre eux, se disputent, se boudent et se réconcilient.

Tous les matins, cinq jours semaine, Alain nous conduisait à l'hôpital où René avait son traitement. On utilisait toujours la même voiture, on empruntait toujours le même itinéraire, on partait toujours à la même heure exactement, neuf heures et cinq minutes. Chaque jour, René pensait à un ami, un couple bien souvent, qu'Alain avait prévenu et à qui il avait demandé de penser à René, pendant une quinzaine de minutes, le temps que durait le traitement. Souvent, à neuf heures et vingt, quand l'Explorer d'Alain roulait sur l'autoroute 95, l'ami téléphonait à René pour lui rappeler qu'il pensait à lui et qu'il s'en sortirait.

Un matin, j'ai failli passer tout droit. Quand je suis sortie de la chambre, Alain et René allaient partir sans moi pour la clinique.

« On ne voulait pas te réveiller », m'a dit René.

J'étais fâchée. Je savais bien qu'il voulait que je me repose. Mais c'était comme s'il avait manqué de confiance en moi. Ou comme s'il ne prenait pas au sérieux le serment le plus important de toute notre vie.

« As-tu oublié, René Angélil, que le jour de notre mariage, je me suis engagée à vivre avec toi pour le meilleur et pour le pire ? »

Par la suite, c'est lui, le matin, qui venait me réveiller.

Il ne se plaignait jamais. Ni à moi, ni à ses enfants, ni à ses amis. Moi, je le harcelais. Je voulais qu'il me dise tout, chaque doute qu'il avait, ses peurs, la douleur.

Rien, jamais. Je le sentais à certains moments si loin de moi, si seul. Il vivait des choses que je ne pouvais pas partager. Et ça m'attristait infiniment ; nous avions toujours tout partagé.

Quand son médecin a vu qu'il réagissait bien à la radiothérapie, il lui a proposé autre chose.

« Pour mettre toutes les chances de notre côté, il faudrait faire un peu de chimio. Quelques séances seulement. Ça risque d'être très dur. Il y aura cette fois des effets secondaires lourds et désagréables. Mais ce serait plus sûr. À toi de décider. »

Les trois enfants de René étaient à la maison, ce jour-là. René leur a demandé ce qu'ils en pensaient. Chacun a répondu la même chose :

« Le docteur a raison. Il faut mettre toutes les chances de notre côté. On est là. On va t'aider. »

Je savais qu'ils feraient tout pour l'appuyer. Ce sont de bons enfants, généreux et aimants. N'empêche que dans la lutte qu'il allait entreprendre, René serait très souvent seul. On ne peut pas partager vraiment la douleur et la peur de ceux qu'on aime, pas jusqu'au bout en tout cas.

Ce soir-là, en éteignant la dernière chandelle dans notre chambre, j'ai pensé très fort à Karine et à la mort. J'avais peur. Nous sommes restés longtemps éveillés. J'ai dit à René que j'aurais voulu que ça m'arrive à moi plutôt qu'à lui.

« Je savais que tu me dirais ça, a-t-il répondu. Tu serais forte, tu te battrais jusqu'au bout, sans te plaindre. Je le sais. Et c'est ça qui m'aide le plus. Au fond, tu es à ma place. Tu es avec moi. Je le sais. Je sens ta force avec moi. »

Le médecin nous avait parlé des effets secondaires de la chimiothérapie. Parmi eux, il y avait le danger que

René soit stérile durant un temps plus ou moins long et que nous ne puissions plus avoir d'enfant.

Il y avait bien une solution. Pas la plus agréable ni la plus romantique qui soit, mais nous aurions l'assurance que, quoi qu'il arrive, notre rêve resterait toujours réalisable. Quelques jours avant que René commence ses traitements, nous sommes allés ensemble dans une banque de sperme. Notre rêve attendrait, congelé dans une éprouvette.

On a tellement parlé de cet enfant dont je rêvais, les médias et moi, que j'avais l'impression parfois qu'il faisait réellement partie de ma vie. Pas une conférence de presse, pas une entrevue, sans qu'on me demande de ses nouvelles.

Des rumeurs ont couru à ce sujet. On a dit que nous avions entrepris des démarches pour adopter un enfant, en Russie ou en Chine. Même au plus fort de la maladie de René. La vérité est que nous n'avions jamais envisagé cette solution avant que les médias commencent à en parler. Si je devais avoir un enfant, je souhaitais évidemment que ce soit celui de l'homme que j'aime, l'incarnation de notre amour…

Je n'ai jamais pensé non plus que ma vie n'aurait aucun sens si je n'avais pas d'enfant. Je n'ai jamais dit ça non plus. Je n'aurais pas « sombré dans le chagrin éternel » comme une certaine presse se plaisait à répéter. Je ne voulais quand même pas culpabiliser un enfant que je n'avais pas, et le tenir responsable de mon bonheur. Mais je l'attendais quand même, je le cherchais, il était dans tous mes projets…

En tournée, il arrivait que pendant des mois mes règles se décalent complètement. Chaque fois qu'elles retardaient, je me préparais quelques versions d'un petit film : je me voyais prise de nausées, j'allais passer un test de grossesse, puis je faisais des gros plans sur le visage de René quand je lui apprenais que j'étais enceinte. Il me prenait dans ses bras, etc.

J'ai cru longtemps que nous aurions une fille. Je me faisais des images très précises d'elle. Et je lui inventais vite des petits rôles. Je l'avais toujours avec moi dans ma loge, à bord de l'avion. Elle était très enjouée. Pendant le test de son, elle venait sur la scène auprès de moi. Les musiciens et les techniciens étaient tous fous d'elle.

Pendant un certain temps, c'est un garçon que je voyais le plus souvent. Contrairement à ma fille, il était très réservé, presque timide. Il ne venait pas me voir sur scène. Il m'attendait très sagement en coulisse. Il était habillé comme les petits garçons d'Europe, avec des bas golf, des culottes courtes, très *preppy*. J'allais avec lui dans les boutiques, je lui achetais des vêtements. Il était très indépendant, très mystérieux. Chaque fois qu'il s'éloignait, j'avais le cœur brisé. Mais je l'aimais pour ça aussi, pour sa froideur, son indifférence.

Peu à peu, surtout après le premier traitement de chimio, René a commencé à trouver que tout ce qu'il avalait goûtait la vase et la craie, le fer. Alors il n'a plus voulu manger. Il avait des nausées, des moments d'épuisement, de grande tristesse. Il a arrêté de jouer au golf. Il ne sortait plus que pour ses traitements.

On le surveillait jour et nuit, Anne-Marie, Linda, Alain et moi. René était parfois agacé, je crois. Mais on le forçait à faire la sieste, puis à faire un peu d'exercice, et à manger même s'il n'avait plus faim du tout, ce qui était nouveau pour lui.

Alain a développé des trucs pour préparer des repas légers et variés, de moins en moins relevés. René faisait chaque fois de gros efforts. Bientôt, il n'avalait plus que des purées. À la fin, la moindre odeur lui soulevait le cœur. Pendant des jours, il ne mangeait que des sorbets ou des glaces, «à rien» disait Alain, et il buvait un peu de thé très faible.

Les médecins lui avaient dit qu'il ressentirait tôt ou tard une grande fatigue. Quand cette fatigue annoncée lui est tombée dessus, même s'il s'y attendait, il l'a trouvée épouvantablement lourde et écrasante.

Ce que nous vivions changeait complètement ma vision des choses, mes besoins, mes projets. Je ne jouais plus au golf, moi non plus. Ça ne me manquait pas. Un match de golf, c'est comme un voyage au fond de soi. Pour aller chercher de la paix, de la beauté, du repos. En voyant René malade et difficilement capable d'entreprendre, lui, ce voyage, je n'en avais plus aucune envie moi-même. Il faut être en forme pour trouver en soi de la paix, de la beauté, de la force et du repos. Quand on est malade, on n'a rien de tout ça. Ou beaucoup moins.

Tous les amis de René étaient maintenant partis, mes parents aussi. Pendant des jours, ni Alain, ni Linda, ni les femmes de ménage ne venaient. Nous vivions sur une île, isolés du monde, seuls. Parfois même des jours entiers sans aucune nouvelle de l'extérieur. Dès que la maladie de René a été rendue publique, nous avons pris la décision de ne pas lire les journaux. Nous savions qu'ils ne manqueraient pas de grossir toutes les rumeurs qu'on pouvait imaginer à son sujet. Et de mettre à la une les plus alarmantes.

De temps en temps, nous recevions de notre bureau de Montréal des liasses de télécopies et de cartes de bons vœux. Je les lisais à René quand nous prenions le thé sous notre palmier à cinq branches.

Nous étions ensemble et plus unis que jamais. Sa maladie était devenue *notre* maladie, *notre* cancer, *notre* lutte. Nous l'avions menée, nous allions la mener toujours, à deux, jusqu'au bout.

Comme tous les joueurs, René est un croyant, un *believer*.

« J'ai choisi de guérir, disait-il. Le docteur m'a dit que la bonne humeur était excellente pour la santé, j'ai donc décidé d'être de bonne humeur. »

Il voyait la vie, la santé, le salut, comme un pari. Il avait choisi de regarder d'abord et avant tout le beau côté des choses. Il disait que ce qui lui arrivait n'était que justice et que le bon Dieu savait ce qu'il faisait.

« J'ai été comblé par la vie ; *I have to pay back*, je dois payer pour mon bonheur, ce n'est que justice », voilà ce qu'il disait à ses amis.

Nous croyions à la guérison. Nous avons prié, pleuré. Même au plus fort de cette épreuve, nous avons été par moments profondément heureux, René et moi, parce que nous étions ensemble, parce que nous nous aimions.

Je suis, à la vie, à la mort, la femme d'un seul homme. Je n'ai jamais eu d'autre amour, jamais d'autre amant, à peine quelques petits flirts insignifiants quand j'avais quinze ou seize ans. Je me souviens vaguement d'avoir été attirée par un joueur de hockey professionnel, qui n'en a probablement jamais rien su. Je ne suis même pas sûre d'avoir retenu son nom.

Les hommes ne me font pas vraiment la cour. Ça ne me manque pas et ça ne me peine pas du tout. Je ne suis pas une femme qui se fait draguer. Jamais. Il faut dire que je me trouve très rarement seule avec un homme, à part René, bien sûr. Il faut dire aussi que j'ai assez proclamé mon amour pour que tous les hommes qui m'approchent sachent que je suis une femme comblée qui ne cherche pas l'aventure. Ceux que je rencontre pourraient quand même faire des allusions, des clins d'œil, même par jeu. Mais il ne se passe jamais rien.

Je ne suis peut-être pas le genre de femmes qui éveillent la passion chez les hommes. Je n'ai rien d'une allumeuse. Ou alors je ne m'en aperçois pas. C'est bien possible. Tout mon charme féminin, tout le sex-appeal que je peux avoir auprès des hommes, je l'ai sans doute investi dans ma conquête de René Angélil.

Beaucoup de femmes de mon âge ont déjà eu de nombreux amants. Je ne les envie pas, je ne les juge pas non plus. J'ai choisi de vivre autre chose, tout simplement. Ce n'est pas une question de principe ou de morale. C'est comme ça. Nous nous aimons, René et moi, parce que c'est lui et parce que c'est moi. Le plus grand, le plus fort, le plus beau de toute ma vie, c'est cet amour. Il est indestructible. Comme tout véritable amour, je crois.

Je sais que c'est naïf, probablement irréaliste et injuste, mais je n'arrive pas à comprendre comment des gens qui se sont réellement aimés peuvent choisir un jour de ne plus vivre ensemble. Ils ne doivent pas s'aimer vraiment. Ou l'un des deux a mal aimé l'autre. Quand deux personnes s'aiment, c'est nécessairement pour toujours. Voilà ce que je crois.

J'ai été élevée dans le respect de l'amour, dans la certitude qu'il est plus fort que tout. On est impuissant devant lui, on ne peut pas lui résister, mais il nous rend forts, solides, invincibles. Nous croyons, René et moi, que le remède, plus encore que la chimio, la radio ou tous les médicaments que les plus savants médecins ont pu lui donner, c'est l'amour que nous partageons.

René n'a jamais accepté, même au plus difficile de sa maladie, de reporter la tournée des stades d'Europe qui commençait à la mi-juin.

« Quand tu partiras, disait-il, j'aurai fini mes traitements. Je serai guéri. »

Il avait repris confiance. Il n'avait plus de nausées. Alain lui préparait des purées de plus en plus consistantes qu'il parvenait à avaler. Il redécouvrait les odeurs, les parfums.

Quand je suis partie pour l'Europe, il était encore faible, mais je voyais dans ses yeux, dans sa voix, les signes de la guérison.

Depuis le 30 mars jusqu'à ce départ, nous avions toujours été ensemble, René et moi, jour et nuit, pendant deux mois et demi. Même quand il était à l'hôpital pour ses traitements de chimio, je dormais près de lui. Depuis toujours, nous étions régulièrement loin l'un de l'autre pendant quelques jours, parfois des semaines. Il avait des affaires à traiter, des gens à voir ; j'avais mes shows à donner ou de la promotion à faire... J'étais à Stockholm ou à Tokyo ; et lui à New York, à Paris ou à Las Vegas... Jamais je crois, depuis dix-huit ans que nous nous connaissions, nous n'avions passé autant de temps ensemble que pendant sa maladie. Ce rapprochement nous a apporté beaucoup de bonheur à tous les deux. En partant, je brisais une sorte d'enchantement.

René me disait que ce serait un repos pour moi. Pendant deux mois et demi, je m'étais sans cesse occupée de lui. Je voyais à ce qu'il mange bien, qu'il prenne ses médicaments, du repos quand il fallait, qu'il fasse un peu d'exercice. Surtout, qu'il garde le moral...

René a fait installer un relais satellite pour suivre en direct les shows que j'allais donner en Europe. Nous pourrions nous parler, nous voir, moi dans les coulisses ou sous la scène, à Londres, à Paris ou à Zurich, lui chez nous, dans le cinéma de notre maison de Jupiter. Je sentirais donc sa présence, invisible aux autres, si précieuse pour moi.

Certaines personnes ne se disent jamais qu'elles s'aiment. Par pudeur. Ou parce qu'elles ne s'aiment pas vraiment. Nous, c'est le contraire. Tous les jours, René me dit qu'il m'aime. Et qu'il m'aimera toujours.

La fois où j'ai été le plus touchée, c'est au Stade de France, devant quatre-vingt-dix mille personnes. Je donnais, je crois, le plus beau show de toute ma carrière. L'ambiance était aussi chaleureuse et intime que dans une toute petite salle. Après avoir chanté *Pour que tu m'aimes encore*, j'ai reçu une ovation assourdissante. La foule entourait la scène. Je saluais. Des gens brandissaient des affiches sur lesquelles je pouvais lire : « On t'aime René. » Je savais que mon mari voyait et entendait tout ça lui aussi, à Jupiter, en même temps que moi. Il avait demandé à Daniel, le sonorisateur, de le brancher sur mes écouteurs. Et soudain, j'ai entendu sa voix au creux de mon oreille, sa voix comme du velours.

« Je t'aime, Céline, t'es mon amour pour toujours. »

J'aurais donné cher pour pouvoir pleurer. Pleurer de peur, de peine et de joie toutes mélangées. Mais je ne pouvais pas. Je ne voulais pas. Ma voix se serait brisée. Je ne pouvais évidemment pas répondre que moi aussi je l'aimerais toujours. Nous avions convenu d'un signe.

« Quand tu me verras toucher le bout de mon nez, dis-toi que je t'aime. »

Ma main tremblait sur le micro.

Quand Jean-Jacques Goldman est monté sur scène, quelques minutes plus tard, il y a eu un tonnerre d'applaudissements. Pendant un long moment, nous ne pouvions rien dire, rien faire, ni lui ni moi. Jean-Jacques parle peu, il n'est jamais très extraverti, ni dans la vie, ni sur scène. Il a marché vers moi, sous les applaudissements.

Puis il a porté le micro à sa bouche et il m'a parlé très doucement, sans élever la voix. La clameur a tout de suite diminué, comme si les gens avaient voulu saisir ce qu'il me disait.

Il me remerciait d'être là, comme s'il parlait au nom de la France. Nous regardions tous les deux la foule debout, les bras tendus vers nous, avec ici et là les pancartes de bons vœux et de bons souhaits destinés à René.

Comme s'il avait lu dans mes pensées, Jean-Jacques m'a dit : « Tout ce que je peux ajouter, Céline, c'est… »

Et il s'est mis à chanter a cappella les premières lignes de *S'il suffisait qu'on s'aime*.

Cette fois, encore plus, j'ai eu toutes les peines du monde à retenir mes larmes. J'ai touché encore le bout de mon nez. J'avais vingt secondes environ pour me ressaisir avant d'entrer dans la chanson avec Jean-Jacques. Je me suis tenue un peu en retrait, dans la noirceur, j'ai respiré très lentement, à fond. Quand est venu le temps de chanter, j'avais repris le contrôle de mes émotions, je me suis avancée vers la lumière et j'ai chanté.

Quand je suis rentrée à Jupiter, au début de juillet, René allait déjà beaucoup mieux.

J'aurais aimé bien sûr que maman soit près de moi. Mieux que personne, elle savait me rassurer, me conseiller, elle était ma complice, mon amie, ma protectrice. Je sentais pourtant que, dans ce combat que je devais mener aux côtés de l'homme de ma vie, je ne pouvais faire appel qu'à mes propres ressources. Les mots de mon amie Coco, quand elle est venue me réveiller ce matin de mars à Dallas, m'étaient restés dans le cœur :

« Ma belle Céline, ton mari a besoin de toi. »

Je savais depuis que René avait besoin de sa femme. Tant et aussi longtemps qu'il ne serait pas tout à fait guéri, je ne serais que sa femme et toute sa femme, plus une chanteuse, ni une joueuse de golf, ni une décoratrice de maison, rien que sa femme.

Pendant des jours, nous n'avons vu personne. Nous préparions nos repas ensemble. Je nous revois dans la cuisine, certains soirs : René épluchait, pilait, tranchait les légumes. Parfois il s'approchait de moi, il me prenait dans ses bras, nous dansions, sans autre musique que la nôtre, dans la cuisine, seuls. Et heureux.

Puis un jour, il a redemandé des pâtes. J'ai compris qu'il était sur la voie de la guérison. En quelques jours, il allait retrouver l'appétit.

Nous avons alors passé des jours, les premiers depuis plus de six mois, sans penser à sa maladie, à *notre* maladie...

Notre seul sujet d'angoisse était le retour à Montréal, à la vie publique. René se trouvait changé, amaigri. Sa voix déjà feutrée était devenue plus rauque et plus sourde que jamais. Souvent, il s'étouffait en parlant. Il lui fallait toujours une bouteille d'eau à la main. Je ne l'avais jamais vu à ce point tendu et nerveux. C'était quelques jours avant un show au Centre Molson.

Il savait que tous les yeux seraient braqués sur lui. On lui poserait plein de questions sur cette maudite maladie, sur sa voix, sur les traitements qu'il avait subis, sur ceux qu'il devrait encore subir. Tout ça l'angoissait au plus haut point. Moi aussi. Il était encore très fatigué à cette époque. Il avait peur de s'étouffer ou de se mettre à pleurer, ou encore de ne pas savoir quoi répondre aux questions qu'on allait inévitablement lui poser.

Pour que ce retour se passe bien, la meilleure chose à faire était encore, selon notre méthode habituelle, de convoquer les journalistes à une conférence de presse et de faire une mise au point. Dès qu'il s'est trouvé devant les caméras et les micros, René a pris la parole.

« Tout va bien. Nous avons traversé, Céline et moi, une dure épreuve. Nous sommes plus proches, plus amoureux que jamais. Et pour ne rien vous cacher : nous sommes heureux. »

Les journalistes ont applaudi. Pendant une heure, nous avons parlé du show qu'on préparait pour le 31 décembre et de la sabbatique que nous allions prendre. Et, bien évidemment, de l'enfant que nous rêvions d'avoir...

Quelques jours plus tard, nous étions au Colisée de Québec où je n'avais pas chanté depuis quatre ou cinq ans. Je savais que je n'y reviendrais sans doute pas avant plusieurs années. Là aussi, les producteurs avaient organisé une grosse conférence de presse. Cette fois, René était calme et très confiant. C'était un de ces jours où, sans qu'on ne sache trop pourquoi, tout est beau et bon, tout semble facile. Nous avions tous l'intuition que la soirée serait magique.

Au cours de la conférence de presse, René a eu des mots qui, je pense, ont ému tout le monde. À commencer par moi. Une toute jeune journaliste lui avait demandé de quoi il était le plus fier dans la vie. Il a répondu que sa grande fierté était que je sois restée une femme capable d'être heureuse, attentive aux autres, forte et autonome. Ça m'a évidemment beaucoup touchée. Il a dit aussi que notre plus grande réussite, selon lui, c'était que nous soyons toujours capables d'être heureux ensemble.

« Comme manager, c'est ma plus grande réussite, a-t-il ajouté. Le colonel Parker a peut-être créé l'un des plus grands artistes du siècle, Elvis Presley, mais il a échoué sur l'essentiel, selon moi. Il n'a pas su le rendre heureux. Le défi qui se pose à un manager qui a su amener son artiste au sommet, c'est de l'y maintenir. Mais c'est aussi, plus grand défi encore, de le garder heureux, de voir à ce qu'il ne craque pas, qu'il ne devienne pas non plus un monstre infréquentable. »

Je suis mal placée pour dire que je suis une fille bonne, généreuse et attentive aux autres. Mais je ne pense pas être un monstre infréquentable. Je n'ai pas de caprices de diva et, si je réclame quelque chose, il y a toujours une bonne raison.

Un soir par exemple, à Montréal, la veille d'un concert important, j'entre dans ma chambre d'hôtel, je m'allonge sur le lit et je comprends que j'aurai une nuit difficile. Le matelas était très dur, trop neuf, je crois. Je ne dors jamais aussi bien que sur un matelas moelleux qui s'enfonce un peu.

« Si je passe la nuit là-dessus, je vais mal dormir, je ne me reposerai pas bien, ma voix va en souffrir, et demain soir je ne serai pas au meilleur de ma forme. »

Je devais passer plus d'un mois dans cet hôtel. J'avais une dizaine de shows à donner, à Montréal, Québec, Ottawa, Boston, etc. René a tout de suite compris mes inquiétudes. Il a fait venir de Rosemère mon propre matelas et les draps de lin que j'aimais.

Pendant qu'on installait mon lit dans la chambre, je me suis mise à penser à cette princesse qui pouvait sentir la présence d'un petit pois sous dix matelas. Quand j'étais petite, mes sœurs disaient que ce n'était qu'une petite pimbêche capricieuse et gâtée. On aurait dû lui faire cuire son petit pois et lui faire avaler. Moi-même, je ne l'ai jamais trouvée bien sympathique, cette princesse-là. Et voilà que j'étais en train de faire changer le matelas de mon lit parce qu'il était trop dur.

Mais je n'avais pas le choix. Je devais bien dormir pour que ma voix soit à son meilleur le lendemain. J'étais prête, pour ça, à passer pour une petite pimbêche capricieuse et gâtée. Et même pour une diva.

En temps normal, je veux dire lorsque ma voix n'est pas menacée, je m'accommode de tout, comme je mange de tout, comme je parle à tout le monde…

Je suis sûre que je suis capable, grâce à l'homme que j'aime, d'être une femme heureuse. À cause de ça, je sais que mon mari est le plus extraordinaire manager dont un artiste puisse rêver.

Accéder aux plus hauts honneurs du show-business, ça n'a rien à voir avec la réussite de sa vie. Ce qui compte, c'est de savoir rester malgré le succès, malgré les dizaines de millions de dollars et de fans, et l'épouvantable pression qui pèse constamment sur soi, un être équilibré, capable de s'émerveiller, de s'étonner, de se passionner, d'avoir encore des idoles, des rêves.

Bien sûr, René est plus que mon manager, c'est mon amoureux, mon mari. Cela change complètement les règles du jeu. Mais même au tout début, il n'a jamais pensé uniquement carrière. Il a toujours tenu compte d'abord et avant tout de mon bien-être, de mon bonheur. Me faire mener la vie que j'aimais, avoir souvent et longtemps ma mère, mon père, mes frères et mes sœurs près de moi. Il fallait, il faut toujours, que la vie soit belle. C'est notre grande, notre seule priorité. Aujourd'hui plus que jamais.

Ce jour-là, à Québec, en écoutant l'homme de ma vie parler du bonheur en pleine conférence de presse, je me disais que le seul échec serait de ne plus savoir être heureux. À ce sujet, je pouvais dire que j'avais réussi ma vie. Grâce à l'homme que j'aime, je pouvais et je voulais être une chanteuse et une femme heureuse. Rester heureuse, plutôt. Ce n'est pas si simple.

À trente-deux ans, on sait que son bonheur dépend beaucoup de celui des autres, de tous ceux qu'on aime et même de ce qui se passe dans le monde. À trente-deux ans, une fille sait qu'elle ne peut pas être heureuse toute seule dans son coin. Et qu'il y a beaucoup d'horreurs dans le monde, des guerres, mille misères…

Je peux aider, je le sais. Financièrement, bien sûr. Mais aussi et surtout par mon travail. Je crois qu'il faut chanter l'amour pour qu'il dure, pour qu'il éclaire et réchauffe réellement le monde. C'est ce que je continuerai de faire toute ma vie, si Dieu me prête voix.

Je savais que René serait sur la bonne voie le jour où il se remettrait à jouer au golf et au black-jack. En octobre, pendant que je terminais la dernière partie de ma tournée américaine de *Let's Talk About Love*, il a fait un neuf-trous à Denver, avec Pierre Lacroix, Marc et Rosaire. Puis nous sommes restés quelques jours à Las Vegas. Je n'ai jamais su s'il avait gagné ou perdu au jeu. Ça n'avait au fond aucune importance. Tout ce qui comptait, c'était qu'il avait retrouvé le plaisir de jouer.

Je ne peux pas dire que le golf et le jeu l'ont guéri. Mais c'est au moment où il est retourné sur les greens et aux tables qu'on a su qu'il était réellement en bonne voie de guérison.

Je crois aujourd'hui qu'à toute chose malheur est bon. La maladie de René nous a rapprochés. Elle a changé nos priorités, nos rêves… Je ne saurai jamais ce que nous serions devenus s'il n'y avait pas eu cette maladie ; mais je crois qu'elle nous a donné de la profondeur, de la maturité. Elle nous a unis aussi, et elle nous a rendus plus attentifs aux autres et aux belles choses de la vie.

Un matin de printemps, nous nous préparions à partir pour le golf quand René est entré dans la cuisine où je prenais mon café avec Linda et Alain. Il s'est extasié devant le jeu d'ombres et de lumières que le soleil levant jetait sur le mur. Auparavant il n'aurait pas été sensible à ce genre de choses. Jamais il ne s'arrêtait, comme il fait de plus en plus souvent, pour regarder ou sentir une fleur.

Un jour, il y a très longtemps, j'étais encore adolescente, nous rentrions d'Europe et, au-dessus de l'Atlantique, nous avons aperçu une comète qui filait vers le Sud. Je suis allée dans le poste de pilotage pour me faire expliquer ce qu'était une comète, sa queue, sa chevelure. Ensuite, je suis allée chercher René pour qu'il observe le spectacle. Il s'est penché vers le hublot, il a dit : « Ah ! bon ! », et il est retourné s'asseoir pour reprendre la lecture de son magazine. Aujourd'hui, je suis sûre qu'il s'intéresserait au sort de cette comète, qu'il voudrait savoir pendant combien de temps elle resterait apparente dans le ciel, d'où elle vient, où elle s'en va...

Dans la nuit du 1er janvier 2000, tout de suite après le show du Centre Molson, nous partions pour Las Vegas avec mes parents, mes musiciens, quelques amis.

À bord de l'avion, nous étions tous étrangement calmes et silencieux. Le spectacle que nous venions de donner avait été tellement chargé d'émotions que nous étions tous vidés, sonnés, comme des boxeurs après un dur combat.

Ma voix avait parfois été moins stable, j'en étais sûre. Il y avait eu tant de cris de toutes parts et j'étais si bouleversée que, par moments, je ne parvenais plus à m'entendre ni à entendre la musique. À plusieurs reprises, j'avais eu l'impression de chanter faux.

« Personne à part toi n'a pu s'en apercevoir, me disaient les musiciens. Même nous, on ne parvenait plus à t'entendre. »

En temps normal, l'idée d'avoir chanté faux m'aurait plongée dans un profond désespoir. Mais cette nuit-là avait été magique. Parce que c'était le grand passage à l'an 2000, bien sûr. Mais aussi parce que c'était mon dernier show. Je me trouvais pour la dernière fois avant longtemps devant mon premier public, tous les miens, ma famille, mon pays, mes amours. La boucle était bouclée.

Chacune des chansons que j'avais interprétées avait pris cette nuit-là une dimension nouvelle. Nous vivions la fin d'un rêve, la fin d'un monde. C'était à la fois déchirant et merveilleux. Sur le coup de minuit, René était monté sur scène et nous nous étions embrassés tous les deux, très longuement. Je venais de chanter *L'amour existe encore*. Et autour de nous vingt-cinq mille personnes s'embrassaient.

Je n'étais pas seulement en route pour Las Vegas, mais pour une nouvelle vie. Avant d'y plonger tout à fait, j'allais donner une grande fête. Devant nos parents et amis, nous allions nous marier de nouveau, René et moi. Renouveler nos vœux devant Dieu et les hommes.

Dès qu'il a connu mes intentions, Arthur Goldberg, propriétaire d'une douzaine de casinos de Las Vegas, dont le Ceasar's Palace, nous a contactés et a exigé de tout prendre en main. En fin de compte, c'est lui qui nous a offert cette fête, « en cadeau de noces », a-t-il dit. Mia et Johanne ont travaillé avec Anna Dimartino du Ceasar's Palace pour concevoir et planter le décor, organiser la cérémonie, le banquet, etc.

J'ai voulu que le décor, la musique et les chants, la cérémonie religieuse, la réception… le banquet, tout le déroulement de cette grande fête rappellent les origines libanaises et syriennes de René. L'étoile et le croissant, symboles de la culture du Moyen-Orient, étaient partout dans la décoration. La musique, les danses, les costumes et les jeux proposés aux invités rappelaient les différentes cultures arabes. Il y avait même deux chameaux, des oiseaux exotiques... Ça faisait très *Contes des Mille et Une Nuits* : René triomphait dans le rôle du Grand Vizir ou du Calife, moi, dans celui de Shéhérazade.

Pour aménager la chapelle où a eu lieu la cérémonie religieuse, on s'était inspiré de l'architecture et de l'atmosphère d'une mosquée arabe. On a recréé aussi, dans la grande salle de bal du Ceasar's Palace, un immense jardin oriental où se dressaient six tentes berbères, chacune avec un décor digne des *Mille et Une Nuits*.

Les invités étaient assis à l'orientale sur des coussins. Ils ont pris un repas de cinq services préparé par des chefs libanais, syriens et marocains. Tous les hommes étaient en noir ; les femmes vêtues de robes longues aux couleurs des pierres précieuses : émeraude, saphir, rubis et diamant. René était en blanc ; moi, je portais une robe dorée signée Givenchy.

Beaucoup de gens ont dit encore une fois que nous avions fait étalage de notre richesse. Peut-être. Et alors ? La richesse ne se cache pas. Je voulais que cet événement soit d'abord et avant tout une proclamation publique de notre amour. Je voulais que le monde entier entende ce que j'avais à dire de plus important : « René, je t'aime. » C'était le but de l'événement. Ça ne pouvait pas être discret.

Notre vie ensemble, c'est mon conte de fées ; j'ai besoin de le raconter au monde, comme j'ai besoin de dire bonjour aux gens, de leur serrer la main, d'aller vers eux, de chanter pour eux. Quand on a la chance de pouvoir être extravagant, un peu fou, de faire rêver les autres en même temps que soi, je prétends qu'il ne faut pas s'en priver.

378

Quelques jours plus tard nous étions à Jupiter, où nous allions passer le plus bel hiver de notre histoire, souvent seuls tous les deux, ou entourés d'amis très chers.

Je sortais parfois faire des courses avec René. Pour ne pas être reconnue, je portais des verres fumés et un chapeau, je m'étais fait couper les cheveux très courts. Souvent, c'était René qu'on reconnaissait d'abord. Il faisait désormais partie de mon image. Et ça me rendait réellement heureuse. Nous ne formions plus qu'un. On me voit, on pense à lui ; on le voit, on pense à moi. Nous sommes unis pour la vie.

Pour la première fois depuis des années, nous avons regardé le gala des Grammys et des Oscars à la télé, seuls dans notre salon. J'ai réalisé à quel point participer à ces corridas pouvait parfois être pénible. Je ne l'avais jamais dit, même pas à René, je ne me l'étais pas avoué, mais je n'ai jamais vraiment aimé les galas, la fausse joie qui y règne, les poignards invisibles que les filles se lancent les unes aux autres en même temps que des sourires faux... Tout le monde veut écraser tout le monde. Chaque fille veut avoir la plus belle robe. Ou plutôt celle dont on parle le plus.

René n'a jamais aimé m'entendre dire quoi que ce soit de négatif sur qui que ce soit. Surtout pas sur une autre chanteuse ou sur quelqu'un du show-business, ni d'un gala, d'une salle ou d'un amphithéâtre où je devais chanter. Sauf quand nous sommes seuls, évidemment. Et même encore ! Pour lui, parler en mal d'autrui est vulgaire et improductif.

En sabbatique, nous avons inversé les rôles, c'était moi surtout qui parlais et qui lui racontais ce que nous avions vécu, comme avant il me racontait chacun de mes shows. Tous les soirs, après souper, nous nous installions dans le grand salon, nous regardions un peu de télé et je me mettais à parler de certains événements qui s'étaient produits quand nous étions en tournée, d'une rencontre que nous avions faite il y a deux ou trois ans, du temps où nous étions emportés par le grand tourbillon.

Je disais à René que j'avais adoré telle ville et pas telle autre, que tel producteur, je ne l'aimais pas beaucoup, que tel autre, je le trouvais adorable. Et il riait beaucoup, parce qu'au fond il savait tout ça. Mais à l'époque, pris dans la tourmente, nous ne nous parlions pas vraiment, pas de cette façon, nous n'avions pas le temps... ou si peu, si rarement.

Puis peu à peu, au printemps, nous avons cessé de parler du passé et de faire des bilans. Nous nous sommes tournés vers l'avenir. Un grand bonheur se trouvait de ce côté. Il nous faisait signe, il nous attendait, il nous attend toujours, cet enfant, notre enfant, qui viendra, plus que tout ce que nous avons vécu, embellir et changer nos vies...

Ce sera un garçon, il aura le sourire et le regard de l'homme que j'aime. Dans quelques mois, je lui chanterai des berceuses. Pour le moment, je fais chaque jour une petite prière pour qu'il soit bon et heureux. Il fait déjà partie de ma vie, de mon histoire, de tous mes rêves.

Table

Achevé d'imprimer sur les presses de
Quebecor World L'Éclaireur
Beauceville